成功企业管理制度与表格典范丛书

财务管理必备制度与表格典范

杨宗岳◎编著

企业管理出版社

图书在版编目（CIP）数据

财务管理必备制度与表格典范 / 杨宗岳编著. — 北京：企业管理出版社，2020.7
ISBN 978-7-5164-2147-5

Ⅰ. ①财… Ⅱ. ①杨… Ⅲ. ①企业管理－财务管理 Ⅳ. ①F275

中国版本图书馆CIP数据核字（2020）第091466号

书　　名	财务管理必备制度与表格典范
作　　者	杨宗岳
责任编辑	张　羿
书　　号	ISBN 978-7-5164-2147-5
出版发行	企业管理出版社
地　　址	北京市海淀区紫竹院南路17号　　邮编：100048
网　　址	http：//www.emph.cn
电　　话	发行部（010）68701816　　编辑部（010）68701891
电子信箱	80147@sina.com
印　　刷	水印书香（唐山）印刷有限公司
经　　销	新华书店
规　　格	170毫米×240毫米　16开本　17.75印张　300千字
版　　次	2020年7月第1版　2020年7月第1次印刷
定　　价	68.00元

版权所有　翻印必究·印装错误　负责调换

PREFACE 前　言

　　成功的企业，其生存和发展能力都非常强，有的甚至维持上百年长盛不衰。企业之所以成功，原因之一是这些企业通常都聚集了一群优秀的管理者，而这些优秀的管理者又是靠什么来实现管理的呢？很简单，他们靠的是灵活运用管理方法、管理技能、管理体系、管理文书、管理流程等管理工具，进行科学的、规范的管理。

　　企业管理制度是企业员工在企业生产经营活动中须共同遵守的规定和准则的总称。企业管理制度的表现形式或组成包括企业组织机构设计、职能部门划分及职能分工、工作岗位说明、专业管理制度、工作方法或流程、管理表单等管理制度类文件。纵观成功的企业，自身无不拥有完善的管理制度、流程、表格体系，在制度化、流程化、表格化管理方面堪当表率。

　　任何企业的管理都是一个系统工程，要使这个系统正常运转，实现高效、优质、高产、低耗，就必须运用科学的方法、手段和原理，按照一定的运营框架，对企业的各项管理要素进行规范化、程序化、标准化设计，形成有效的管理运营机制，即实现企业的规范化管理。

　　企业管理制度主要由编制企业管理制度的目的、编制依据、适用范围、管理制度的实施程序、管理制度的编制形成过程、管理制度与其他制度之间的关系等因素组成，其中属于规范性的因素有管理制度的编制目的、编制依据、适用范围及其构成等；属于规则性的因素有构成管理制度实施过程的环节、具体程序，控制管理制度实现或达成期望目标的方法及程序，形成管理制度的过程，完善或修订管理制度的过程，管理制度生效的时间，与其他管理制度之间的关系。

　　企业管理制度是企业管理制度的规范性实施与创新活动的产物，通俗地讲，企业管理制度＝规范＋规则＋创新。一方面，企业管理制度的编制须按照一定的规范来进行，企业管理制度的编制在一定意义上讲也是企业管理制度的创新，企业管理制度的创新过程就是企业管理制度文件的设计和编制，这种设计或创新是有其相应的规则或规范的。另一方面，企业管理制度的编制或创新是具有规则的，起码的规则就是结合企业实际，按照事物的演变过程，依循事物发展过程中内在的本质规律，依据企业管理的基本原理，实施创新的方法或原则，进行编制或创新，形成规范。

为了帮助企业完善制度体系，我们组织相关专家、学者编写了"成功企业管理制度与表格典范丛书"，本套丛书包括 8 个管理模块，每个模块独立成书。具体为：《行政管理必备制度与表格典范》《客户管理必备制度与表格典范》《企业内控管理必备制度与表格典范》《人力资源管理必备制度与表格典范》《营销管理必备制度与表格典范》《安全管理必备制度与表格典范》《财务管理必备制度与表格典范》和《供应链管理必备制度与表格典范》。

本套丛书最大的特点是具有极强的实操性和可借鉴性，它提供了大量的制度、表格范本，所有的范本都是对成功企业制度的解读，可供读者参考。

本套丛书可以作为企业管理人员、工作人员、培训人员在制定本企业管理制度时的参照范本和工具书，也可供企业咨询师、高校教师和专家学者做实务类参考指南。

由于编者水平有限，加之时间仓促、参考资料有限，书中难免出现疏漏与缺憾，敬请读者批评指正。

CONTENTS 目 录

第一章　财务部门职责管理 ... 1

第一节　财务部门职责管理要点 ... 2
一、财务部的职能 ... 2
二、财务部的组织架构 ... 3

第二节　财务部门职责管理制度 ... 4
一、财务人员分级管理制度 ... 4
二、公司财务部岗位设置制度 ... 6
三、公司财务人员外派管理办法 ... 11
四、财务人员工作交接管理办法 ... 16

第三节　财务部门职责管理表格 ... 21
一、外派财务人员审批表 ... 21
二、外派财务人员结束外派审批表 ... 22
三、财务外派人员结束外派离任工作交接表 ... 23
四、财务人员工作交接单 ... 25
五、财务工作委托（指定）移交审批单 ... 26
六、财务人员工作交接考评表 ... 27
七、财务人员工作交接管理台账 ... 28

第二章　筹资管理流程与制度 ... 29

第一节　筹资管理要领 ... 30
一、筹资的主要方式 ... 30

　　　　二、筹资管理的关键 31

　　第二节　筹资管理制度 32
　　　　一、公司筹资管理制度 32
　　　　二、筹资决策管理制度 35
　　　　三、筹资执行管理制度 37
　　　　四、筹资偿付管理制度 38
　　　　五、筹资授权批准制度 40

　　第三节　筹资管理表格 41
　　　　一、筹资需求分析表 41
　　　　二、企业借款申请书 42
　　　　三、长期借款明细表 42
　　　　四、短期借款明细表 43
　　　　五、借款余额月报表 43
　　　　六、费用支付月报表 43
　　　　七、企业融资成本分析表 44
　　　　八、实收资本（股本）明细表 44

第三章　投资管理 45

　　第一节　投资管理要领 46
　　　　一、制定投资战略 46
　　　　二、风险投资的决策 47

　　第二节　投资管理制度 48
　　　　一、集团公司投资管理制度 48
　　　　二、有限责任公司投资管理制度 50
　　　　三、独立公司投资管理制度 55
　　　　四、对外投资管理制度 58

　　第三节　投资管理表格 65
　　　　一、企业年度投资计划表 65
　　　　二、投资绩效预测表 66
　　　　三、长期股权投资明细表 66

四、持有至到期投资测算表 67

五、交易性金融资产监盘表 67

六、投资收益分析表 68

七、长期投资月报表 68

八、短期投资月报表 69

九、重要投资方案绩效核计表 69

十、投资方案的营业现金流量计算表 70

十一、投资收益明细表 70

第四章 预算管理 71

第一节 预算管理要点 72

一、财务预算具体内容 72

二、财务预算的编制程序 72

第二节 预算管理制度 73

一、预算管理规定 73

二、资金预算管理办法 81

三、费用预算管理办法 84

四、全面预算管理考核办法 86

五、月度滚动预算考核评价管理办法 88

第三节 预算管理表格 92

一、营业费用预算表 92

二、主营业务收入预算明细表 93

三、主营业务收入季度预算表 93

四、销售资金回收预算表 93

五、陈欠账款（含呆死账）回收预算表 94

六、年度生产预算表 94

七、季度生产预算表 95

八、生产费用及成本预算表 95

九、产品成本预算表 96

十、采购预算表 97

十一、采购资金支出预算表 97

十二、管理费用预算表 97
十三、财务费用季度预算表 99
十四、营业外支出预算表 100
十五、固定资产支出预算表 100
十六、筹资预算表 100
十七、利息支出预算表 101
十八、现金预算表 101
十九、预算变更申请表 102
二十、单项预算指标考核表 103
二十一、各部门成本费用预算执行情况考核表 104
二十二、生产部门预算执行情况考核表 105
二十三、企业年度费用预算分析表 106

第五章 资产管理 107

第一节 资产管理要领 108
一、资产的具体形式 108
二、资产的控制办法 108

第二节 资产管理制度 109
一、货币资金内部控制制度 109
二、固定资产内部控制制度 118
三、存货管理制度 126
四、无形资产管理制度 131
五、公司网上银行管理暂行办法 135

第三节 资产管理表格 137
一、银行存款／现金收支日报表 137
二、银行存款明细账 138
三、银行存款余额调节表 138
四、货币资金明细表 139
五、货币资金变动情况表 140
六、现金收支日报表 140
七、货币资金日报表 141

八、应收票据备查簿 141
　　九、固定资产登记表 141
　　十、固定资产台账 142
　　十一、固定资产报废申请书 142
　　十二、固定资产增减表 143
　　十三、闲置固定资产明细表 143
　　十四、固定资产累计折旧明细表 144
　　十五、无形资产及其他资产登记表 144
　　十六、存货核算明细表 145
　　十七、存货分类汇总表 145
　　十八、材料耗用月度报表 146
　　十九、原材料库存月报表 147
　　二十、材料收发存月报表 147
　　二十一、固定资产盘盈盘亏报告单 147
　　二十二、流动资产盘盈盘亏报告单 148
　　二十三、资产清查中盘盈资产明细表 148

第六章　账款管理 149

第一节　账款管理要点 150
　　一、应付账款管理 150
　　二、应收账款控制 151

第二节　账款管理制度 152
　　一、企业采购及应付账款管理制度 152
　　二、应收账款管理制度 155
　　三、问题账款管理办法 160
　　四、呆账管理办法 163
　　五、账款催收管理办法 165
　　六、坏账损失审批流程规范 168

第三节　账款管理表格 172
　　一、应收账款登记表 172
　　二、应收账款明细表 172

三、应收账款日报表 173
四、应收账款月报表 173
五、应收账款分析表 173
六、应收账款变动表 174
七、问题账款报告书 174
八、应收账款控制表 175
九、应收账款账龄分析表 175
十、应收账款催款通知单 175
十一、催款通知书 176
十二、付款申请单（1） 176
十三、付款申请单（2） 177
十四、预付款申请单 177
十五、劳务分包月付款计划 178
十六、材料月付款计划 178
十七、分包商付款审批表 179
十八、坏账损失申请书 180
十九、客户信用限度核定表 180
二十、应付票据明细表 181

第七章　成本控制管理 183

第一节　成本控制管理要点 184
一、成本控制程序 184
二、做好成本会计核算 185

第二节　成本费用管理制度 186
一、成本费用内部控制规范 186
二、费用报销制度 192

第三节　成本费用管理表格 197
一、产品别标准成本表 197
二、标准成本资料卡 198
三、每百件产品直接人工定额 198
四、每百件产品直接材料消耗定额 199

五、成本费用明细表 199
　　六、管理费设定表 200
　　七、推销费用设定表 201
　　八、变动推销费用设定表 203
　　九、材料运输费用分配表 204
　　十、材料采购成本计算表 204
　　十一、电费分配表 204
　　十二、固定资产折旧费计算分配表 205
　　十三、预提费用（借款利息）摊销计算表 205
　　十四、工资费用分配表 205
　　十五、员工福利费计提分配表 206
　　十六、制造费用分配表 206
　　十七、产品生产成本计算表 206
　　十八、员工出差及费用申请单 207
　　十九、国外出差费用明细报告书 208
　　二十、差旅费报销单 209
　　二十一、费用报销单 209
　　二十二、费用申请单（代支出传票） 210
　　二十三、借款单 210

第八章　税务管理 211

第一节　税务管理要点 212
　　一、进行税务会计核算 212
　　二、做好纳税筹划 212

第二节　税务管理制度 214
　　一、公司税务管理制度 214
　　二、税务风险管理制度 217
　　三、增值税发票管理制度 220

第三节　税务管理表格 231
　　一、纳税自查报告 231
　　二、企业税务风险安全自测及评估标准 232

三、月度涉税工作进度表 233

四、企业涉税文件登记表 234

五、年度税务日历 234

六、税务风险控制自检表 234

七、发票开具申请单 235

八、客户开发票申请表 236

九、开具红字增值税专用发票申请单（销售方） 237

十、开具红字增值税专用发票通知单（销售方） 237

十一、开具红字增值税普通发票证明单 238

十二、增值税专用发票拒收证明 238

十三、发票使用登记表 239

十四、____月份发票领用登记表 239

第九章　财务内审管理 241

第一节　财务内审管理要领 242

一、财务内审的范围 242

二、财务内审的步骤 242

第二节　财务内审管理制度 243

一、财务内部稽核制度 243

二、内部审计管理办法 247

三、会计稽核制度 252

四、财产清查制度 257

五、财务盘点制度 260

第三节　财务内审管理表格 264

一、审计通知单 264

二、审计表 264

三、审计报告表 265

四、稽核工作计划表 265

五、稽核报告表 265

六、财物抽点通知单 266

七、实物盘存清单 266

八、账存实存对比表 266
九、现金盘点报告 267
十、银行存款余额调节表 267
十一、银行存款清查明细表 268
十二、有价证券盘点报告表 268
十三、有价证券清查明细表 269
十四、无形资产清查明细表 269
十五、债权债务清查报告表 270

第一章

财务部门职责管理

第一节　财务部门职责管理要点

一、财务部的职能

财务部是公司一切财政事务及资金活动的管理与执行机构，负责公司的日常财务管理、筹资管理和财务分析工作，是企业财务管理的职能部门。其主要职能是：

1. 会计核算

（1）负责拟定公司会计政策和会计方法的具体实施方案。
（2）负责公司资产、负债、所有者权益及收入、成本费用、利润的会计核算。
（3）负责公司财务报表的编制。
（4）负责公司会计档案管理。

2. 财务管理

（1）组织制订公司有关的财务指标计划，并检查、监督计划的执行情况。
（2）负责拟定公司的财务管理制度，经上级审定后监督执行。
（3）经公司授权，负责组织全公司的财务预算制度的拟定。
（4）负责编制财务预算，指导公司其他部门编制成本、费用预算，并对预算的执行情况进行监控。
（5）负责制定各类财务标准，并对标准的执行情况进行监控。
（6）在公司授权的范围内，办理投、融资事务并负责全公司的投、融资管理。
（7）负责公司固定资产、在建工程及专项基金的财务管理。
（8）负责公司存货的财务管理及固定资产的调拨管理。
（9）负责公司的资金管理及资金调拨管理。
（10）负责编写财务分析及经济活动分析报告，为经营决策提供详实的数据信息。
（11）负责公司的财务风险管理（包括资产负债风险、信用风险等）。
（12）负责公司的成本管理工作，包括成本计划、成本控制、成本核算和成本分析的管理工作。
（13）负责公司的现金支出管理，包括支付给员工个人的现金支出以及现金报销。
（14）负责公司的各项业务的收支工作。

3. 税务管理

（1）负责公司税务策略的制订，并依法纳税。
（2）负责业务范围内的外部联系，接受国家法律规定的相关部门的管理。

二、财务部的组织架构

1. 必须遵守的规定

财务部的组织架构也就是财务部岗位的设置，财务部不同于其他部门，在设置岗位时必须遵守以下规定。

（1）符合内部牵制制度。

会计工作可一人一岗、一人多岗或一岗多人，但出纳不得兼管稽核、会计档案保管和收入、费用、债权债务账目的登记工作。

（2）执行回避制度。

本公司领导人的直系亲属不得担任本公司会计机构负责人、会计主管人员，会计机构负责人的直系亲属不得在本公司会计机构中担任出纳工作。

（3）执行会计人员岗位轮换制度。

会计人员的工作岗位要做到定岗、定员不定死，有计划地进行岗位轮换，以使会计人员能够全面熟悉财会工作、扩大知识面、增强业务素质、提高工作水平，加强会计工作内部监督。轮换时应按规定办理交接手续。岗位一般 2～3 年轮换一次，最长不超过 5 年。

2. 财务部组织架构示例

（1）中型企业财务部组织架构。

中型企业财务部组织架构如下图所示。

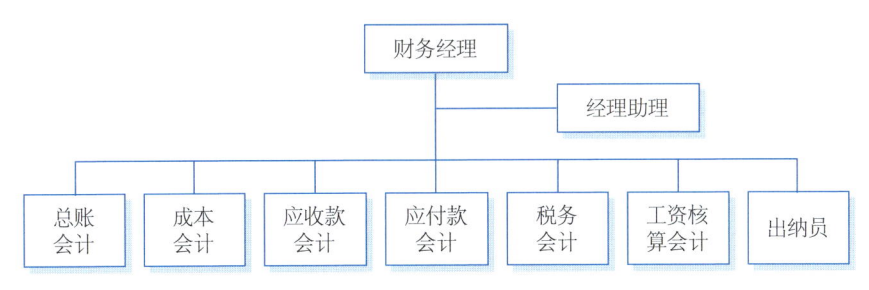

中型企业财务部组织架构

（2）小型企业财务组织架构。

小型企业财务组织架构

第二节　财务部门职责管理制度

一、财务人员分级管理制度

标准文件		财务人员分级管理制度	文件编号	
版次	A/0		页次	

1. 目的

为激励财务部员工士气、激发员工的进取心及肯定表现优秀的员工，不断提高员工的业务能力和素质，并使员工晋升管理规范化，以有效达成组织培养人才的目的，特制定本制度。

2. 适用范围

适用于本公司财务人员的管理。

3. 管理规定

3.1 岗位职级（以深圳为例）

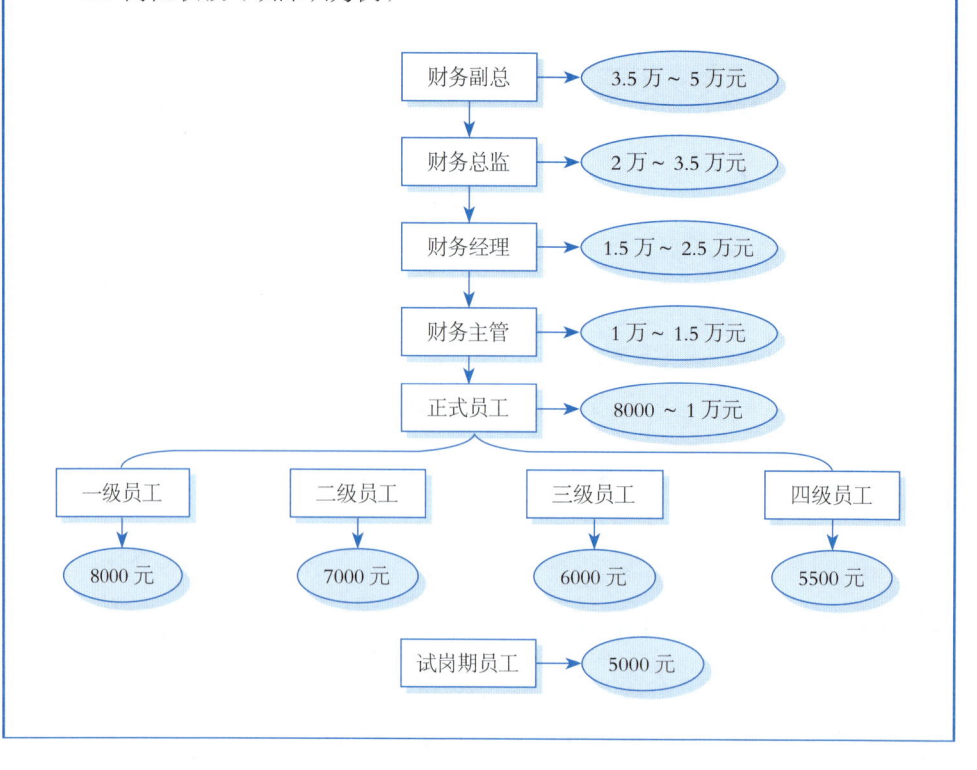

```
财务副总 → 3.5万～5万元
   ↓
财务总监 → 2万～3.5万元
   ↓
财务经理 → 1.5万～2.5万元
   ↓
财务主管 → 1万～1.5万元
   ↓
正式员工 → 8000～1万元
   ↓
┌──────┬──────┬──────┬──────┐
一级员工  二级员工  三级员工  四级员工
8000元   7000元   6000元   5500元

         试岗期员工 → 5000元
```

3.2 员工晋级形式

3.2.1 按岗位逐级晋升。

3.2.2 工作表现突出、有特殊贡献者,可考虑越级晋升。

3.3 晋升操作程序

3.3.1 定期晋级:每年 6 月份部门汇总上报,人力资源部结合公司综合情况,依据员工综合考核成绩,拟定晋升名单,呈公司总经理审定。

3.3.2 不定期晋级:员工表现突出、有特殊贡献者,由本人或直属领导依据岗位的需要向人力资源部负责人申请考核,考核结果呈公司总经理审定。

3.3.3 凡经核定的晋升人员,人力资源部在公司 OA 办公系统发出公告。

3.4 晋升核定权限

员工职位晋升,由本人或部门经理提出后,直属上级会同人力资源部进行考核后由人力资源部拟定名单报总经理审批。

3.5 晋级评定标准

3.5.1 级别晋升条件。

晋升职级	原任职级	晋升条件	
		任原职时间	考核成绩
一级	二级	12 个月	75 分以上
二级	三级	12 个月	75 分以上
三级	四级	6 个月	75 分以上

3.5.2 职位晋升条件。

晋升职务	原任职务	晋升条件	
		任原职时间	考核成绩
财务副总	财务总监	12 个月以上	80 分以上
财务总监	财务经理	12 个月以上	80 分以上
财务经理	财务主管	12 个月以上	80 分以上
财务主管	员工	12 个月以上	80 分以上

考核成绩由两部分组成:A. 员工晋级考评表得分占比 60%;B. 员工实际操作占比 40%。例如,考评表得分为 85 分,实际操作得分为 70 分,则综合得分为 85×60%+70×40%=79 分。考评表由直接上级打分,实际操作由部门负责人出题。

3.5.3 员工当年度受警告或记过(含)以上处分者,自处罚公告生效日起 3 个月内不得办理晋升。

3.5.4 根据员工绩效考核情况，对表现不佳的员工亦可做降级处理。员工因晋升变动职务，其薪酬由晋升的次月起重新核定执行。

考核结果：
1. 以上各项综合得分：(　　　)
2. 直接主管考核意见综述：
建议：（1）建议晋升：_____岗位，并试用_____个月，工资调整为_____元／月
（2）不能晋升
（3）降级
部门负责人签字：　　　　日期：

与员工沟通的情况：

人力资源部意见：	总经理意见： 签字：　　　日期：

拟定	审核	审批

二、公司财务部岗位设置制度

标准文件	公司财务部岗位设置制度	文件编号
版次	A/0		页次

1. 目的

为了有效行使公司财务部的部门职责，公司根据财会业务需要设置专门从事财会工作的职能部门，并且对财务部各岗位的职责予以明确，特制定本制度。

2. 财务部岗位设置原则

为了有效行使公司财务部的部门职责，公司财务部门需设置财务部长、核算会计、财务会计岗位。公司应根据实际需要，本着"高效、精简"的原则，按照财务部各岗位职责的要求配置合适人员，在不违反内部牵制原则和影响工作顺利开展的前提下，可以实行兼岗。

3. 公司财务部岗位职责

3.1 财务部部长岗位职责

3.1.1 在公司总经理、财务总监的领导下，负责组织和领导公司系统内财务人员开展财务管理与会计核算工作。

3.1.2 负责公司系统内财务队伍的建设，并会同人力资源部门对财务人员进行绩效考核。

3.1.3 复核子公司报送的相关资料，协助公司总经理制定对下属子公司的经营授权书，并有权对授权调整提出意见。

3.1.4 负责根据国家及总部相关管理制度的要求，在公司范围内建立和健全有关财务管理与会计核算制度及实施细则，并组织落实。

3.1.5 领导下属子公司的内控建设，规范下属子公司的会计核算，督促子公司按公司要求及时上报会计报表，对会计信息的及时性和真实性承担管理责任。

3.1.6 负责在公司系统内组织实施收支两条线和目标预算管理，严肃财经纪律，对公司货款的安全和回笼情况承担管理责任。

3.1.7 对公司实施风险监控，指导子公司开源节流，优化资金占用。定期对公司的经营状况作出经济分析，为公司总经理提供决策支持。

3.1.8 负责税务协调，配合银行、税务和审计部门的了解、检查和审计工作。

3.1.9 负责协调与公司其他部门的关系。

3.1.10 保守公司商业秘密。

3.2 核算会计岗位职责

3.2.1 在财务部部长的领导下，负责公司的会计核算工作，承担相应的财务管理职责。

3.2.2 贯彻执行国家会计法规和本公司制定的会计制度及实施细则。

3.2.3 负责设置核算账簿体系，协助业务及其他部门建立必要的台账。

3.2.4 规范会计基础工作和核算流程，认真审核原始凭证，正确编制记账凭证，准确登账。

3.2.5 依据其他管理制度实施财务监督，对超过权限的，在得到相应书面批准后方可办理财务手续。

3.2.6 及时进行入库单和采购发票的核对，按规定进行存货和销售成本核算。月末，在财务主管的组织下，进行存货盘点和账账、账实核对工作，对差异事项及时作出处理。

3.2.7 负责往来款项的对账并加强欠款的催收和跟进工作。

3.2.8 严格费用单据的审核，按规定进行费用控制。规范费用业务的账务处理，开展费用分析。

3.2.9 按公司核算制度规定进行固定资产折旧、福利费、教育经费、预提费用及各项准备金的计提，以及待摊费用的摊销。

3.2.10 根据公司会计制度规定，准确地进行公司利润和分产品损益的核算，不得人为调节利润。

3.2.11 及时编制公司会计报表报送总经办，并负责编制公司的各类合并报表。

3.2.12 依法进行税务事项的会计处理和纳税申报工作，严格增值税发票的管理。

3.2.13 负责会计凭证、账簿、财务会计报告和其他会计资料等会计档案的管理工作。

3.3 财务会计岗位职责

3.3.1 协助财务部部长建立财务管理与会计核算制度及实施细则。

3.3.2 负责组织各公司编制预算，根据各公司的预算进行汇总编制全面目标预算。对整个公司预算控制、执行情况及成本、费用进行分析，深入挖潜，提高费用功效，为公司领导提供决策支持。

3.3.3 负责对公司的财务状况和经营成果进行分析，为公司领导作出决策提供依据。

3.3.4 负责对存货、应收应付款项、固定资产等组织实施规范有效的财务管理，承担相应的财务监督职责。

3.3.5 负责落实各项制度，并不定期检查其执行情况，指导和督促子公司加强流动资金管理，提高资金周转速度和费用功效，优化资金占用。

3.3.6 负责协调和配合公司及相关部门、机构审计检查工作。

3.3.7 负责与各部门进行业务沟通。

3.3.8 负责公司上报资料的收集和编制。

3.3.9 保守本公司的商业秘密。

4. 子公司财务岗位职责

4.1 为了有效行使子公司财务的部门职责，子公司财务需设置财务经理、核算会计、出纳岗位。子公司应根据本公司的实际需要，本着"高效、精简"的原则，按照本公司财务部各岗位职责的要求配置合适人员，在不违反内部牵制原则和影响工作顺利开展的前提下，可以实行兼岗。

4.2 财务经理岗位职责

4.2.1 在公司财务部部长的直接领导下，负责组织和领导本公司的财务工作，提供规范化、标准化的财务管理与会计核算服务。

4.2.2 负责制定本公司财务岗位职责，进行岗位考核，保证公司财务工作落到实处。

4.2.3 负责贯彻执行国家财经法规和总公司的各项管理制度及实施细则。

4.2.4 负责公司内控建设，规范会计核算，如实反映财务状况和经营成果，按公司要求及时报送会计报表，对会计信息的真实性和及时性承担直接责任。

4.2.5 依据经营相关管理制度，对经营活动进行财务监督。对超权限事项，在得到书面批准文件后，方可办理财务手续。

4.2.6 负责组织编制目标预算，实行预算控制，进行预算分析，使预算管理落到实处。

4.2.7 严格执行收支两条线，维护财经纪律。负责对存货、应收应付款项、固定资产等组织实施规范有效的财务管理，承担相应的财务监督职责。

4.2.8 负责组织现金、存货、固定资产等的盘点清查工作，不定期地对现金进行盘点，加强应收账款管理，确保资金安全。

4.2.9 执行总公司制定的成本费用管理办法，开展费用分析，深入挖潜，提高费用功效。

4.2.10 规范会计档案，保证会计资料的安全完整。

4.2.11 进行经济分析，检查各环节的经济效果，提出改进建议，提供决策支持。

4.2.12 接受和配合总公司的会计稽核及相关机构和部门的审计、检查工作，及时纠正违规事项。

4.2.13 加强与当地财税务机关的沟通和协调，依法妥善处理本公司各项税务事宜。

4.2.14 负责协调与其他部门之间的关系。

4.2.15 保守本公司的商业秘密。

4.3 核算会计岗位职责

4.3.1 在财务经理的领导下，负责公司的会计核算工作，承担相应的财务管理职责。

4.3.2 贯彻执行国家会计法规和总公司制定的会计制度及实施细则。

4.3.3 负责设置核算账簿体系，协助仓管、生产、采购、业务等其他部门建立必要的台账。

4.3.4 规范会计基础工作和核算流程，认真审核原始凭证，正确编制记账凭证，准确登账。

4.3.5 依据经营管理制度实施财务监督，对超过权限的，在得到相应书面批准后方可办理财务手续。

4.3.6 及时进行入库单和采购发票的核对，成品与半成品、材料等录入，按规定进行存货和销售成本、生产成本核算。月末，在财务经理的组织下，进行存货盘点和账账、账实核对工作，对差异事项及时作出处理。

4.3.7 负责往来款项的对账并加强欠款的催收和跟进工作。

4.3.8 严格费用单据的审核，按规定进行费用控制。规范费用业务的账务处理，开展费用分析。

4.3.9 按总公司规定进行固定资产折旧、福利费、教育经费、预提费用、及各项准备金的计提，以及待摊费用的摊销。

4.3.10 及时编制会计报表报送总公司。

4.3.11 依法进行税务事项的会计处理和纳税申报工作，严格增值税发票的管理。

4.3.12 负责会计凭证、账簿、财务会计报告和其他会计资料等会计档案的管理工作。

4.3.13 保守本公司的商业秘密。

4.4 出纳岗位职责

4.4.1 负责办理现金、银行收付款业务，妥善保管现金及收据、支票等资金往来票证。

4.4.2 认真贯彻国家现金管理条例、银行结算管理制度和总部收支两条线货币资金管理制度，规范资金流向和流量，不得坐支现金。

4.4.3 办理收付款业务时，坚持见票付款、收款开票的原则。

4.4.4 严格执行支票使用管理制度，设立支票备查簿，完善支票使用审批手续。

4.4.5 负责员工报销和备用金管理。

4.4.6 根据会计凭证逐笔登记现金（分收入和支出）及银行存款日记账，日清日结。每日核对库存现金，做到账实相符，出现差异应及时地汇报，并作出处理。

4.4.7 及时准确地传递收付款单据，由核算会计进行账务处理，签章确认收付款凭证。

4.4.8 月末与总账核对现金和银行存款余额，按规定进行现金盘点和编制银行存款余额调节表，交财务主管审核。

4.4.9 及时编制现金支出旬报表，并报送给财务总监、财务部部长。

4.4.10 根据现金支出预算监督现金支出，定期进行现金支出预算分析；协助编制公司现金流量表。

4.4.11 负责银行承兑汇票的收付、核对及登记工作。

4.4.12 保守本单位的商业秘密。

| 拟定 | | 审核 | | 审批 | |

三、公司财务人员外派管理办法

标准文件		公司财务人员外派管理办法	文件编号	
版次	A/0		页次	

1. 目的

为了规范公司的财务人员外派管理，明确财务一体化管理后外派财务人员的产生、外派、轮岗、职责及权利，规范外派财务人员的流动机制，特制定本办法。

2. 定义

2.1 外派：指按照财务一体化管理的要求，经公司领导同意，由集团公司财务管理部向各下属子公司及其他需要实施财务统一管理的下属子公司派出财务负责人、财务总监、财务经理或其他相应职务的行为。

2.2 财务外派人员：指按照公司规定，由财务管理部统一管理，经公司审批同意，在一定时间内到下属子公司担任该公司财务负责人、财务总监、财务经理或其他相应职务的公司员工。

3. 职责

3.1 财务管理部职责。

3.1.1 负责财务外派人员管理，监督管理财务外派人员日常工作。

3.1.2 制定和落实财务外派人员各项管理政策和规范。

3.1.3 协调人力资源部等各方面力量组织安排财务外派人员竞聘工作，审核财务外派人员任职资格、安排外派人员轮岗调动、协助办理外派及外派期间工作调动、结束外派手续。

3.1.4 协助子公司相关职能部门实施财务外派人员职能管理。

3.1.5 记录子公司相关财务工作质量和工作效率作为对外派人员的考核依据。

3.1.6 培训子公司财务人员，指导子公司财务工作的开展。

3.2 人力资源部职责。

3.2.1 按照公司规定和财务管理部的要求组织财务外派人员竞聘、资格审核、外派信息发布、轮岗等工作。

3.2.2 协助财务管理部组织实施日常的外派财务人员管理。

3.2.3 协助财务管理部建立外派财务人员的管理体系与业绩记录档案。

3.2.4 协助财务管理部制定外派财务人员的薪资管理和职称管理有关实施细则。

4. 外派人员的管理

4.1 外派资格

4.1.1 遵循公司核心价值观要求，富有工作热情，坚守诚信准则，将公司利益放在第一位，勇于承担责任。

4.1.2 具有3年以上财务相关工作经验，至少一年以上集团工作工作经验。

4.1.3 近两次半年考核记录良好（考核等级"A"及其以上）。

4.1.4 职称和技能认证等级达到外派财务人员的最低要求，即具备集团公司业务中级职称，并达到财务专业技能认证3级以上的水平。

4.1.4 具有较丰富的企业管理、财务管理、财务会计、金融、法律等方面的专业知识，至少在其中一方面有比较全面的职业技能与较深厚的专业功底。

4.1.5 具备较强的统筹策划能力、组织协调能力、应变能力、决策能力和沟通能力。

4.1.6 因违规违纪行为被查处人员，不得担任财务外派人员。

4.2 工作职责

4.2.1 工作定位。

（1）外派财务人员在各子公司负责管理其财务体系工作，属子公司经营管理核心。

（2）具体管理职能包括对子公司财务体系人员的管理以及业务规划与开展、组织架构管理等。

（3）外派人员在子公司工作一年后，由财务管理部按照外派财务人员的职称、资历、能力、业绩等综合因素，进行综合评估，决定是否向公司董事会推荐其担任子公司副总经理职位。

4.2.2 主要职责：领导和组织子公司财务工作，参与和支持子公司经营决策，构建和规范子公司内控流程，贯彻和执行集团公司财务管理部的管理要求。

4.2.3 负责对象：子公司总经理、公司董事会、公司监事会、集团公司财务管理部部长。

4.2.4 报告对象与内容。

（1）定期向子公司总经理做业务决策支持汇报。

（2）定期向公司董事会提供财务数据和财务分析报告。

（3）定期接受公司监事会工作检查。

（4）定期向公司财务管理部提交财务报表和工作汇报。

4.2.5 参与子公司经营管理活动，提供有效的建议和决策支持。根据子公司短、中、长期经营计划，组织编制相应的财务计划和控制标准并监督执行。

4.2.6 维护集团公司利益，贯彻集团公司管理要求，确保子公司资产安全，保持负债和资本结构的相对合理，保证企业现金流，有效控制财务风险。

4.2.7 配合集团公司各职能部门对子公司的管理，协调和处理好各项工作事务。

4.2.8 其他企业需要的管理或业务工作。

4.3 编制管理

4.3.1 所有外派财务人员的编制都隶属于集团公司财务管理部。

4.3.2 对外派财务人员采用矩阵化管理，即同时接受财务管理部和所在子公司总经理的双重管理。

4.4 薪酬管理

4.4.1 财务管理部按照公司对于外派财务人员的职位评定确定职位薪资。

4.4.2 财务管理部依据具体外派人员的能力与经验，为其确定相应的职称薪资。

4.4.3 上述内容相加作为财务外派人员的薪资标准。由财务管理部在外派生效后将此薪资标准通知到拟任职的子公司，由子公司依照此标准按月进行核发。

4.4.4 外派财务人员的薪资调整，由财务管理部负责发起，并征求所在子公司总经理的意见后进行确定，子公司总经理拥有建议权。

4.5 考核管理

4.5.1 外派财务人员的半年度考核，采用矩阵化考核的方式，由所在子公司的总经理以及总部财务管理部按照各 50% 的权重，从不同角度对其进行考核评估。

4.5.2 最终的考核结果由财务管理部负责汇总，此考核结果直接作用于外派财务人员的职称评定、薪资调整。

4.5.3 财务管理部有权按照外派财务人员的考核情况，结合各子公司同等人员的奖金均值，给出外派财务人员奖金额度的建议。

4.6 外派财务经理在一个子公司任职原则上以 3 年为一个任期，任期届满后必须轮岗，即回流到总部财务管理部任职或者以重新竞聘的方式到其他子公司任职。

5. 外派操作流程

5.1 人员选拔

5.1.1 财务外派人员的选拔采用公开竞聘方式。

5.1.2 根据子公司岗位需求情况，由总部财务管理部在集团公司的财务体系内部公开组织竞聘活动。

5.1.3 竞聘评委：公司总经理，公司财务总监，子公司总经理，公司总部人力资源部、财务管理部部长。

5.1.4 竞聘人员范围：集团公司正式员工以及各个子公司正式员工。

5.1.5 竞聘人员基本要求为外派财务人员的任职资格要求。

5.1.6 竞聘组织。

（1）按照财务管理部的要求，由公司人力资源部统一组织财务外派人员的竞聘。

（2）人力资源部在集团公司体系内部（含各个子公司）公开发布竞聘公告，通知内部招聘信息，规定报名截止日。

（3）人力资源部收集竞聘报名简历（规定模板），汇总人员信息。

（4）财务管理部对报名信息进行初步筛选，并向符合硬性条件规定的人员发出竞聘通知。

（5）人力资源部确定竞聘时间，邀请竞聘评委，并提前准备好相应的材料，做好竞聘活动的组织。

（6）在竞聘结束后，由人力资源部收回各个评委的打分表，进行分数统计，并将初步的得分情况通知财务管理部及公司有关领导。

5.1.7 结果确认。

（1）财务管理部按照竞聘结果，提出初步的外派人选方案征求子公司意见后，报公司领导审批同意，最终确定财务外派人选。

（2）人力资源部与财务管理部共同通知竞聘胜出人员和子公司领导，公布竞聘结果。

5.2 人员外派

5.2.1 人员外派启动。

（1）财务管理部按照竞聘结果，填报"外派财务经理审批表"，经公司领导审核同意后，在人力资源部备案，并启动外派流程。

（2）若拟外派财务人员属于集团公司财务管理部编制人员，则直接与财务管理部签订新的劳动合同，由财务管理部确认其外派职位、薪资、职称，启动外派。

（3）若拟外派人员属于集团公司下属子公司人员，则按照集团公司体系内部人员流动的有关规定，在原企业办理离职手续并在集团公司按照社招方式办理正式入职手续后，由财务管理部确认其外派职位、职称、薪资，启动外派。

5.2.2 待遇确认。

（1）外派人员的薪资待遇，由财务管理部确定，并填写外派确认通知单，通知到相应子公司。

（2）外派财务人员的福利待遇，按照所在子公司的福利待遇进行核发，原享有的权益暂时中止并保留，待外派结束且返回总部财务管理部任职以后恢复。

5.3 正常结束外派

5.3.1 外派任期期满轮岗到财务管理部安排工作的，属于正常结束外派。

5.3.2 属于正常结束外派需要轮岗的人员应提前填写"外派财务人员结束外派审批表"，财务管理部组织相应材料后报上级领导审批同意，安排轮岗。

5.3.3 在外派财务人员即将任期期满前2个月，财务管理部即应考虑安排新的竞聘工作，以便选拔胜任的外派财务人员接任。

5.3.4 轮岗人员应认真按照外派财务人员离任交接清单的规定内容与继任人员进行工作交接。完成交接后方可到新的岗位任职。

5.3.5 离任后的 3 个月内为共同责任期，即轮岗人员应与继任人员一起对子公司财务管理工作承担共同责任，配合继任人员处理重大财务管理事项。

5.3.6 共同责任期后的 3 ~ 6 个月为连带责任期，即轮岗人员对子公司财务管理承担连带责任，在子公司财务遇到问题时协助继任人员妥善解决。

5.3.7 对于在紧密责任期和连带责任期履行责任不到位的人员，由财务管理部按照内部财经纪律给予一定的处分，包括降薪、降职等。

5.3.8 轮岗回流人员的薪资，由财务管理部按照拟聘任职位重新进行核定，并报人力资源部核准后执行，同时该员工原暂时中止的各项权益恢复。

5.4 非正常情况的结束外派

5.4.1 外派人员在外派期间发生如下情况，会导致非正常结束外派：

（1）按照工作需要由财务管理部安排到其他岗位工作。

（2）外派人员在外派期间提出工作调动或离职。

（3）外派人员在工作中出现不胜任工作状况、违规违纪问题被免职。

（4）其他导致外派无法正常持续的情况。

5.4.2 因工作需要，由财务管理部在正常外派未结束的情况下提前终止外派的，由财务管理部提出，并征得子公司总经理同意后，按照正常结束外派的有关流程操作。

5.4.3 员工个人原因导致外派非正常中止的：

（1）员工本人应提前 2 个月通知财务管理部和子公司总经理，并由财务管理部启动新的竞聘程序选拔继任人选。

（2）在继任人员到位之前，员工本人应严格履行本岗位的工作职责。

（3）员工应按照规定，与继任人员进行工作交接并认真填写完成外派财务人员离任交接清单，并由继任人员确认交接的内容。

（4）交接工作完成后，总部财务管理部发出结束外派轮岗确认通知单，通知子公司总经理、公司人力资源部，员工返回总部财务管理部履行调离、离职手续。

（5）总部财务管理部可依情况对离任人员展开离任审计。

5.4.4 员工在任期内因不胜任工作或违规违纪受到处分而免职的：

（1）财务管理部应立即终止该员工的工作，发出结束外派轮岗确认通知单，并临时指派相应人员进行工作接替，同时启动竞聘程序选拔合格人选。

（2）财务管理部将该员工调回部门后，安排履行外派财务人员离任交接清单所要求的交接程序。。

（3）总部财务管理部可依情况对离任人员展开离任审计。

| 拟定 | | 审核 | | 审批 | |

四、财务人员工作交接管理办法

标准文件		财务人员工作交接管理办法	文件编号	
版次	A/0		页次	

1. 目的

为了规范财务人员工作交接，明确交接责任，保证财务、会计工作连续、稳定、合法、有序开展，依据《会计基础工作规范》要求，结合企业实际情况，特制定本办法。

2. 适用范围

本办法适用于公司的财务人员，包括公司总部出纳、会计、财务负责人、财务总监，各项目部、子公司、分公司出纳、会计、财务负责人及其他所有从事财务工作的人员。

3. 管理规定

3.1 工作交接范围

3.1.1 符合下列情况之一，必须按照本办法办理工作交接手续：

（1）财务人员调动工作单位、更换工作岗位以及因故离职等。

（2）财务人员因出差、培训、借调、产假、病假、事假等而临时离岗 1 个月以上的。

（3）合并、分立企业的财务人员重新上岗时。

3.1.2 财务人员因出差、培训、借调、产假、病假、事假等而临时离岗，但在 1 月内可恢复岗位工作状态的，须参照本办法规定，向指定替岗人员或者代理工作人员办理临时工作交接。

3.2 工作交接内容

3.2.1 所有财务人员工作移交，都须按照"交资产、交资料、交关系"的原则，移交本岗位实际承担的各项工作，并将待处理事项的内容、目标、关联部门或人员、联系方式、目前的状态、提请注意的事项等进行说明。

3.2.2 出纳岗位工作交接内容。

（1）资产类：库存现金、有价证券、存折、存款卡、信用卡、保险柜、钥匙、电子钥匙，POS 机、POS 机操作密码卡、密码，网银操作 IC 卡、USBKey，以及掌管的其他资产及相关资料，如 POS 机、电子银行的操作规程等。

（2）票据、印章类：各种财务收据、其他票据、银行结算票据、银行账户管理协议书、银行基本户开户许可证、银行印鉴卡、开户行联系人资料、银行贷款资料、业务联系人情况，各种财务专用章、发票专用章、收款专用章、预留银行印鉴及其他财务用章。

（3）会计资料类：现金日记账、银行日记账、银行对账单、银行存款余额调节表、电子核算账套数据资料，以及掌管的其他会计资料。

（4）其他资料类：未完事项说明，以及掌管的其他资料。

3.2.3 纳税管理岗位工作交接内容。

（1）票据类：各种发票，发票领购本、领购卡，各种发票、收据等票据，领用登记簿，业务联系人情况，以及其他与票据管理有关的信息资料。

（2）纳税登记类：国税、地税税务登记证正副本、一般纳税人资格证书、出口退税登记证，以及其他与纳税登记有关的资料。

（3）纳税申报类：电子缴税协议书、划缴税款授权委托书，金税税控IC卡、读卡器、电子报税系统操作密码，税控专用计算机、发票认证专用扫描仪，纳税申报资料，各项税款（退税）申报的时间节点要求，以及其他与纳税申报（含出口退税）相关的资料（如与纳税申报相关的操作规程）、资产。

（4）其他资料和资产：其他与纳税管理有关的企业内部文件、上报文件，税务机关给企业下发的相关文件，享受税收政策的文件，管理台账、记录等资料，以及办公设备、用具等资产。

3.2.4 其他会计岗位工作交接内容。

（1）会计资料类：各种纸质会计凭证，包括原始凭证、记账凭证；会计账簿，包括总账、明细账、备查账，会计报表，成本核算资料，电子会计核算账套数据资料记账凭证、会计账簿、会计报表等；其他会计资料及数据。

（2）实物类：各种钥匙、印章、票据、密码卡，办公设备、用具，以及保管的其他资产。

（3）其他资料类：各种合同、协议、管理台账，记录、登记簿，未完事项说明，以及保管的其他资料。

3.2.5 财务主管人员工作交接内容。

（1）财务类：包括财务报告及分析、计划预算及执行分析、成本报表、各种管理台账，电子会计核算账套数据，财务审批权限，签字样本，各种财务印章、票据、密码，各种管理记录簿，财务稽核、凭证审核、票据管理、凭证借阅等登记簿，以及其他财务会计资料。

（2）合同类：包括销售、服务、采购、施工合同，合作协议，其他各种商务合同、协议，以及与合同、协议执行有关的结果文件、过程文件、信息沟通记录和收集的相关资料等。

（3）文件类：包括纸质和电子文档形式的银行、税务、财政、物价、工商等外部文件，制度、红头文件、绩效责任书等公司文件，部门会议记录、会议纪要、工作计划、绩效考核记录、培训资料、岗位说明书、工作规范、业务流程等部门文件及其他文件资料。

（4）联系类:银行、税务、财政、物价、工商等外部事项,办公室、HR、计划、统计、工程、销售等内部事项及联系方式和必要的说明等。

（5）实物类：保管的办公室、办公桌、文件柜等各种钥匙,办公设备、用具、书刊等管理资料以及保管的其他资产。

3.2.6 财务信息化管理员工作交接内容。

（1）财务管理软件、与供应商（服务商）的有关协议、供应商联系方式。

（2）财务专用服务器及系统管理员密码。

（3）备份数据（光盘、磁带等）。

（4）系统运行与管理记录以及与系统运行有关的其他资料。

3.3 工作交接流程

3.3.1 工作交接准备。

（1）财务人员办理工作交接手续前,必须及时地做好以下工作交接准备,并认真编制财务人员工作交接清册,确保交接工作顺利完成。

①已经受理的经济业务尚未填制会计凭证的,必须填制完毕。

②尚未登记的账目,必须登记完毕,打印出总分类账或科目余额表,并在最后一笔余额后加盖经办人员印章。

③尚未编制完成的会计报表,必须及时编制完成,并对证、账、表进行核对,确保交接资料的准确性和一致性。

④移交人的工作职责和工作特性、工作中的未了事项、税务和投资等专项工作须写出详细的书面材料。

⑤按照本办法 3.2 "工作交接内容"规定的内容,整理必须交接的各项资料、实物等,编制交接清册。

⑥对于工作移交中的存续事项,如已发出票据,银行、税务相关资料等,需要进行必要的现场抽查核对。监交人须对此类需核对事项进行必要的提示和要求。

（2）财务负责人、财务主管人员移交工作的,须将财务会计工作、重大财务收支事项和财务人员情况等相关问题,在交接前写成书面材料。

（3）移交人员已经完成的各项工作的档案资料,须按《会计档案管理办法》规定向会计档案管理员办理资料归档,不得移交给工作接交人员。

3.3.2 工作移交与接收。

（1）移交人员须亲自办理工作交接手续,因病或其他特殊原因不能亲自办理移交的,须填写财务工作委托（指定）移交审批单,经上级财务管理部门负责人批准后,由移交人员委托他人或上级财务管理部门指定的人员代办交接手续。

（2）移交人员在离职、离岗获得批准后3天内向接交人员移交本人经管的全部工作，没有办清交接手续的，不得调动或者离职。接交人员须认真按照移交清册逐项点收。

（3）临时离岗人员须在离岗前一天，将离岗期间必须继续的会计核算工作、其他必须延续完成的工作向替岗人员移交清楚。替岗人员必须依据工作交接清单接受所负责的工作。

（4）现金、有价证券要根据会计账簿有关记录进行当面点交。库存现金、有价证券必须与会计账簿记录保持一致。不一致时，移交人员必须在规定期限内负责查清处理。

（5）银行存款账户余额要与银行对账单核对一致，如不一致，须由移交人编制银行存款余额调节表并调节相符。

（6）会计凭证、会计账簿、会计报表和其他会计资料必须保证完整无缺。如有短缺，必须查原因，并在移交清册中注明，由移交人员负责。

（7）各种财产物资和债权债务的明细账户余额要与总账有关账户余额核对相符。对重要的实物要实地盘点，保证账实相符，对余额较大的往来账户要与往来单位、个人核对清楚。

（8）各种支票、发票、收据等财务票据及各种财务印章和其他实物等，必须按照移交清册点收清楚。

（9）电子会计核算账务数据必须在计算机实际操作状态下，经确认相关数据正确无误，方可交接。

（10）各级财务主管移交时，必须将全部工作、重大财务收支和财务人员的基本情况、需要移交的遗留问题等，向接交人员进行详细介绍。还须对注意事项、重要工作建议，以及重要工作关系的联系、工作事项的衔接及其交接时的落实情况等进行说明，形成"工作交接说明书"（作为独立文件保管）。

（11）交接完毕后，交接双方和监交人员要在移交清册上签名（不能以盖章代替），并在移交清册上注明单位名称、交接日期、交接双方和监交人员的姓名、职务，移交清册页数。

3.3.3 工作交接监督。

（1）财务人员办理工作交接，必须有监交人负责监督，确保交接过程的公正性、真实性。

（2）一般财务人员工作交接，由本单位财务负责人、财务主管负责监交；财务负责人、财务主管工作交接，由本公司主管领导负责监交，上级财务部门派人会同监交。

（3）监交人员须关注移交人员工作交接准备情况，发现延迟或其他问题，及时给予督导。

（4）监交人员必须全程现场监督交接工作，对交接过程中存在的问题及时提出、予以纠正或在移交清册上注明处理意见，对达到交接标准的在移交清册封面签署"同意交接"并签名。

3.3.4 交接后的工作管理。

（1）完成工作移交后，交接人员须进行有效的沟通、适度的交流，上级财务部门和监交人员须对交接工作进行必要的考评。

（2）移交人员须在3个月内对所移交工作承担工作衔接、支持等尽职责任。对于接交人提出的有关事项，属于工作移交不完整、不清晰引起的事项，须主动承担改正责任并在第一时间向监交人汇报，然后采取有效措施消除不良影响，并补充工作交接手续。属于接交人员对后续工作的咨询，移交人员可视具体情况给予建议。

（3）接交人须以积极主动的态度、最合适的方式快速完成接交工作的落实，对预计在3个月内不能有效落实的事项，须在工作交接后2个月内向监交人和部门主管提出（各级财务负责人、财务部门主管人员工作交接时，须向上级财务部门提出），清晰描述存在的问题，分析产生的具体原因，提出解决问题的措施、建议和自己应承担的职责。

（4）一般财务人员工作交接时，部门主管须在工作交接满3个月后10日内完成对交接效果的考评并填写"财务人员工作交接考评表"，并报上级财务部门备案。各级财务负责人、财务部门主管人员工作交接时，上级财务部门须在工作交接满3个月后10日内完成对交接效果的考评并填写"财务人员工作交接考评表"，并报事业部财务部门备案。

3.3.5 工作交接资料管理。

（1）普通财务人员交接清册须填制一式三份，交接双方各执一份，本公司财务部门存档一份。

（2）各级财务负责人、财务部门主管人员交接清册须填制一式四份，交接双方各执一份，本级财务部门存档一份，并报上级财务部门存档一份。

（3）各级财务部门须妥善保管财务人员交接清册，及时登记财务人员工作交接管理台账，并按会计档案管理的要求及时归档。

3.4 工作交接责任

3.4.1 移交人员对所移交的会计凭证、会计账簿、会计报表和其他有关资料的合法性、真实性承担法律责任。在移交后发现移交人经办处理的会计业务有违反会计制度和财经纪律的，其责任仍由原移交人负责。

3.4.2 接交人员须认真地接管移交的工作，并继续办理移交的未了事项，接交人员须继续使用移交的电子会计账套，不得自行另立新账。

3.4.3 移交人员因故委托他人代办移交，受托人须承担本办法规定的相应责任。

3.4.4 替岗或代理工作人员必须对替岗阶段所接交的工作负责，保证工作的连续性、及时性和准确性。由负责监交的主管人员对工作责任进行界定。

3.4.5 公司撤销时，财务人员必须会同有关人员办理清理工作，编制决算，未移交前，不得离职。

3.5 罚则

有下列情况和行为的，由上级财务部门按照有关规定，视情节给予责令改正、罚款，直至降职、降级或撤职等处理。

3.5.1 未按本办法规定的交接内容、程序、时间办理工作交接的。

3.5.2 未按本办法规定履行工作监交职责的。

3.5.3 未按本办法规定履行工作移交责任，造成后续工作损失的。

拟定		审核		审批	

第三节 财务部门职责管理表格

一、外派财务人员审批表

外派财务人员审批表

填表日期：

姓名		性别		出生年月	
现部门		拟派往单位			
现职务		拟派往单位职务			
毕业学校		专业		学位	
简历	签名：　　　　　　　　　日期：				
管理经验、专业能力介绍	签名：　　　　　　　　　日期：				

续表

财务管理部意见	签名： 日期：
拟派往单位意见	
人力资源部意见	签名： 日期：
公司财务总监意见	签名： 日期：
公司总经理意见	签名： 日期：

二、外派财务人员结束外派审批表

财务外派人员结束外派审批表

填表日期：

姓名		工号		出生年月	
外派时间		外派子公司		担任职务	
轮岗工作意向					
外派期间业绩简介					
轮岗安排意见（财务管理部）					
子公司领导意见	签名： 日期：			
公司财务总监意见					
公司总经理意见	签名： 日期：			

三、财务外派人员结束外派离任工作交接表

财务外派人员结束外派离任工作交接表

交接单位				交接工作期间		年 月至 年 月		
离任人员			接任人员			监督交接人		
基础工作交接								
项目			内容					
业务交接	一类：制度文档		具体内容 （没有的内容可填无）	交接形式 书面/电子	接交人	接收人	监交人
业务交接	会计核算		会计报表				
			会计档案				
			企业使用会计政策				
			会计估计				
			会计科目及下级科目使用说明				
			减值计提政策				
			收入/成本政策				
			流动资产核算/管理				
			存货核算/管理				
			存货盘点记录				
			固定资产核算/管理				
			固定资产表				
			长期投资核算/管理				
			往来核算/管理				
			业务合同				
			负债核算/管理				
			其他				
	企业资金管理		出纳管理制度				
			票据				
			现金情况				
			银行账户情况				
			定期对账情况				
			个人借款情况				
			专项资金情况				
			其他				

续表

项目		内容				
业务交接	税务	税务发票				
		税务申请表				
		证书				
		税务卡				
		税务通知书				
		其他				
	预算	预算制度				
		年度预算文件				
		定期预算月/季报告				
		预算执行报告				
	部门人事					
	内部控制					
	成本控制					
	工作分析报告					
	投资管理					
	筹资管理	贷款合同				
		票据贴现				
	其他					
	二类:实物资产	具体内容		接收人	交接形式	是否交接
	财务档案					
	业务合同					
	工作书面记录					
	纳税上报材料					
	各类发票					
	财务印鉴					
	各类企业证书					
	办公用品					
	交通工具					
	其他					

续表

项目	内容				
	三类：其他	具体内容	接收人	交接形式	是否交接
	账户信息				
	公司邮箱				
	系统权限				
	其他				
责任期内重点关注项目配合					
约定项目	约定内容			是/否完成	完成质量（总经理签）
重点项目1					
重点项目2					
重点项目3					
其他					
历史问题说明及后续待办事宜：					
其他需要说明事项：					
责任期整体评估：					
签名确认	离任人员： 日期：		接任人员： 日期：	总经理： 日期：	

四、财务人员工作交接单

财务人员工作交接单

日期：

移交人姓名		工号	
接收人姓名		工号	
交接材料		接收人	监交人
纸质交接材料			

25

续表

交接材料	接收人	监交人
电子版交接材料		
待办事项交接		
其他工作交接		

注：本表一式三份，移交人、接收人、监交人各　份。

五、财务工作委托（指定）移交审批单

财务工作委托（指定）移交审批单

所属公司（全称）：　　　　　　　　　　　　　　　申请日期：

财务部门名称			工作交接岗位			
移交人		接交人		监交人		
委托移交申请	原因：					
	申请人（签名）：		职务：			
	代理移交人（签名）：		职务：		日期：	
指定移交申请	原因：					
	申请人（签名）：		职务：			
	代理移交人（签名）：		职务：		日期：	
审批	审批意见：					
	审批人（签名）：		职务：		日期：	
交接过程情况说明	代理移交人（签名）：		日期：	备注		
	接交人（签名）：		日期：			

六、财务人员工作交接考评表

财务人员工作交接考评表

考评部门：

所属公司（全称）					
所属部门			工作交接岗位		
移交人		接交人		监交人	
工作交接日期：			规定考评日期：		
交接考评记录	一、移交工作存在的问题： 二、接交工作存在的问题： 三、监交工作存在的问题： 四、其他问题： 考评人（签字）：　　　　　日期：				
	移交人意见： 签字：　　日期：	接交人意见： 签字：　　　日期：		监交人意见： 签字：　　　日期：	
财务部门	接收人： 日期： 反馈人：　　日期：	处理意见： 签字：　　　　　　日期：			
备注					

七、财务人员工作交接管理台账

财务人员工作交接管理台账

公司：　　　　　　　所属年度：　　　年　　　　财务负责人：　　　　　填表人：

序号	登记时间	交接岗位名称	交接时间	交接性质与内容（摘要）	移交人		接交人		监交人		存档文件			工作交接后反馈问题
					姓名	职务	姓名	职务	姓名	职务	工作交接清单	工作交接说明书	上级财务部门备案	

第二章

筹资管理流程与制度

第一节　筹资管理要领

一、筹资的主要方式

随着金融市场的发展，企业的筹资有多种方式可以选择。在购并中，企业可以根据自身的实际情况选择合理的方式。一般来说，筹资有以下几种主要方式：

1. 借款

企业可以向银行、非金融机构借款以满足购并的需要。

借款的优点是手续简便，企业可以在较短时间内取得所需的资金，保密性也很好。缺点是企业需要负担固定利息，到期必须还本归息；如果企业不能合理安排还贷资金，就会引起企业财务状况的恶化。

2. 发行债券

债券是公司筹集资本，按法定程序发行并承担在指定的时间内支付一定的利息与还本金义务的有价证券。这一方式与借款有很大的共同点，但债券融资的来源更广，筹集资金的余地更大。

3. 普通股融资

普通股是股份公司资本构成中最基本、最主要的股份，不需要还本，股息也不需要像借款和债券一样定期定额支付。优点是风险很低，但采取这一方式筹资，会引起原有股东控制权的分散。

4. 优先股融资

优先股综合了债券和普通股的优点，既无到期还本的压力，也并不必担心股东控制权的分散。这种方式的税后资金成本要高于负债的税后资本成本，且优先股股东虽然负担了相当比例的风险，却只能取得固定的报酬，所以发行效果上不如债券。

5. 可转换证券融资

可转换证券是指可以被持有人转换为普通股的债券或优先股。可转换债券由于具有转换成普通股的利益，因此其成本一般较低，且可转换债券到期转换成普通股后，企业就不必还本，而获得长期使用的资本。这一方式可能会引起公司控制权的分散，而且如到期后股市大涨而高于转换价格时，会使公司蒙受财务损失。

6. 购股权证融资

购股权证是一种由公司发行的长期选择权，允许持有人按某一特定价格买入既定数量的股票。其一般随公司长期债券一起发行，以吸引投资者购买利率低于正常水平的长期债券，是在金融紧缩期和公司处于信任危机边缘时，给予投资者的一种补偿，鼓励投资者购买本公司的债券。购股权证被使用时，原有发行的公司债并未收回，因此可增加流入公司的资金。

二、筹资管理的关键

筹资管理要求解决企业为什么要筹资、需要筹集多少资金、从什么渠道以什么方式筹集，以及如何协调财务风险和资本成本、合理安排资本结构等问题。

1. 科学预计资金需要量

企业创立时，要按照规划的生产经营规模，核定长期资本需要量和流动资金需要量；企业正常营运时，要根据年度经营计划和资金周转水平，核定维持营业活动的日常资金需求量；企业扩张发展时，要根据生产经营扩张规模或对外投资对大额资金的需求，安排专项的资金。

2. 合理安排筹资渠道、选择筹资方式

一般来说，企业最基本的筹资渠道有以下几种。

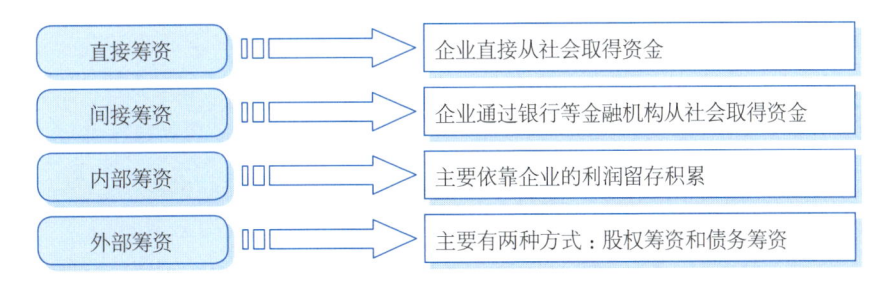

直接筹资	企业直接从社会取得资金
间接筹资	企业通过银行等金融机构从社会取得资金
内部筹资	主要依靠企业的利润留存积累
外部筹资	主要有两种方式：股权筹资和债务筹资

3. 降低资本成本、控制财务风险

资本成本是企业筹集和使用资金所付出的代价，包括资金筹集费用和使用费用。

一般来说，债务资金比股权资金的资本成本要低，即使同是债务资金，由于借款、债券和租赁的性质不同，其资本成本也有差异。企业在筹资管理中，要合理利用资本成本较低的资金，努力降低企业的资本成本率。

财务风险，是企业无法如期足额地偿付到期债务的本金和利息的风险。企业筹集资金在降低资本成本的同时，要充分考虑财务风险。

第二节　筹资管理制度

一、公司筹资管理制度

标准文件		公司筹资管理制度	文件编号	
版次	A/0		页次	

1. 目的

为了规范公司经营运作中的筹资行为，降低资本成本，减少筹资风险，以提高资金运作效益，依据相关规范，结合公司实际情况，特制定本制度。

2. 适用范围

适用于公司对筹资进行管理的相关事宜。

3. 权益资本筹资

3.1 权益资本筹资通过吸收直接投资和发行股票两种筹资方式取得。

3.1.1 吸收直接投资是指公司以协议等形式吸收其他企业和个人投资的筹资方式。

3.1.2 发行股票筹资是指公司以发行股票方式筹集资本的方式。

3.2 公司吸收直接投资程序。

3.2.1 吸收直接投资须经公司股东大会或董事会批准。

3.2.2 与投资者签订投资协议，约定投资金额、所占股份、投资日期以及投资收益与风险的分担等。

3.2.3 财务部负责监督所筹集资金的到位情况和实物资产的评估工作，并请会计师事务所办理验资手续，公司据此向投资者签发出资报告。

3.2.4 财务部在收到投资款后应及时地建立股东名册。

3.2.5 财务部负责办理工商变更登记和企业章程修改手续。

3.3 吸收投资不得吸收投资者已设有担保物权及租赁资产的出资。

3.4 筹集的资本金，在生产经营期间内，除投资者依法转让外，不得以任何方式抽走。

3.5 投资者实际缴付的出资额超出其资本金的差额（包括公司发行股票的溢价净收入）以及资本汇率折算差额等计入资本公积金。

3.6 发行股票筹资程序。

3.6.1 发行股票筹资必须经过股东大会批准并拟定发行新股申请报告。

3.6.2 董事会向有关授权部门申请并经批准。

3.6.3 公布公告招股说明书和财务会计报表及附属明细表，与证券经营机构签订承销协议。定向募集时向新股认购人发出认购公告或通知。

3.6.4 招认股份，交纳股款。

3.6.5 改组董事会、监事会，办理变更登记并向社会公告。

3.7 公司财务部建立股东名册，其内容包括股东姓名、名称、住所及各股东所持股份、股票编号以及股东取得股票的日期等。

4. 债务资本筹资

4.1 债务资本的筹资工作由公司财务部统一负责。经财务部批准分支机构可以办理短期借款。

4.2 公司短期借款筹资程序。

4.2.1 根据财务预算和预测，公司财务部应先确定公司短期内所需资金，编制筹资计划表。

4.2.2 按照筹资规模大小，分别由财务部经理、财务总监和总经理审批筹资计划。

4.2.3 财务部负责签订借款合同并监督资金的到位和使用情况，借款合同内容包括借款人、借款金额、利息率、到账时间、借款期限、利息及本金的偿还方式以及违约责任等。

4.2.4 双方法人代表或授权人签字。

4.3 公司短期借款审批权限。

短期借款采取限额审批制，投资限额标准如下（超过限额标准的由公司董事会批准）。

4.3.1 财务部经理审批限额：×××万元。

4.3.2 财务总监审批限额：×××万元。

4.3.3 总经理审批限额：×××万元。

4.4 在短期借款到位当日，公司财务部应按照借款类别在短期筹资资记簿中登记。

4.5 公司按照借款计划使用该项资金，不得随意改变资金用途，如有变动须经原审批机构批准。

4.6 公司财务部及时计提和支付借款利息并实行岗位分离。

4.7 公司财务部建立资金台账，以详细记录各项资金的筹集、运用和本息归还情况。财务部对于未领取利息须单独列示。

4.8 公司长期债务资本筹资包括长期借款、发行公司债券以及长期应付款等方式。

4.9 公司长期借款必须编制长期借款计划使用书，包括项目可行性研究报告、项目批复、公司批准文件、借款金额、用款时间与计划以及还款期限与计划等。

4.10 长期借款计划使用书由公司财务部经理、财务总监和总经理依其职权范围进行审批。

4.11 公司财务部负责签订长期借款合同，其主要内容包括贷款种类、用途、贷款金额、利息率、贷款期限、利息及本金的偿还方式和资金来源、违约责任等。

4.12 长期借款利息的处理。

4.12.1 筹建期间发生的应计利息计入开办费。

4.12.2 生产期间发生的应计利息计入财务费用。

4.12.3 清算期间发生的应计利息计入清算权益。

4.12.4 购建固定资产或无形资产有关的应计利息，在资产尚未交付使用或者虽已交付使用但尚未办理竣工决算前，计入购建资产的价值。

4.13 公司发行债券筹资程序。

4.13.1 发行债券筹资应先由股东大会作出决议。

4.13.2 向国家证券管理部门提出申请并提交公司登记证明、公司章程、公司债券募集办法以及资产评估报告和验资报告等。

4.13.3 制定公司债券募集办法，其主要内容包括公司名称、债券总额和票面金额、债券利率、还本付息的期限和方式、债券发行的起止日期、公司净资产、已发行且尚未到期的债券总额以及公司债券的承销机构等。

4.13.4 同债券承销机构签订债券承销协议或包销合同。

4.14 公司发行的债券应载明公司名称、债券票面金额、利率以及偿还期限等事项，并由董事长签名、公司盖章。

4.15 公司债券发行价格可以采用溢价、平价、折价三种方式，公司财务部保证债券溢价和折价采用直线法合理分摊。

4.16 公司对发行的债券应置备公司债券存根簿予以登记。

4.16.1 发行记名债券的，公司债券存根簿应记明债券持有人的姓名、名称及住所、债券持有人取得债券的日期及债券编号、债券总额、票面金额、利率、还本付息的期限和方式以及债券的发行日期。

4.16.2 发行无记名债券的，应在公司债券存根簿上登记债券的总额、利率、偿还期限和方式以及发行日期和债券的编号等。

4.17 公司财务部在取得债券发行收入的当日，即应将款项存入银行。

4.18 公司财务部指派专人负责保管债券持有人明细账，并组织定期核对。

4.19 公司按照债券契约的规定及时地支付债券利息。

4.20 公司债券的偿还和购回在董事会的授权下由公司财务部办理。

4.21 公司未发行债券必须由专人负责管理。

4.22 其他长期负债筹资方式还包括补充贸易引进设备价款和融资租入固定资产应付的租赁费等形成的长期应付款。

4.23 公司财务部统一办理长期应付款。

5. 公司筹资风险管理

5.1 公司应定期召开财务工作会议，并由财务部对公司的筹资风险进行评价。公司筹资风险的评价准则如下：

5.1.1 以公司固定资产投资和流动资金的需要决定筹资的时机、规模和组合。

5.1.2 公司在筹资时应充分考虑本公司的偿还能力，全面衡量收益情况和偿还能力，做到量力而行。

5.1.3 对筹集来的资金、资产、技术具有吸收和消化的能力。

5.1.4 筹资的期限要适当。

5.1.5 负债率和还债率要控制在一定范围内。

5.1.6 筹资要考虑税款减免及社会条件的制约。

5.2 公司筹资效益的决定性因素是筹资成本，这对于选择评价公司筹资方式有着重要的意义。公司财务部采用加权平均资本成本最小的筹资组合评价公司资金成本，以确定合理的资本结构。

5.3 筹资风险的评价方法采用财务杠杆系数法。财务杠杆系数越大，公司筹资风险也越大。

5.4 公司财务部应依据公司经营状况、现金流量等因素合理安排借款的偿还期限以及归还借款的资金来源。

拟定		审核		审批	

二、筹资决策管理制度

标准文件		筹资决策管理制度	文件编号	
版次	A/0		页次	

1. 目的

为规范企业在经营中的筹资行为，减少筹资风险，降低资金成本，特制定本制度。

2. 适用范围

适用于公司对筹资决策进行管理的相关事宜。

3. 筹资预算与筹资方案

3.1 筹资预算的编写内容

3.1.1 筹资预算需合理安排筹资规模和筹资结构。

3.1.2 筹资预算需选择适合企业的筹资方式。

3.1.3 筹资预算需确定企业最佳的资金成本。

3.1.4 筹资预算需严格控制财务风险。

3.1.5 筹资预算需根据上期预算的完成情况分析其对本期预算的影响。

3.2 筹资方案的合格标准

3.2.1 筹资方案需确定筹资总额、筹资结构、借款期限。

3.2.2 筹资方案需根据企业的具体情况，确定筹资方式和筹资渠道。

3.2.3 筹资方案需分析、计算和比较各种筹资方式和筹资渠道的利弊。

3.2.4 筹资方案需分析各种方案的可行性。

3.2.5 筹资方案需具体说明筹资时机的选择、预计筹资成本、潜在的筹资风险和具体的应对措施以及偿债计划等。

3.3 筹资方案的选优标准

3.3.1 筹资方案符合《公司法》《证券法》等法律法规的规定。

3.3.2 筹资方案的筹资总收益大于筹资总成本。

3.3.3 筹资方案的筹资成本最小，利益最大。

3.3.4 筹集的资金符合企业经营的需要，筹集资金额的多少适宜。

3.4 筹资预算与筹资方案的审批规定

3.4.1 筹资预算与筹资方案的审批程序参照《筹资授权批准制度》。

3.4.2 编写好的筹资预算和筹资方案实行联签制，各级审核人员均需签字盖章，否则以失职论处。

4. 筹资决策的要求与处理

4.1 筹资预算与筹资方案必须要有完整详尽的书面记录，财务人员在执行前需向执行人员出示，否则，执行人员有权拒绝执行。

4.2 重大的筹资决策需企业的高级管理层集体审批。

4.3 筹资决策实行责任追究制，本着"谁出事，谁负责"的原则进行责任追究，一查到底。

拟定		审核		审批	

三、筹资执行管理制度

标准文件		筹资执行管理制度	文件编号	
版次	A/0		页次	

1. 目的

为规范企业在经营中的筹资行为，降低资金成本，减小筹资风险，特制定本制度。

2. 适用范围

适用于公司对筹资执行进行管理的相关事宜。

3. 主要内容

3.1 筹资合同或协议的拟写、审核

3.1.1 拟写的筹资合同或协议需严格按照批准的筹资方案的内容撰写。

3.1.2 拟定好的筹资合同或协议，需由拟定合同人员的上级领导逐级审核并报法律顾问进行审核，以确保合同或协议的合法性、合理性及完整性。

3.1.3 逐级审核筹资合同或协议时需做好书面记录，否则视为渎职。

3.1.4 企业变更原筹资合同或协议的，需按照原程序审核、批示并做好书面记录。

3.2 收取资产

3.2.1 出纳人员需根据筹资合同或协议，在规定时间内向贷款银行或其他金融机构收取借款本金。

3.2.2 筹资合同或协议签订后，出纳人员需及时地核实筹集资金的到账情况，发现异常及时汇报，否则出纳人员承担相关责任。

3.2.3 筹资合同或协议签订后，企业的会计人员需及时地检查贷款凭证手续是否齐全、内容是否合法，确保与筹资合同或协议的内容保持一致。

3.3 保管资产

保管的资产是指股票、债券等有价证券部分。

3.3.1 企业指定专人负责，放于专用保险柜中并做好记录，定期清点。

3.3.2 资产若交予其他机构代管，企业需要做到以下两点。

（1）指定人员与代管机构的人员一起将资产加封，双方人员在交接单上签字确认。

（2）建立资产登记簿，记录存放时间、地点、期限、每张金额、总金额、编号、经手人等并定期核对。

3.4 记账与对账

3.4.1 会计人员需根据记账凭证与所附的原始凭证，及时地登录总账及明细账，确保筹资信息准确无误。

3.4.2 每月月底，总账会计需与明细账分类会计核对双方账簿记录的发生额和余额，核对无误后，双方在科目余额表上签字确认，确保筹资业务会计记录的真实、可靠。

3.5 监督筹集资金的使用

根据筹资合同或协议中对筹集资金的使用要求，筹资主管与筹资专员应加强监督筹资资金的使用情况，合理调度资金，优化资金的运用，提高资金的使用效率。

| 拟定 | | 审核 | | 审批 | |

四、筹资偿付管理制度

标准文件		筹资偿付管理制度	文件编号	
版次	A/0		页次	

1. 目的

为规范企业在经营中的筹资行为，降低资金成本，减小筹资风险，特制定本制度。

2. 适用范围

适用于公司对筹资偿付进行管理的相关事宜。

3. 筹资偿付控制

3.1 筹资偿付的申请

3.1.1 会计人员根据筹资合同或协议的条款，在发放股利或缴纳利息的规定时间前计算出应发放或缴纳的数额并提出申请。

3.1.2 筹资偿付申请需经财务部经理、财务总监、总裁逐级进行审核、批示，并就此过程做好书面记录。

3.2 编制记账凭证

3.2.1 筹资申请批准后，会计人员应根据实收资本（股本）的明细账、债券存根记录与企业的股利（利润）分配方案，编写借款利息、股利或债券本金以及利息的发放清册。

3.2.2 股票与债券若由承销商代理发放，则需与承销商签订代理协议，并根据代理协议编写记账凭证。

3.3 审核记账凭证

3.3.1 稽核人员需根据筹资合同或协议中的条款认真地审核还本付息清册中应付本金与利息的准确性。

3.3.2 稽核人员需认真地审核股利发放清册中应付股利总额与单个股东应付股利的准确性。

3.3.3 稽核人员需认真核实利息支付清单与凭据。

3.3.4 稽核人员核实后，由稽核经办人签字呈交财务部经理签批复核。

3.3.5 财务部经理再次复核记账凭证的会计处理的正确性和发放清册的真实性、合法性和正确性，审核后签字，呈交财务总监审核。

3.3.6 财务总监审核签字后交予财务部经理，由财务部经理指示出纳人员办理还本付息和发放股利手续。

3.3.7 记账凭证的审核过程需做好书面记录，禁止越级或缩短过程。

3.4 筹资偿付

3.4.1 出纳人员在接到发放清册和记账凭证后，需认真核对发放清册上的金额，确保清册上的明细金额的合计额与总计额保持一致。

3.4.2 出纳人员在支付利息或股利时，需做好缴纳或发放记录。

3.4.3 出纳人员需注意：领取股利或债券本金时，需持本人身份证及股票、债券的所有权证并签字盖章，禁止代领。

3.4.4 筹资偿付时出纳人员需认真核实股票、债券及相关证件的真实性。

3.4.5 出纳人员需在发放后的股利与利息证券上加盖"作废"或"已发放"章，漏盖后果由出纳人员承担。

3.4.6 出纳人员在筹资偿付中的错误情节较轻者由企业内部处理，造成特别严重后果的交由司法机关处理。

3.5 记账与对账

3.5.1 会计人员需根据记账凭证、发放清册与所附的原始凭证，及时地登记短期借款、长期借款、长期应付款、应付债券、应付股利、财务费用等明细账，直接或汇总登记总分类账。

3.5.2 每月月底，总账会计需与明细账分类会计核对双方账簿记录的发生额和余额，核对无误后，双方在科目余额表上签字确认，确保筹资偿付业务会计记录真实、可靠。

| 拟定 | | 审核 | | 审批 | |

五、筹资授权批准制度

标准文件		筹资授权批准制度	文件编号	
版次	A/0		页次	

1. 目的

为规范企业在经营中的筹资行为，降低筹资风险，特制定本制度。

2. 适用范围

适用于企业对筹资授权批准进行管理的相关事宜。

3. 筹集的资金分类

3.1 长期借款

长期借款是指借款期限在1年以上的银行和非银行金融机构的借款和发行股票或发行一年以上的债券所筹集的资金。

3.2 短期借款

短期借款是指借款期限在1年以内的资金，包括商业票据、商业信用、银行和非银行金融机构的短期借款等。

4. 授权与批准内容

4.1 筹资授权方式

企业筹资授权均需以授权书为准，逐级授权，口头通知与越级授权视为无效授权。

4.2 筹资授权程序

4.2.1 总裁授权财务部经理全权负责筹资活动。

4.2.2 财务部经理授权筹资主管负责具体的筹资行为，包括编制筹资预算与筹资方案。

4.3 筹资预算与筹资方案的批准程序

4.3.1 财务部经理负责指导筹资主管编制好筹资预算与筹资方案后，签字呈送财务总监。

4.3.2 财务总监负责对筹资预算和筹资方案进行审核，审核无误后签字呈送总裁。

4.3.3 总裁负责审批筹资预算与筹资方案。

4.4 企业短期借款的审批权

4.4.1 财务部经理审批限额：××万元以内。

4.4.2 财务总监审批限额：××（含）万~××万元。

4.4.3 总裁办公会审批限额：××（含）万元以上。

4.5 短期借款超过限额标准的审批程序

4.5.1 超过××万元的筹资需由企业的高级管理层共同审批。

4.5.2 企业筹资的批准需逐级进行，禁止越级批准。

4.5.3 对越级批准造成企业损失的人员，情节轻微的，企业应追究其经济责任并处理，情节严重的将交由司法机关处理。

拟定		审核		审批	

第三节　筹资管理表格

一、筹资需求分析表

筹资需求分析表

日期：

项目	上年期末实际（元）	占销售额的比例（%）	本年计划（元）
资产			
流动资产			
长期资产			
资产合计			
负债及所有者权益			
短期借款			
应付票据			
预提费用			
长期负债			
负债合计			
实收资本			
资本公积			
留存收益			
股东权益			
融资需求			
总　计			

二、企业借款申请书

企业借款申请书

日期：

企业名称		开户银行和账号	
年、季度借款计划		已借金额	
申请借款金额		借款用途	
借款种类		借款期限	
借款原因			
还款计划			
主管部门意见	（盖章）		借款单位公司章 法人代表章
银行审查意见	批准金额（大写） || 批准期限	
	法人代表章 日期：_____年____月____日			经办人章

三、长期借款明细表

长期借款明细表

日期：　　　　　　　　　　　　　　　　　　　　　　　　　　　单位：万元

借款单位	金额				利率（%）	借入时间	期限	还本付息方式	下年需还
	年初数 || 年末数							
	本金	利息	本金	利息					
合计									

四、短期借款明细表

短期借款明细表

日期：　　　　　　　　　　　　　　　　　　　　　　　　　　　　　　　　　单位：万元

贷款银行	贷款种类	借入时间	金额				利率（%）	已用额度	可用额度	期限	还款方式	备注
			年初数		年末数							
			本金	利息	本金	利息						

五、借款余额月报表

借款余额月报表

日期：　　　　　　　　　　　　　　　　　　　　　部门：

借款数	长期借款	短期借款				贴现票据	合计
		短期借款	营业额抵押借款	存款抵押	合计		

六、费用支付月报表

费用支付月报表

日期：　　　　　　　　　　　　　　　　　　　　　单位：

项目	本月支付额				累　计				备注
	制造费用	销售费用	管理费用	合计	制造费用	销售费用	管理费用	合计	
人事费									
福利费									
消耗品费									

续表

项目	本月支付额				累　计				
	制造费用	销售费用	管理费用	合计	制造费用	销售费用	管理费用	合计	备注
应酬费									
其 他									

七、企业融资成本分析表

企业融资成本分析表

单位：万元

对比分析期项目	＿＿＿年	＿＿＿年	差值
主权融资（所有者权益） 负债融资 融资总额 息税前利润 减：利息等负债融资成本 税前利润 减：所得税税后利润 减：应交特种基金 提取盈余公积金 本年实际可分配利润			
本年资本（股本）利润率			
本年负债融资成本率			

八、实收资本（股本）明细表

实收资本（股本）明细表

股东名称	期初余额		本期增加		本期减少		期末余额	
	外币	人民币	外币	人民币	外币	人民币	外币	人民币
合计								

第三章

投资管理

第一节　投资管理要领

一、制定投资战略

管理层要想正确地制定企业的战略，就必须采用科学的方法和遵循必要的程序。一般来说，制定投资战略的基本方法和步骤如下：

1. 分析企业投资战略环境

战略环境分析是指对制定投资战略时面临的外部环境和内部条件进行分析，从而知内知外，寻求机会、明确风险、找出优势和劣势。这是制定投资战略的基础和前提。战略环境分析的对象包括：

（1）与企业相关的外部环境，如党和政府制定的政策、法规。

（2）国内的政治形势，尤其是与经济有关的政治形势。

（3）社会的价值、风俗习惯、宗教信仰、地理条件、人口结构、劳动素质等。

（4）经济形势和科学技术因素。

2. 确定企业投资战略目标

企业投资战略目标包括：企业投资方向、产品发展方向、利润、销售额、开发能力增长、企业改进项目、组织的高速发展等。

一般来说，企业在制定战略目标时，应满足以下要求：

（1）既切实可行，又具挑战性。目标的确定要经过机会分析和资源分析，扬长避短，给企业提出较高的期望值，以赢得竞争的主动权。

（2）多样性。战略目标应该由多个目标构成，并区分主要目标和次要目标，从而形成一个综合平衡、协调一致的战略目标体系。

（3）具有弹性。企业在制定战略目标时，常常是对未来各因素难以准确地预料，因此为应付各种突发情况，目标的制定应具有灵活性。

3. 可行性论证

组织各方面的专家对诸方案进行论证，比较分析各方案的可行程度、风险大小、效益高低等，从中选择最佳方案。

4. 拍板定案

经过反复论证和股东大会审议，最后由决策者拍板决定。

二、风险投资的决策

一般来说，企业对风险投资的决策进行管理时，应按照以下步骤进行：

1. 项目初审

风险投资者一般在寻找投资机会上花的时间比较少，而是将大部分时间花在管理和监控已发生的投资上。一般来说，风险投资者在拿到商业计划书后，往往只用很短的时间看一遍，以决定在这件事情上花时间是否值得。因此必须是有吸引力的东西，才能使其花时间仔细研究。

2. 初步评价

如果风险投资机构对风险企业提出的项目感兴趣，则会通过调查背景资料、与企业接触等形式，对该项目进行初步的评价。

3. 详细审查

如果初次评价得出肯定的结论，接下来风险投资者则开始对风险企业的经营情况进行考察以及尽可能地对项目进行多方了解。他们会通过审查程序对意向企业的技术、市场潜力和规模以及管理队伍进行仔细的评估，这一程序包括与潜在的客户接触，向技术专家咨询并与管理队伍举行多轮会谈。

4. 确定投资方案

完成详细审查阶段后，如果风险投资机构看好所申请项目的前景，那么便可开始进行投资形式和估价的谈判，最终确定投资方案。这个过程可能要持续几个月。

5. 签订协议

风险投资者力图使他们的投资回报与所承担的风险相适应。基于各自对企业价值的评估，投资双方通过谈判达成最终成交价值，签订协议。协议签订后，此项投资即可生效。

6. 监管

投资生效后，风险投资者便拥有了风险企业的股份，并在其董事会中占有席位。多数风险投资者通常作为咨询者，其监管工作如下：

（1）为改善经营状况以获取更多的利润提出建议。
（2）帮助物色新的管理人员（经理）。
（3）定期与企业家接触，以跟踪了解其企业经营的进展情况。
（4）定期审查会计师事务所提交的财务分析报告。

第二节 投资管理制度

一、集团公司投资管理制度

标准文件		集团公司投资管理制度	文件编号	
版次	A/0		页次	

1. 目的

为规范投资行为，降低投资风险，提高投资收益，维护公司、股东和债权人的合法权益，根据《公司法》《股票上市规则》及公司章程的规定，特制定本制度。

2. 适用范围

适用于集团公司对投资进行管理的相关事宜。

3. 管理规定

3.1 投资决策及程序

3.1.1 公司股东大会、董事会在其权限范围内行使投资决策权

（1）投资金额占公司最近一期经审计净资产 10% 以上，且绝对金额超过×××万元的投资，由公司股东大会审议批准。

（2）投资金额占公司最近一期经审计净资产 10% 以下，且绝对金额不超过×××万元的投资，由公司董事会审议批准。

（3）投资金额占公司最近一期经审计净资产 5% 以下，由董事会授权董事长审核批准。

3.1.2 涉及与关联人之间的关联投资，除遵守本制度的规定外，还应遵循公司关联交易管理制度的有关规定。

3.1.3 公司总裁为对外投资实施的主要负责人，负责对投资项目的具体实施，及时向董事会汇报投资进展情况。

3.1.4 作为公司对外投资的管理机构——管理部的职责。

（1）根据公司经营目标和发展规划编制并指导实施投资计划。

（2）对投资项目的预选、策划、论证及实施进行管理与监督。

（3）负责跟踪、分析新增投资企业或项目的运行情况。

（4）与公司财务管理部共同参与投资项目终（中）止清算与交接工作。

（5）本制度规定的其他职能。

3.1.5 公司财务部为对外投资的日常管理部门，负责对对外投资项目进行效

益评估、筹措资金、办理出资手续等。

3.1.6 公司对外投资项目的办理程序。

（1）投资单位或部门对拟投资项目进行调研，行成可行性报告草案，对项目可行性作初步的、原则的分析和论证。

（2）可行性报告草案形成后，报公司总裁办公会议初审。

（3）初审通过后，编制正式的可行性报告。可行性报告至少包括以下内容：项目基本情况、投资各方情况、市场预测和公司的生产能力、物料供应、生产或经营安排、技术方案、设备方案、管理体制、项目实施、财务预算、效益评价、风险与不确定性因素及其对策。

（4）将可行性报告报公司总裁办公会议进行论证，并签署论证意见。对于重大的投资项目应当组织有关专家、专业人员进行评审。

（5）可行性报告通过论证后，报董事长或董事会或股东大会审批。

（6）可行性报告获得批准后，责成公司相关部门及人员与对方签订合作协议和合作合同。

（7）合作合资合同签订后，按合同规定的原则制定合资合作企业的章程，并将审批的所需文件报国家有关部门审批。

3.2 对外投资的实施与管理

3.2.1 对外投资项目一经确立，则由公司管理部对项目实施全过程进行监控。

3.2.2 公司管理部应对项目的建设进度、资金投入、使用效果、运作情况、收益情况进行必要的跟踪管理；分析偏离的原因，提出解决的整改措施，并定期向公司总裁和董事会提交书面报告。

3.2.3 如项目实施过程中出现新情况，包括投资收回或投资转让，公司管理部应在该等事实出现 5 个工作日内向公司总裁汇报，总裁应立即会同有关专业人员和职能部门对此情况进行讨论和分析，并报董事会审批。

3.2.4 公司应针对公司股票、基金、债券及期货投资行为建立健全相关的内控制度，严格控制投资风险。公司不得利用银行信贷资金直接或间接进入股市。

3.2.5 股票、基金、债券及期货投资依照本制度规定的审批权限及审批程序取得批准后实施，投资主管单位和职能部门应定期将投资的环境状况、风险和收益状况，以及今后行情预测以书面的形式上报公司财务部，以便随时掌握资金的保值增值情况，股票、基金、债券及期货投资的财务管理按公司财务管理制度执行。

3.2.6 公司进行委托理财的，应选择资信状况、财务状况良好，无不良诚信记录及盈利能力强的合格专业理财机构作为受托方，并与受托方签署书面合同，明确委托理财的金额、期限、投资品种、双方的权利义务及法律责任。

3.2.7 公司财务部应指派专人跟踪委托理财资金的进展及安全状况，出现异常情况时应及时地报告，以便董事会采取有效措施，减少公司损失。

3.3 对外投资的收回及转让

3.3.1 公司可以收回对外投资的情况：

（1）按照被投资公司的章程规定，该投资项目经营期满。

（2）由于投资项目经营不善，无法偿还到期债务，依法实施破产。

（3）由于发生不可抗力而使项目无法继续经营。

（4）合资或合作合同规定投资终止的其他情况出现或发生时。

3.3.2 公司可以转让对外投资的情况：

（1）投资项目已经明显与公司经营方向相背离。

（2）投资项目出现连续亏损且扭亏无望、没有市场前景的。

（3）由于自身经营资金不足而急需补充资金时。

（4）公司认为有必要的其他情形。

3.3.3 投资转让应严格按照国家相关法律法规和公司制度的规定办理。批准处置投资的程序、权限与批准实施投资的程序、权限相同。

拟定		审核		审批	

二、有限责任公司投资管理制度

标准文件		有限责任公司投资管理制度	文件编号	
版次	A/0		页次	

1. 目的

为了规范集团公司和权属公司的投资行为，强化对投资活动的管理，实现投资结构最优化和综合效益最大化，结合集团实际情况，特制定本制度。

2. 适用范围

适用于有限责任公司对投资进行管理的相关事宜。

3. 管理规定

3.1 投资管理形式

3.1.1 集团公司及下属单位的投资方式包括：

（1）直接或间接投资。

（2）资金或实物投资。

（3）资源性投资及无形资产投资。

3.1.2 项目管理是投资管理的主要形式，论证、审核、监控是投资管理的主要内容。

3.2 组织和职责

3.2.1 集团公司实施投资管理的职能部门——资产管理部的主要职责。

（1）协助集团公司董事会制订集团公司长期战略发展规划。

（2）主持制订中长期投资计划和年度投资计划。

（3）负责集团公司投资项目的策划、论证与监管。

（4）负责下属子公司投资项目的审查、报批和备案。

（5）集团公司战略发展部、项目部、财务部等部门，配合资产管理部对投资项目进行相关的前期调研。

3.2.2 审批职权。

（1）下属子公司董事会负责在下属子公司股东会或集团章程授权范围以内项目的审批。

（2）集团公司总经理办公会负责集团公司章程或董事会授权范围内的投资项目的审批和下属子公司授权范围内的投资项目的审核。

（3）集团公司董事会负责集团公司投资项目的审批和下属子公司投资项目的审核。

（4）集团公司董事会设置审计委员会负责投资项目的审计。

3.3 投资标准

3.3.1 投资计划准则。

（1）集团公司及下属子公司，应制订本企业中长期投资规划和年度投资计划。中长期投资规划和年度投资计划，要分别根据中长期经营计划和年度经营计划及相关制度确定。

（2）下属子公司的中长期经营计划和年度经营计划及相应的投资计划报集团公司备案。

（3）集团公司的投资计划和下属子公司的投资计划，由集团公司报本行政辖区内的国有资产监督管理委员会备案。

（4）投资应坚持以战略为指导，以市场为导向，以效益为中心，以集团利益和国有资产保值、增值为根本原则，逐步形成主业突出、行业特点鲜明的产业体系。

（5）投资应符合国家、地区产业政策，以及集团公司中长期战略发展规划。

（6）投资计划应经过可行性论证，可行性论证的内容包括国家产业政策分析、行业发展状况分析、战略分析、效益分析、技术与管理分析、法律分析、风险分析等。可行性论证应力求全面、真实、准确及可行。

（7）投资项目的可行性评价指标包括利润指标、竞争力指标、战略发展指标、风险指标。

（8）集团公司投资可行性论证主要由资产管理部负责，其他部门予以配合。

（9）下属子公司投资可行性论证主要由下属子公司组织进行，集团公司资产管理部代表集团公司收集相关信息并在集团公司内部审核程序中发表意见。

3.3.2 投资决策管理标准。

集团投资管理实行审核制、审批制和备案制相结合的方式。实行审核制的投资项目包括：

（1）下属子公司投资计划以外的项目。

（2）下属子公司计划内项目总投资生产经营性项目在×××万元以上。

（3）下属子公司计划内项目总投资非生产经营性项目在×××万元以上。

（4）下属子公司的所有对外投资与合作项目。

实行审批制的投资项目是指集团公司直接投资的项目。上述范围以外的下属子公司投资项目实行备案制。

3.3.3 投资项目审核和审批标准。

（1）符合国家产业政策以及集团的长期发展规划。

（2）经济效益良好。

（3）资金、技术、人才、原材料有保证。

（4）法律手续完善。

（5）上报资料齐全、真实、可靠。

（6）与企业投资能力相适应。

3.4 投资审核、审批流程

3.4.1 对实行审核制的下属子公司项目，根据下属子公司投资项目审核流程，按照项目申报→审查论证→审议决策→项目报批→审批实施五个步骤进行管理。

（1）项目申报：下属子公司在未签订任何具有法律效力的合同、协议及未进行任何实际投资前，备齐以下资料，交集团公司人力资源部，由人力资源部交外派董事或授权代表、资产管理部。

①项目可行性研究报告。

②下属子公司投资项目的投资议案。

③有关合同（协议）草案。

④资金来源及资产负债情况。

⑤有关合作方的资信情况。

⑥政府的有关许可文件。

⑦项目执行人的资格及能力等。

（2）审查论证：集团公司资产管理部在收到项目报批的全部资料后，应组织集团公司有关部门审查项目基本情况，做比较后选择不同的投资方案，对项目的疑点、隐患提出质询，评价项目执行人的资格及能力，提出项目建议，并出示专业意见报分管副总经理。

（3）审议决策：分管副总经理出示意见后报总经理，经总经理办公会审议。

① 投资金额在×××万元以下（不含×××万元）的项目，由总经理办公会直接形成决议。

② 投资金额在×××万元以上（含×××万元）的项目，报集团公司董事会审议决策形成决议。

（4）项目报批：需上报政府审批或备案的项目，其项目计划、项目申请、项目建议书、可行性研究报告、初步设计、引进设备确认等，由负责项目的部门上报政府有关部门审查、审批或备案，其他部门和合作方应积极配合。

（5）审批实施按以下权限进行：

① 总经理办公室形成的×××万元以下项目的决议和集团公司董事会审议形成的×××万元以下（不含×××万元）项目的决议，经资产管理部传达到外派董事或授权代表，由外派董事或授权代表在下属子公司董事会上表决，表决通过后由下属子公司具体实施。

② 董事会形成的×××万元以上（含×××万元）项目的决议由集团公司董事会董事长在下属子公司股东会上表决，表决通过后由下属子公司具体实施。

3.4.2 对实行审批制的集团公司项目，根据集团公司投资项目审批流程，按照方案论证→审议决策→项目报批→审批实施四个步骤进行管理。

（1）方案论证：资产管理部投资管理人员经过方案论证后提出投资方案，报分管副总经理。

（2）审议决策：分管副总经理出示意见后报总经理，经总经理办公会审议。投资金额在××万元以下（不含××万元）的项目，直接形成决议。投资金额在××万元以上（含××万元）的项目，报董事会审议决策形成决议。

（3）项目报批：需上报政府审批或备案的投资项目，由资产管理部统一上报政府有关部门审查、审批或备案，其他相关部门积极配合。

（4）审批实施：通过的投资项目由资产管理部移交项目负责部门或组织具体实施，否决的项目由资产管理部将项目资料纳入项目库备案管理。

3.4.3 对实行备案制的项目，由下属子公司在项目实施后5个工作日内，向集团公司资产管理部提交备案材料存档，包括可行性分析报告、合同、章程等。

3.5 投资过程管理

3.5.1 集团内的项目投资管理实行投资、经营和监管相结合的原则。投资方对投资项目按照项目管理方式指定项目负责人，做到责、权、利相对等，确保项目按计划实施。

3.5.2 项目负责人应定期将项目进展情况，向主管领导给出书面汇报。

3.5.3 投资项目汇报材料，包括建设进度、工程质量、投资控制措施、安全、投达产情况等，应按月送达集团公司资产管理部备案。

3.5.4 集团公司资产管理部对重大投资项目进行跟踪检查，帮助解决各种实际问题，协调各方面的关系。

3.5.5 集团公司审计委员会视情况，定期或不定期地对集团公司职能部门和下属子公司投资项目进行专项检查和审计。对违反本制度进行投资的行为和投资管理混乱的子公司和责任人，提出处理意见或建议，报经集团公司领导批准后执行。

3.6 投资结果评审

3.6.1 集团公司资产管理部根据项目可行性研究报告对投资结果进行评审。

3.6.2 投资结果的评价依据是项目批准、通过时制定的各项指标。

3.6.3 集团公司资产管理部评审完毕，形成评审报告，上报集团公司董事会。如属需上报国有资产监督管理委员会审批或备案的投资项目，由资产管理部将投资结果评审报告上报本行政辖区的国有资产监督管理委员会。

3.7 法律责任

3.7.1 集团公司外派董事或授权代表对投资项目存在问题故意隐瞒不报的，一经发现，集团公司将追究该董事的行政责任；造成损失的，要追究经济责任；构成犯罪的，提请司法机关追究刑事责任。

3.7.2 投资项目的管理人员因严重不负责任致使企业资产流失、企业亏损或造成其他严重后果的，追究主管人员和直接责任人员的行政责任和经济责任；构成犯罪的，提请司法机关追究刑事责任。

3.7.3 投资项目因违反法律、法规和本制度规定的投资管理原则、标准、程序及集团的其他与投资有关的制度造成经济损失的，应追究主管人员和直接责任人员的行政责任和经济责任。

3.7.4 投资项目的主管领导、负责人、监督人或其他工作人员违反本规定、玩忽职守、滥用职权、徇私舞弊造成严重损失的，要追究相关人员的行政责任和经济责任；构成犯罪的，提请司法机关追究刑事责任。

拟定		审核		审批	

三、独立公司投资管理制度

标准文件		独立公司投资管理制度	文件编号	
版次	A/0		页次	

1. 目的

为了规范本公司项目投资运作和管理，保证投资资金的安全和有效增值，实现投资决策的科学化和经营管理的规范化、制度化，特制定本制度。

2. 适用范围

适用于独立公司对投资进行管理的相关事宜。

3. 管理规定

3.1 项目的初选与分析

3.1.1 各投资项目的选择应以本公司的战略方针和长远规划为依据，综合考虑产业的主导方向及产业间的结构平衡，以实现投资组合的最优化。

3.1.2 各投资项目的选择均应经过充分的调查研究，并提供准确、详细的资料及分析，以确保资料内容的可靠性、真实性和有效性。

3.1.3 项目分析内容。

项目分析内容包括：市场状况，投资回报率，投资风险（政治风险、汇率风险、市场风险、经营风险、购买力风险），投资流动性，投资占用时间，投资管理难度，税收优惠条件，对实际资产和经营控制的能力，投资的预期成本，投资项目的筹资能力，投资的外部环境及社会法律约束。

3.1.4 项目分析的审定。

（1）各投资项目依所掌握的有关资料并进行初步实地考察和调查研究后，由下属公司或公司投资部提出项目建议，并编制可行性报告及实施方案，按审批程序及权限报送公司总部主管领导审核。

（2）总部主管领导对投资公司报送的报告经调研后认为可行的，应尽快地给予审批或按程序提交有关会议审定。

（3）对暂时不考虑的项目，最迟 5 天内给予明确答复，并将有关资料编入备选项目存档。

3.2 项目的审批与立项

3.2.1 投资项目的审批权限。

（1）×××万元以下的项目，由公司主管副总经理审批。

（2）×××万元以上×××万元以下的项目，由主管副总经理提出意见报总经理审批。

（3）×××万元以上×××万元以下的项目，由总经理办公室审批。

（4）×××万元以上项目，由董事会审批。

3.2.2 凡投资×××万元以上的项目均列为重大投资项目，应由公司投资部在原项目建议书、可行性报告及实施方案的基础上提出初审意见，报公司主管副总经理审核后按项目审批权限呈送总经理或总经理办公室或董事会，进行复审或全面论证。

3.2.3 总经理办公室对重大项目的合法性和前期工作内容的完整性，基础数据的准确性，财务预算的可行性及项目规模、时机等因素均应进行全面审核。必要时，企业可指派专人对项目再次进行实地考察，或聘请专家论证小组对项目进行专业性的科学论证，以加强对项目的深入认识和了解，确保项目投资的可靠性和可行性。经充分论证后，凡达到立项要求的重大投资项目，由总经理办公室或董事会签署予以确立。

3.2.4 凡确定为公司直接实施的项目，由公司法定代表人或授权委托人对外签署经济合同书及办理相关手续。凡确定为子公司实施的项目，由该子公司的法定代表人或授权委托人对外签署经济合同书及办理相关手续。其他任何人未经授权所签订的合同，均视为无效。

3.2.5 各投资项目负责人由执行方的总经理委派，并对总经理负责。

3.2.6 各投资项目的业务班子，由项目负责人负责组建，报执行方总经理核准；项目负责人还应与本公司或子公司签订经济责任合同书，明确责、权、利的划分，并按本公司资金有偿占有制度确定完整的经济指标和合理的利润基数与比例。

3.3 项目的组织与实施

3.3.1 各投资项目应根据形式的不同，具体落实组织实施工作。

（1）属于公司全资项目的：

① 由总经理委派项目负责人及组织业务班子，进行项目的实施工作，设立办事机构，制定员工责任制、生产经营计划、企业发展战略以及具体的运作措施等。

② 认真执行本公司有关投资管理、资金有偿占有以及合同管理等规定，建立和健全项目财务管理制度。

③ 财务主管由公司总部委派，对本公司负责，并接受本公司的财务检查；同时每月应以报表形式将本月经营运作情况上报公司总部。

（2）属于投资项目控股的：按全资投资项目进行组织实施。

（3）属于非控股的：本着加快资金回收的原则，委派业务人员积极参与合作，展开工作，并通过董事会施加公司意图和监控其经营管理，确保利益如期回收。

3.4 项目的运作与管理。

3.4.1 项目的运作管理。

（1）原则上由公司分管项目投资的副总经理及项目负责人负责，并由本公司采取总量控制、财务监督、业绩考核的管理方式进行管理。

（2）项目负责人对主管副总经理负责，副总经理对总经理负责。

3.4.2 各项目在完成工商注册登记及办理完相关法定手续，成为独立法人进入正常运作后须完成以下工作。

（1）属公司全资或控股的项目，纳入公司全资及控股企业的统一管理。

（2）属子公司投资的项目，由子公司进行管理，同时接受公司各职能部门的统一协调和指导性管理。协调及指导性管理的内容包括：

① 合并会计报表，财务监督控制。

② 年度经济责任目标的落实、检查和考核。

③ 企业管理考评。

④ 公司管理层的任免。

⑤ 例行或专项审计等。

3.4.3 凡公司持股及合作开发项目未列入会计报表合并的：

（1）应委派业务人员以投资者或股东身份积极参与合作和开展工作，并通过被投资企业的董事会及股东会贯彻公司意图，掌握了解被投资企业经营情况，维护公司权益。

（2）委派的业务人员应于每季度（最长不超过 6 个月）向公司递交被投资企业资产及经营情况的书面报告，年度应随附董事会及股东大会相关资料。

（3）因故无委派人员的，由公司投资部代表公司按上述要求进行必要的跟踪管理。

3.4.4 综合协调管理的牵头部门。

（1）公司全资及控股项目综合协调管理的牵头部门为企业管理部。

（2）持股及合作企业（未列入合并会计报表部分）综合协调管理的牵头部门为公司投资部。

3.4.5 投资项目的变更。

（1）包括发展延伸、投资的增减或滚动使用、规模扩大或缩小、后续或转产、中止或合同修订等，均应报公司总部审批核准。

（2）由项目负责人书面报告变更理由，按报批程序及权限报送总部有关领导审定。重大的变更，应参照立项程序予以确认。

（3）项目负责人的变更。项目负责人在实施项目运作期内如有工作变动，应主动做好善后工作。

① 属公司内部调动，则须向继任人交接清楚方能离岗。

② 属个人卸任或离职，必须承担相应的经济损失。如对项目实施造成不良后

果，则应追究其个人责任。

3.4.6 投资项目的中止或结束。

项目负责人及相应机构应及时总结清理，并书面报告公司。

（1）属全资及控股的项目，由公司企管部负责汇总整理，经公司统一审定后责成有关部门办理相关清理手续。

（2）属持股或合作的项目，由投资部负责汇总整理，经公司统一审定后，责成有关部门办理相关清理手续。

（3）如有待决问题，项目负责人必须负责彻底清理，不得久拖推诿。

拟定		审核		审批	

四、对外投资管理制度

标准文件		对外投资管理制度	文件编号	
版次	A/0		页次	

1. 目的

为了加强公司对外投资的管理，规范公司对外投资行为，提高资金运作效率，保障公司对外投资的保值、增值，结合本公司具体情况，特制定本制度。

2. 适用范围

适用于公司对对外投资进行管理的相关事宜。

3. 公司对外投资的原则

3.1 必须遵循国家法律、法规的规定。

3.2 必须符合公司的发展战略。

3.3 必须规模适度，量力而行，不能影响公司主营业务的发展。

3.4 必须坚持效益优先的原则。

4. 对外投资的审批权限

4.1 公司对外投资的审批应严格按照《中华人民共和国公司法》《证券交易所股票上市规则》和中国证券监督管理委员会的有关法律、法规及公司章程《股东大会议事规则》《董事会议事规则》等规定的权限履行审批程序。

4.2 董事会审批权限不能超出公司股东大会的授权，超出董事会审批权限的由股东大会审批。

4.3 董事会审议、批准公司在1年内达到或超过最近一期经审计的总资产额10%～30%（不含30%）额度内的对外投资事项；股东大会审议、批准公司在1年内达到或超过最近一期经审计的总资产额30%以上的重大对外投资事项。

4.4 公司的对外投资若涉及关联交易的，同时还应遵循法律、法规及其他相关部门颁布的相关规定或公司章程关于关联交易的规定。

4.5 公司对外投资可分为短期投资和长期投资两类。

4.5.1 短期投资：主要是指公司购入的能随时变现且持有时间不超过1年（含1年）的投资，包括各种股票、债券、基金等。

4.5.2 长期投资：主要是指公司投出的在1年内或超出1年外不能随时变现或不准备随时变现的各种投资，包括债券投资、股权投资和其他投资，包括但不限于下列类型：

（1）公司独立兴办的企业或独立出资的经营项目。

（2）公司出资与其他境内外独立法人实体成立合资、合作公司或开发项目。

（3）参股其他境内外独立法人实体。

4.5.3 公司进行短期和长期投资的要求：必须严格执行有关规定，对投资的必要性、可行性、收益率进行切实、认真的论证研究。对确信为可以投资的，应按照本制度的规定，按权限逐层进行审批。

5. 对外投资管理的组织机构

5.1 公司股东大会、董事会、董事长：为公司对外投资的决策机构，各自在其权限范围内对公司的对外投资作出决策。

5.2 董事会投资委员会：负责统筹、协调和组织对外投资项目的分析和研究，为决策提供建议。其主要负责对新的投资项目进行信息收集、整理和初步评估，经筛选后建立项目库，提出投资建议。

5.3 公司总经理。

5.3.1 为对外投资实施的主要责任人，负责对实施新项目所需的人、财、物进行计划、组织、监控，并应及时向董事会汇报投资进展情况，提出调整建议等，以利于公司对外投资的决策机构及时对投资作出调整。

5.3.2 总经理可组织成立项目实施小组，负责对外投资项目的具体实施。

5.3.3 公司可建立项目实施小组的问责机制，对项目实施小组的工作情况进行跟进和考核。

5.4 公司财务部：为对外投资的财务管理部，负责对对外投资项目进行投资效益评估、筹措资金、办理出资手续等。

5.5 公司内部审计部：负责对对外投资项目进行事前效益审计和定期审计。

6. 对外投资的决策及资产管理

6.1 公司短期投资程序。

6.1.1 公司财务部定期编制资金流量状况表。

6.1.2 由公司总经理指定的有关部门或人员，根据证券市场上各种证券的情况和其他投资对象的盈利能力状况，编报短期投资计划。

6.1.3 短期投资计划按本制度规定的审批权限履行审批程序后实施。

6.1.4 公司财务部应按照短期投资类别、数量、单价、应计利息、购进日期等项目及时登记该项投资，并进行相关账务处理。

6.1.5 涉及证券投资的：

（1）必须执行严格的联合控制制度，即至少要由 2 名以上人员共同控制，且投资对象的操盘人员与资金、财务管理人员相分离，相互制约，不得 1 人单独接触投资资产。

（2）对任何投资资产的存入或取出，必须详细地记录在登记簿内，并由在场的经手人员签名。

（3）公司购入的短期有价证券必须在购入当日记入公司名下。

（4）公司财务部负责定期与证券营业部核对证券投资资金的使用及结存情况。

（5）公司财务部应将投资收到的利息、股利等相关收益及时入账。

6.2 公司对外长期投资按投资项目性质的分类。

6.2.1 新项目投资：是指投资项目经批准立项后，按批准的投资额进行的投资。

6.2.2 已有项目增资：是指原有的投资项目根据经营的需要，需在原批准投资额的基础上增加投资的活动。

6.3 新项目对外长期投资程序。

6.3.1 新项目发展小组对投资项目进行初步评估，提出投资建议，报董事会投资委员会初审。

6.3.2 新项目通过初审后，新项目发展小组应组织公司相关人员组建工作小组，对项目进行可行性分析并编制可行性研究报告上报董事会投资委员会。

6.3.3 董事会投资委员会对项目的可行性研究报告、有关合作协议（如有）等评审通过后，依本制度的规定将该项目提交董事会或董事长审议。

6.3.4 董事会或董事长根据相关权限履行审批程序，超出董事会权限的，提交股东大会审议。

6.3.5 对获准实施的对外投资项目，应由股东大会、董事会或董事长授权公司的相关部门负责具体实施。

6.3.6 公司经营管理层负责监督项目的运作及其经营管理。

6.4 实施对外投资项目。

6.4.1 必须获得相关的授权批准文件，并附有经公司相应对外投资决策机构审批的对外投资预算方案和其他相关资料。

6.4.2 经批准后的对外长期投资项目，一律不得随意增加投资。

6.4.3 已有项目如确需增资，必须重新提交可行性研究报告，并应按照项目增资后的金额，根据本制度规定的对外投资审批权限，报相应决策机构审批。

6.4.4 在对外投资项目的投资预算执行过程中，在不扩大对外投资项目整体投入的情况下，可根据实际情况的变化合理调整投资预算的使用，但应报原决策机构审批。

6.5 实施长期投资项目。

6.5.1 应与被投资方、合作方（如有）签订投资合同或协议。

6.5.2 长期投资合同或协议必须经公司法律顾问进行审核，并经公司相关对外投资决策机构批准授权后方可对外正式签署。

6.5.3 公司应授权具体部门和人员，按长期投资合同或协议的规定投入现金、实物或无形资产，投入实物必须办理实物交接手续，并经实物使用和管理部门同意。

6.5.4 签订投资合同或协议前后的程序。

（1）在签订投资合同或协议前，不得支付投资款或办理投资资产的移交。

（2）投资合同或协议签订后，公司应协同相关方面办理出资、工商登记、税务登记、银行开户等工作。

（3）对外投资完成后，应取得被投资方出具的投资证明或其他有效凭据。

6.6 当投资条件发生重大变化时：

6.6.1 公司经营管理层应向董事会及时汇报投资进展情况。

6.6.2 可能影响投资效益时，管理者应及时提出暂停投资项目或调整投资计划等建议，并按审批程序重新报请原决策机构审议。

6.7 对于重大投资项目：

6.7.1 可单独聘请专家或中介机构进行可行性分析论证。

6.7.2 监控被投资方的经营和财务状况，及时地向公司主管领导汇报被投资方的情况。

6.7.3 监督被投资方的利润分配、股利支付情况，维护本公司的合法权益。

6.7.4 向公司有关领导和职能部门定期提供投资分析报告。对被投资方拥有控制权的，投资分析报告应包括被投资方的会计报表和审计报告。

6.7.5 出现下列情况之一时，公司可以收回对外投资：

（1）按照被投资公司的章程、合同或协议规定，该投资项目（企业）经营期满。

（2）由于投资项目（企业）经营不善，无法偿还到期债务依法实施破产。

（3）由于发生不可抗力而使项目（企业）无法继续经营。

（4）相关投资合同或协议规定的投资终止的其他情况出现时。

6.7.6 出现下列情况之一时，公司可以转让对外长期投资：

（1）投资项目已经明显有悖于公司经营方向的。

（2）投资项目出现连续亏损且扭亏无望没有市场前景的。

（3）由于公司自身经营资金不足急需补充资金的。

（4）公司认为有必要的其他情形。

投资转让应严格按照有关法律法规和被投资公司章程有关转让投资的规定办理。

6.7.7 对外长期投资的收回与转让：应由公司财务部会同相关部门提出书面分析报告，提交有权批准处置对外投资的机构批准。上述机构批准处置对外投资的权限与其批准实施对外投资的权限相同。处置对外投资的行为必须符合国家法律法规的有关规定。

6.7.8 对外长期投资收回和转让时，相关责任人员必须尽职尽责，认真做好投资收回和转让中的资产评估等工作，防止本公司资产流失。

7. 对外投资的人事管理

7.1 公司对外投资组建合作、合资公司：应对新建公司派出经法定程序选举产生的董事、监事，参与和监督新建公司的运营决策。

7.2 公司对外投资组建的子公司：应派出经法定程序选举产生的董事长，并派出相应的经营管理人员，对子公司的运营、决策起决定性作用。

7.3 对外投资派出人员（以下简称"派出人员"）的人选：

7.3.1 由公司董事长提出初步意见，由公司对外投资决策机构在审议相关对外投资项目时一并决定。

7.3.2 上述派出人员应按照《中华人民共和国公司法》和被投资公司章程的规定切实履行职责，在新建公司的经营管理活动中维护公司利益，实现本公司投资的保值、增值，并努力实现股东利益最大化。

7.4 公司委派人员出任被投资方的董事（以下简称"派出董事"）。

7.4.1 必须参与被投资方董事会决策，承担被投资方董事会委托的工作。

7.4.2 应经常深入被投资方调查研究，认真阅读所在公司的各项业务、财务报告。

7.4.3 准确了解被投资方经营管理情况，对被投资方发生的重要情况应及时向公司报告。

7.5 在被投资方董事会的表决。派出董事应按时参加被投资方的董事会会议，在被投资方董事会就下列事项召开董事会会议前5天，派出董事（或委托代表）应向公司董事长提供详细报告，并按公司董事长的意见在被投资方的董事会上表决。

7.5.1 被投资方的董事或高级管理人员（总经理、副总经理、财务负责人）变动或可能发生变动。

7.5.2 被投资方的年度财务预算方案、决算方案、利润分配方案和弥补亏损方案。

7.5.3 被投资方增加或减少注册资本。

7.5.4 被投资方新增股东、扩股、股权转让、发行股票、股票上市交易等涉及股东、股权变更事项。

7.5.5 被投资方的合并、分立、变更公司形式和解散。

7.5.6 被投资方对外投资或对外担保超过或在1年内累计超过净资产10%的事项。

7.5.7 重大资产的购置、抵押、出租、转让或处置，重大经营合同或较大额度借款合同的签订，以及其他可能导致重大资产和资金转移的事项。

7.5.8 被投资方经营活动中出现重大违纪、违法情况。

7.5.9 被投资方出现重大经营失误情况。

7.5.10 被投资方公司章程规定应提交股东会讨论的事项。

7.5.11 公司要求报告或派出董事认为有必要报告的其他事项。

7.6 在被投资方董事会会议结束后10个工作日内，派出董事（或委托代表）应将会议情况报告公司，包括会议纪要、会议决议及有关文件。对需要进一步说明的，应给出书面说明。

7.7 派出董事对被投资方董事会的决议有原则性不同意见时，要表明自己的意见；若未表明自己的意见或超越职权范围行使权利，致使被投资方遭受严重损失的，参与决议的派出董事应承担相应责任，但在决议时持有异议并记录在案者，可免除责任。

7.8 派出人员每年应与公司签订责任书，接受公司下达的考核指标，并向公司提交年度述职报告，接受公司的检查。公司根据考核检查结果给予有关人员以相应的奖励或处罚。

8. 对外投资的财务管理及审计

8.1 财务部应对公司的对外投资活动进行完整的会计记录，进行详尽的会计核算，按每一个投资项目分别设立明细账簿，详细地记录相关资料。对外投资的会计核算方法应符合会计准则和会计制度的规定。

8.2 公司应于期末对短期投资进行全面检查。必要时，公司应根据谨慎性原则，合理地预计各项短期投资可能发生的损失并按会计制度的规定计提减值准备。

8.3 公司进行对外长期投资后，应区分不同情况采用权益法或成本法等进行核算。必要时，公司应按会计制度的规定对长期投资计提减值准备。

8.4 对于长期投资，公司财务部应根据分析和管理的需要，取得被投资方的财务报告，以便对被投资方的财务状况和投资回报状况进行分析，维护公司权益，确保公司利益不受损害。

8.5 子公司的会计核算和财务管理。

8.5.1 子公司的会计核算和财务管理中所采用的会计政策及会计估计、变更等应遵循总公司的财务会计制度及其有关规定。

8.5.2 子公司应当根据总公司编制合并会计报表和对外披露财务会计信息的要求，按照公司财务部对报送内容和时间的要求，及时地报送财务报表和提供会计资料。

8.5.3 子公司应定期向总公司提供其资金变动情况及经营情况的书面报告。

8.6 未经本公司董事长同意，子公司不得自行对其对外担保、对外投资行为作出决定。

8.7 子公司的合同管理。

8.7.1 子公司所签订的合同金额占其最近一期总资产额30%以上的重大合同，应事先由总公司财务部会同董事会办公室对合同内容进行审核。总公司审核通过后方可由子公司按其内部审批程序提交其董事会、股东会或相关决策机构审议。

8.7.2 上述合同签署后，财务人员应及时地报送公司董事会办公室及财务部备案。

8.8 子公司应参照本总公司的相关制度制定其对外投资管理制度、关联交易制度、对外担保制度，并报公司董事会办公室备案。

8.9 公司委派的参股公司董事、监事、高级管理人员或股权代表应负责于每一个季度结束后1个月内，向总公司报送所任职参股公司该季度的财务报表和财务分析报告等，或应总公司要求及时地报送其所任职参股公司最近一期财务报表。

8.10 总公司应定期或不定期地实施对子公司以及具有重大影响的参股公司的审计监督。由公司内部审计部门负责根据公司相关制度开展内部审计工作。

9. 重大事项报告及信息披露

9.1 公司对外投资应严格按照有关法律、法规和其他相关部门颁布的相关规定以及公司章程的规定履行信息披露义务。

9.2 子公司必须遵循总公司信息披露管理制度。总公司对子公司的所有信息享有知情权。

9.3 子公司所提供的信息应当真实、准确、完整。

子公司应将与其相关的重要信息在第一时间报送公司，以便总公司董事会秘书及时对外披露。子公司对以下重大事项应当及时报告总公司董事会：

9.3.1 收购、出售重要资产。

9.3.2 重大诉讼、仲裁事项。

9.3.3 重要合同（借贷、委托经营、受托经营、委托理财、赠予、承包、租赁等）的订立、变更和终止。

9.3.4 大额银行退票。

9.3.5 重大经营性或非经营性亏损。

9.3.6 遭受重大损失。

9.3.7 重大行政处罚。

9.3.8 对子公司生产经营状况具有重大影响的其他事项。

9.3.9 证券交易所等相关部门所规定的其他事项。

| 拟定 | | 审核 | | 审批 | |

第三节 投资管理表格

一、企业年度投资计划表

企业年度投资计划表

编号： 日期：

投资项目名称	投资原因	投资金额	预计收益	备注
项目一				
项目二				
项目三				
项目四				
项目五				
……				
合计				
填表人		审核人		审核日期	

二、投资绩效预测表

投资绩效预测表

投资项目名称	投资种类				预计投资金额	已支付金额	估计收益情况			
^	产品	产量	财务	其他	^	^	金额	收益期间	回收期	收益率（%）

三、长期股权投资明细表

长期股权投资明细表

被投资方名称	持股比例	投资时间	投资方式	初始投资成本	期初余额	本期增加	本期减少	期末余额	核算方法	投资文件索引号	备注
合计											

四、持有至到期投资测算表

持有至到期投资测算表

项目名称	面值①	到期日	票面利率②	实际利率③	年初摊余成本④	测算数 投资收益⑤=④×③	测算数 应收（计）利息⑥=①×②	测算数 年末摊余成本⑦=④+⑤-⑥	账面数 应收（计）利息⑧	账面数 投资收益⑨	差异 应收（计）利息⑩=⑧-⑥	差异 投资收益⑪=⑨-⑤	差异原因

五、交易性金融资产监盘表

交易性金融资产监盘表

| 盘点日实存交易性金融资产 ||||| 资产负债日至盘点日增加（减少） || 资产负债日实存交易性金融资产 ||||| 账面结存交易性金融资产 ||| 差异 | 备注 |
项目名称	数量	面值	总计	票面利率	到期日	数量	面值	数量	面值	总计	票面利率	到期日	数量	面值	总计		

六、投资收益分析表

投资收益分析表

编号：　　　　　　　　　　　　　　　　　　　　　　　　　　　　日期：

投资编号	投资名称	回收期间	投资金额		收回金额		回收率		收益率		备注
			计划	实际	预计	实际	预计	实际	预计	实际	

七、长期投资月报表

长期投资月报表

编号：　　　　　　　　　　　　　　　　　　　　　　　　　　　　日期：

项目		期初余额	本期增加	本期减少	期末余额	备注
长期股权投资						
	小计					
长期债券投资						
	小计					
其他投资						
	小计					
合计						

八、短期投资月报表

短期投资月报表

编号：　　　　　　　　　　　　　　　　　　　　　　　　　　　日期：

项目		期初余额	本期增加	本期减少	期末余额	备注
股权投资						
	小计					
债券投资						
	小计					
其他投资						
	小计					
合计						

九、重要投资方案绩效核计表

重要投资方案绩效核计表

投资编号	投资名称	收回期间	估计投资金额	预计应回收金额	实际已回收金额	预计回收率		预计收益率		备注
						预计	修正	预计	修正	

十、投资方案的营业现金流量计算表

投资方案的营业现金流量计算表

项目	投资年度				
	1	2	3	4	5
A方案： 销售收入 付现成本 折旧 税前利润 所得税 税后利润 营业现金流量					
B方案： 销售收入 付现成本 折旧 税前利润 所得税 税后利润 营业现金流量					

十一、投资收益明细表

投资收益明细表

编制部门：　　　　　　　　　　　　　　　　　　　　　　　　　　　　单位：万元

项目	行号	上年实际	本年实际
1.投资收入 （1）债券投资收入 （2）股票投资收入 （3）其他投资收入	1 2 3 4		
投资收入合计	5		
2.投资损失 （1）债券投资损失 （2）股票投资损失 （3）其他投资损失	6 7 8 9		
投资损失合计	10		
投资净收入（净损失以"－"表示）	11		

第四章

预算管理

第一节 预算管理要点

一、财务预算具体内容

一般来说，企业对财务预算进行管理时，应包括下表所示内容：

财务预算具体内容

序号	内容项目	具体说明
1	销售预算	销售预算是编制利润预算的基础。根据企业经营目标，遵循以销定产的原则，通过量本利分析，确定最佳销售量和销售价格
2	生产预算	以销售预算为基础，结合公司的生产能力、预计生产量和存货需求量，编制生产计划表或工程进度计划表
3	成本预算	为规划利润和成本，控制企业的现金流量，依据生产量预算直接材料、直接人工、制造费用，编制生产成本预算表
4	费用预算	销售产品及管理企业过程中所发生的经营费用，应编制销售费用预算表、管理费用预算表、研发费用预算表、财务费用预算表、折旧预算表和税金预算表
5	现金预算	列出预算期内的现金流入和现金流出情况，以保持现金收支平衡，并合理地调配现金资源，应编制现金预算表、固定资产购置计划表、其他收入预算表、其他支出预算表、现金预算表和融资计划表
6	利润预算	利润预算是以货币形式，综合反映预算期内企业经营活动成果的利润计划性
7	资产负债预算	为反映企业预算期内期末财务状况的全貌，编制资产负债预算表
8	财务状况预算	根据各种形式的收入和费用的预测，综合预算企业未来经营实现状况并检验预算期内经营预算结果，编制财务比率分析表，适时向决策者提供有效的控制经营活动的信息分析资料

二、财务预算的编制程序

一般来说，企业对财务预算编制进行管理，应按照以下程序实施：

（1）最高领导机构根据长期规划，利用本量利分析等工具，提出企业一定时期的总目标，并下达规划指标。

（2）最基层成本控制人员自行草编预算，使预算能较为可靠、较为符合实际。

（3）各部门汇总部门预算，并初步协调本部门预算，编出销售、生产、财务等业务预算。

（4）预算委员会审查、平衡业务预算，汇总出公司的总预算。

（5）经过总经理批准，审议机构通过或者驳回修改预算。
（6）主要预算指标报告给董事会或上级主管单位，讨论通过或者驳回修改。
（7）批准后的预算下达给各部门执行。

第二节　预算管理制度

一、预算管理规定

标准文件		预算管理规定	文件编号	
版次	A/0		页次	

1. 目的

为加强公司的预算管理，强化内部控制，防范经营风险，提高公司管理水平和经济效益，实现公司经营目标，特制定本规定。

2. 适用范围

适用于公司各部门的预算。

3. 定义

3.1 预算：指以价值形式对公司生产经营和财务活动所做的具体安排。

3.2 预算管理是指对预算的编制、审批、执行、控制、调整、考核及监督等管理方式的总称。

4. 管理规定

4.1 总则

4.1.1 公司预算年度与会计年度一致。

4.1.2 公司预算管理的基本任务。

（1）确定公司的经营目标并组织实施。

（2）明确公司内部各部门预算管理的职责和权限。

（3）对公司经营活动进行控制、监督和分析。

4.1.3 预算管理的基本原则。

（1）量入为出，综合平衡。

（2）效益优先，确保重点。

（3）全面预算，过程控制。

（4）权责明确，分级实施。

（5）规范运作，防范风险。

4.2 预算管理的组织机构

4.2.1 公司建立由各预算责任部门、预算管理委员会、董事会构成的三级预算管理体系。

4.2.2 公司董事会是预算管理的最高决策机构，负责确定公司年度经营目标，审批公司年度预算方案及其调整方案。

4.2.3 公司成立预算管理委员会，由总经理及公司有关部门的主要负责人组成。预算管理委员会主任由总经理担任。预算管理委员会负责审查预算草案、预算调整草案及预算执行情况报告，向董事会提交预算草案和预算调整草案，组织预算考核与监督。

4.2.4 预算管理委员会的办事机构设在公司财务部，财务部负责预算的编制、初审、平衡、调整和考核等具体工作，并跟踪监督预算执行情况，分析预算与实际执行的差异，提出改进措施和建议。

4.2.5 公司各部门及公司内部核算小组为预算责任部门，负责本部门分管业务预算编制、执行、分析和控制等工作，并配合财务部做好公司总预算的综合平衡。

4.2.6 公司各部门之间和部门内部班组之间的预算管理权限，必须划分清楚，做到权责明确。各部门根据工作需要设相应的机构或专人负责本部门分管业务的预算管理工作。

4.2.7 预算管理组织的组成、职责及部门目标。

（1）公司预算管理委员会。主任：总经理；副主任：副总经理；委员：厂长、仓储部主管、加工部主管、管理部经理、财务部主管、营业部主管；执行秘书：财务组长。

（2）生产厂预算管理委员会。主任委员：厂长；委员：副厂长、部门经理；执行秘书：班组长。

（3）预算管理委员会的职责。

① 决定公司或厂部的经营目标及方针。

② 审查公司各部及生产厂的初步预算并讨论建议修正事项。

③ 协调各部门间的矛盾或分歧事项。

④ 预算的核准。

⑤ 环境变更时，预算的修改及经营方针的变更。

⑥ 接受并分析预算执行报告。

（4）预算执行秘书的职责。

① 提供各部门编制预算所需的表单格式及进度表等。

② 提供各部门所需的生产、收入成本与费用等资料以供编制预算时参考。

③ 汇总各部门的初步预算交委员会讨论。
④ 督促预算编制的进度；提出建议事项，交预算管理委员会。
⑤ 比较与分析实际执行结果与预算的差异情况。
⑥ 劝导各部门切实执行预算有关事宜。
⑦ 其他有关预算执行的策划与联络事项。
（5）部门工作目标，如下表所示。

部门工作目标

序号	部门	工作目标
1	营业部（出口外销部分）	（1）充分消化现有产能 （2）利用现有市场，购销相关产品，扩大营业额 （3）销售费用的控制（运输费用、报关费用、保险费用等） （4）处理积压品 （5）外销成长率××%，年度外销金额××元
2	营业部（内销部分）	（1）估计内销产品销售数量，协调生产管理中心建立适当库存量 （2）建立内销售网，扩大现有客户的采购规格及数量 （3）积压品处理 （4）内销成长率××%，年度内销金额××元
3	仓储部	（1）厂区安全的维护 （2）人员、车辆进出的传达、管理 （3）货物进出的装卸、保管、监控、调配、记录 （4）厂区设备、设施、工具、器材的保管、维修 （5）厂区环境卫生的维护 （6）厂区应有标志的设置
4	制造部	（1）厂区安全的维护 （2）厂区设备、设施、工具、器材的保管、维修 （3）生产计划的制订、组织、实施、完成 （4）生产原料的监控、调配 （5）生产产品的检验、保管、装卸 （6）生产物资的采购、保管、调剂 （7）产品质量保证 （8）厂区环境卫生的维护
5	行政部	（1）人事：建立员工录用升迁、薪资考核奖惩的人事制度；精简人事，控制管理费用 （2）总务：食堂管理、宿舍管理、车辆管理、公司环境卫生管理、公司季节性物品的管理、办公室设备的管理、饮水机的管理 （3）采购：合格供应商目录的建立；供应商考核、评定、采购的实施 （4）信息管理：电脑管理；打印机、复印机、传真机、碎纸机的管理；电话程控交换机、电话机维护 （5）保安：建立出入厂管理制度；加强门卫勤务训练
6	财务部	（1）资金保管、运用、规划；强化现金预测功能，灵活资金调度 （2）修订现行会计制度，精简作业流程，加强管理会计功能 （3）处理资产审查、各项税务业务、外汇业务、政府注册文件办理、保存、更换 （4）适时提供各项管理报表 （5）严格审核费用开支，控制预算 （6）每月实施存货盘点

(续表)

序号	部门	工作目标
7	总经理室	（1）对外协调有关公司事务 （2）收集各部门工作进度，提供给总经理以随时掌握动态 （3）规划预算及监督执行情况

4.3 预算管理的范围与内容

4.3.1 公司所有涉及价值形式的经营管理活动，都应纳入预算管理，明确预算目标，实现预算控制。

4.3.2 公司预算管理应当以提高经济效益为目标、以财务管理为核心、以资金管理为重点，全面控制公司经济活动。

4.3.3 公司预算管理的内容包括：

（1）损益预算。

（2）资本性收支预算。

（3）现金流量预算。

4.3.4 损益预算是反映预算期内利润目标及其构成要素的财务安排，包括销售收入预算、成本支出预算、投资收益预算、财务费用预算、营业外收支预算和所得税预算。

4.3.5 资本性收支预算反映了预算期内资本性来源及资本性支出的财务安排，主要包括资本性收入预算和资本性支出预算。

4.3.6 现金流量预算反映预算期内现金流入、现金流出及其利用状况的财务安排，包括经营活动产生的现金流量预算、投资活动产生的现金流量预算和筹资活动产生的现金流量预算。

4.4 预算的编制与审批

4.4.1 公司预算编制的主要依据。

（1）国家有关政策法规和公司有关规章制度。

（2）公司经营发展战略和目标。

（3）公司年度经营计划。

（4）公司确定的年度预算编制原则和要求。

（5）以前年度公司预算执行情况。

4.4.2 公司预算的编制程序。

（1）公司董事会确定公司预算年度的经营目标。

（2）财务部根据公司预算年度的经营目标，于每年11月初制订印发公司预算编制纲要，确定公司下一年度预算编制的原则和要求。

（3）公司各预算责任部门按照统一格式，编制本部门归口管理业务的下一年度预算建议，于每年 11 月 20 日前送财务部。

（4）财务部对各项预算责任部门提交的预算建议方案进行初审、汇总和平衡，并就平衡过程中发现的问题进行充分协调，提出初步调整的建议，在此基础上提出公司下一年度预算草案，于 12 月 1 日前报公司预算管理委员会审查。

4.4.3 公司预算的审批程序。

（1）公司预算管理委员会应于 12 月 10 日前召开预算管理委员会会议，审查公司下一年度预算草案。对未能通过预算管理委员会审查的项目，有关预算责任部门应进行调整。

（2）经公司预算管理委员会审查后的预算草案，应于 12 月 15 日前报董事会，董事会在 12 月 20 日前审批预算。

（3）公司预算草案经董事会审批后，由财务部下达公司各预算责任部门执行。

4.5 预算的执行与控制

4.5.1 公司预算一经批准下达，即具有指令性，各预算责任部门必须认真组织实施。

4.5.2 公司预算作为预算期内组织公司内部生产经营活动、进行筹融资活动的基本依据，各预算责任部门应会同财务部将年度预算分解为季度计划或月度计划，原则上在每季度初 10 日内或月度初 5 日内下达，以确保年度预算目标的实现。

4.5.3 预算内资金的拨付。

（1）预算内资金拨付的基本条件。

① 预算责任部门下达的计划或签署的审查意见。

② 合同正本或其他具有法律效力的文件。

③ 准确填写的付款凭单。

④ 按照财务制度需要提供的其他有关凭证。

（2）预算内资金拨付的程序：由资金使用部门或预算责任部门填写付款凭单，并附相关文件、合同或资料，送财务部审核，按公司授权审批权限审批后，办理拨付手续。

（3）预算内资金支出，由财务部根据资金的周转情况和项目进度情况拨付。合同或法律文件规定支付时间的，按规定的时间支付。

（4）公司原则上不出借资金。

4.5.4 财务部建立预算资金拨付台账制度，各预算责任部门建立预算执行台账，每季度末与财务部核对。

4.5.5 公司建立预算执行情况季度分析报告制度。各预算责任部门应于每季度终了 10 日内将预算执行分析报告送财务部。财务部全面分析每季度预算执行情况，并提出对策和建议，提交公司预算管理委员会主任。由预算管理委员会主任决定召开预算管理委员会会议审议。

4.5.6 年度终了，各预算责任部门应清理当年预算执行情况，并提出需结转下年度安排的本年未执行完的项目及金额，送财务部初审、汇总后，由财务部编制当年的公司预算执行报告，报预算管理委员会、董事会审批。预算执行报告一经审批，对未提出在下年度继续安排的未执行完预算项目予以注销。

4.6 预算的调整

4.6.1 公司正式批准执行的预算，在预算期内一般不予调整。在预算执行中由于市场环境、经营条件、政策原因等客观因素发生重大变化，致使预算编制基础不成立，或者将导致执行结果产生重大偏差的，可以调整预算。

4.6.2 预算调整的基本原则。

（1）目标一致原则，即预算调整事项不能偏离公司发展战略和年度经营目标的要求。

（2）讲求效益原则，即预算调整方案在经济上应当能够实现最优化。

（3）责任落实原则，即对常规事项产生的预算执行差异，应当责成预算执行单位采取措施加以解决。

（4）例外管理原则，即将预算调整的重点放在预算执行中出现的重要的、不正常的、不符合常规的关键差异方面。

（5）先有预算，后有支出。

（6）收支平衡原则。

（7）节约就是创收。

4.6.3 预算调整的程序。

（1）预算执行过程中，各预算责任部门不得在总预算控制的前提下，在项目之间进行调整。

（2）预算调整实行逐项审查、逐级审批制度。

（3）预算调整的申请部门向财务部提出预算调整建议。

（4）财务部对申请调整项目进行初审、协调和平衡，提出预算调整方案，上报公司预算管理委员会审查后报董事会审批。

（5）预算调整方案经董事会批准后，由财务部下达给各预算部门。

4.7 损益预算管理

4.7.1 销售收入预算由业务部负责。

4.7.2 成本费用支出预算分为行政经费预算、直接经营项目成本预算和其他成本支出预算。

（1）行政经费预算由管理部统一管理，其他部门配合。其中员工教育经费和人工成本由人力资源部负责。

（2）直接经营项目成本预算由生产部负责，财务部配合。

① 公司从事直接经营项目的成本单位的成本支出预算由生产部负责，财务部配合。

② 直接经营项目中的大修费用预算由生产部负责，财务部配合。生产部根据审批的预算金额，下达大修计划。

（3）其他未列入机关经费和直接经营项目成本的成本费用预算，由财务部负责。

4.7.3 投资收益预算由财务部负责。

4.7.4 财务费用预算和所得税预算由财务部负责。

4.7.5 项目经费预算由财务部负责。项目预算经预算管理委员会审查、董事会审批后，由管理部负责签订合同，财务部按合同支付。

4.7.6 财务部负责根据上述具体预算项目编制损益预算表。

4.8 资本性收支预算管理

4.8.1 资本性收入预算是对预算期内可用于资本性投资活动的资金来源的财务安排，主要包括内部资金来源预算和融资预算。

（1）内部资金来源预算是对预算期内税后利润、折旧的财务安排，由财务部负责。

（2）融资预算是在预算期内需要新借入的长短期借款、经批准发行的债券等的财务安排，由财务部负责。

4.8.2 资本性支出预算是对预算期内进行资本性投资活动预计产生的现金支付的财务安排，包括固定资产投资预算、权益性投资预算、前期费用预算、还本付息预算、其他资本性收支预算和总经理预备费预算。

（1）固定资产投资预算包括基本建设项目预算、小型基建项目预算、技术改造项目预算、生产类固定资产购置预算和管理类固定资产购置预算。

① 基本建设项目预算、小型基建项目预算由仓储部和加工部负责。

② 公司直接经营项目技术改造预算、生产性固定资产购置预算由仓储部和加工部负责。

③ 管理类固定资产购置预算由管理部负责。

（2）前期费用预算是指对公司投资项目开展前期工作所需要的费用安排，由具体执行部门负责，财务部经手配合。

（3）借款和债券的还本付息预算由财务部负责。

（4）其他资本性支出主要包括对处理重大事故、自然灾害所需的恢复性投入，解决历史遗留问题给予的补助性资本投入，以及根据国家政策给予的援助性资本投入等。其他资本性支出预算按各预算项目的性质和投资对象由相应预算责任部门负责。

（5）总经理预备费预算是用于预算执行过程中突发的、不可预见的支出或总经理认为需要安排的支出的预算安排。

① 总经理预备费的年度预算由财务部根据资金周转情况提出建议，公司预算管理委员会审查，董事会审批。

② 总经理预备费的使用由总经理批准。

③ 总经理预备费的日常管理由财务部具体负责。

4.8.3 财务部负责按照上述具体预算项目编制资本性收支预算表，并负责对资本性收支预算进行初步平衡。

4.9 现金流量预算管理

4.9.1 现金流量预算由财务部根据损益预算和资本性收支预算的分析编制。

4.9.2 现金流量预算经审批后，由财务部按照审批的预算对公司现金流量实施统一调度；各预算责任部门配合财务部加强对现金流量的控制。

4.9.3 公司应当强化现金流量的预算管理，严格按照现金流量预算组织和监控预算资金的收付，按时组织预算资金的收入，严格控制预算资金的支出，保证公司有足够的资金用于必需的支付。

4.10 预算的考核与监督

4.10.1 公司建立预算考核制度，公司预算考核的具体政策由公司预算管理委员会制定。

4.10.2 公司预算考核采取年度考核方式，由财务部会同人力资源部进行。

4.10.3 公司建立预算责任人制度，各预算责任人为各预算责任部门的负责人。

4.10.4 公司建立年度预算执行评价制度，根据年初预算与年终预算执行结果的差异水平对各预算责任部门的执行情况进行评价，评价结果作为各部门负责人年度工作业绩考核的重要依据。

4.10.5 对于公司预算的编制、审批、执行、控制、调整和追加，必须认真实施财政监督和审计监督。

4.10.6 预算监督检查的主要内容。

（1）预算是否符合国家财经法规和公司各项预算管理规定。

（2）各项财务收支是否全部纳入公司预算管理。

（3）预算资金是否按规定程序拨付和存放。

（4）预算资金是否切实按照预算规定使用。

（5）各预算责任部门的内部控制机制是否健全。

4.10.7 公司建立预算内部稽核制度，财务部负责对各预算责任部门的预算执行情况进行跟踪检查。稽核报告上报公司预算管理委员会，并与以后年度预算资金安排挂钩。

拟定		审核		审批	

二、资金预算管理办法

标准文件		资金预算管理办法	文件编号	
版次	A/0		页次	

1. 目的

为了促进本公司各项经营活动由事后管理向事前管理方式的转变，强化生产经营全过程控制，提高资金使用的计划性，特制定本管理办法，以增加公司资金运行的透明度，降低各项成本，使有限的资金发挥最大的效能。

2. 适用范围

适用于公司资金的预算管理。

3. 管理规定

3.1 职责分工

3.1.1 公司分管副总经理、财务部经理、总经理集体对公司提报的资金预算进行审批。

3.1.2 各部门根据下月销售计划、生产计划、采购计划和全年资金预算详细编制下月资金预算。

3.1.3 资金管理中心参与资金预算的编制工作，对预算进行汇总、复核和平衡，并对上月预算执行情况进行分析。

3.1.4 资金管理中心按照审批后的预算进行款项的收付。

3.2 资金预算的重要性及作用

3.2.1 资金的范围：本办法所称资金，是指库存现金、银行存款、应收票据和从银行开办的银行承兑汇票。

3.2.2 资金预算的重要性。

资金预算可以作为纽带，将财务部门与公司内部各层次和各职能部门的管理目标和职能紧密地联系在一起，合理确立投融资规模，安全、高效地安排和调度好资金，保持现金收支平衡和偿债能力，为公司生产经营提供充足的现金保障，进而保证公司以系统、科学的观念实现资金管理整体效益的最优化。

3.2.3 资金预算的作用。

（1）用来规划公司在下月的经济活动及其成果。

（2）利于公司各部门确定工作目标、方向。

（3）财务部门执行实施经济业务的依据。

（4）评定考核公司各部门工作实绩的标准。

（5）利于公司总体目标的实现。

3.3 预算的编制、审批、执行、调整流程

3.3.1 编制原则。

预算编制是为实现公司的方针、目标和利润，同时满足公司下达的经济责任指标目标值。预算的编制按时间分为年度预算和月度预算。月度预算是为确保年度预算的实现，经过科学的计划组织与分析，结合本公司不同时期动态的生产经营情况进行编制。预算编制时要考虑先急后缓、统筹兼顾、量入为出的原则。

公司的资金预算应按照以销定产的原则，详细、科学地预计分析制订下月销售计划、生产计划、采购计划，围绕实现公司经济责任指标，开展市场调研与科学预测、进行公司内部条件分析，并结合公司费用定额管理，在对预期生产经营活动即将发生的各种消耗与货币收支进行测算的基础上编制。

3.3.2 编制流程。

（1）市场部：以市场调查、预测为基础确定预计产品的品种、销售量、预计售价，并结合公司自身的生产能力编制次月销售计划和销售回款计划。

（2）生产部：通过对公司内部生产能力和条件的分析，即按照销售计划确定产品的生产计划和直接原材料、辅助材料需求量计划，电费、修理费及其他支出计划，并以原辅料需求量计划和公司库存为依据，编制采购计划。

（3）采购部：根据生产部编制的采购计划，结合预计市场现行价格及付款政策编制次月资金支付计划。

（4）行政部：依据现行工资方案，结合年人工预算，编制次月人工费用预算。

（5）职能部门（包括项目组）：根据以上各类相关计划、部门年度费用预算和固定资产支出预算，编制次月部门费用预算和固定资产支出预算。

（6）资金中心对预算草稿进行复核，补充"利息、税金、水电费、通信费、保险金、工资等固定费用及上月资金余额"等项目，试算平衡后形成次月资金预算。

上述各类预算经总经理初审后，需在每月22日前报办公室汇总后上报资金中心。

预算编制过程中，每一收支项目的数字指标均需要依据充分确实的资料，并总结出规律，进行严密的计算，不能随意编造。

3.3.3 审批流程。

（1）公司分管副总经理在对所分管部门经营目标和下月目标充分了解的情况下，对所分管部门提报的下月预算的合理性、可行性进行审核。

（2）每月25日，资金中心经理、公司分管副总经理、财务部经理对资金管理中心编制的资金计划进行集体会审。

（3）每月27日前完成预算的审批，报总经理审批后，送交资金管理中心执行。

3.4 预算的执行

3.4.1 预算确定后，无需再申报付款计划，应将预算层层分解到各车间、部门，各部门再落实到每个人，从而使每个人都紧紧围绕预算目标各负其责，各司其职，使每月资金预算和公司经营目标顺利完成。

3.4.2 资金支付的流程。

（1）部门经理审核：经办人持"资金支付单"及相关附件（如合同、协议等）报部门经理审核签字。

（2）资金管理中心核对签字：经办人将部门经理审核签字后的"资金支付单"报资金管理中心，与审批后的月度资金预算相核对一致并签字确认。

（3）总经理或副总经理审核：资金中心核对签字后的"资金支付单"，经办人再报总经理或副总经理审核。

（4）出纳付款：经总经理或副总经理审核的"资金支付单"，在经财务部经理和资金管理经理审核后，交资金管理中心出纳付款。

资金预算经总经理批准实施，由资金管理中心进行监督，严格按照预算执行。

3.5 预算的调整

3.5.1 因公司在生产经营的过程中会遇到某些不确定性因素，导致实际情况与月初提报预算偏差较大，这种情况下可以对预算进行调整。若预算需增加，申请人需填写"资金支付表"，经部门负责人签字后，按相关使用范围报总经理或经授权的副总和资金管理中心经理审批。

3.5.2 此项资金在一个月内必须经审核后单独报账，否则取消今后的支配权。资金中心每月底将各公司预算调整资金使用情况写出审计报告交总经理审阅；此项资金应严格按照申报的事由专款专用，如出现变相使用将不予报销；此项资金当月未使用完下月不得结转，决不允许恶意支出；超过×××（含）元的个人借款，资金管理中心不得以现金的形式支付。

3.5.3 为保持预算管理的权威性，首先，预算执行过程中各项目支出之间不允许随便调整，如需调整要重新进行审批；其次，预算调整实行额度控制和次数控制，即各部门预算调整次数，每月最多1次；预算调整额度不超过部门同类预算额度的10%。

3.6 预算执行的分析与考核

3.6.1 为严肃资金预算的管理，真正对公司的各项管理工作起到作用，避免此项工作流于形式，如不经过充分调研、论证、筹划、计算，随意编造数据，所以原则上要求公司月度各预算项目实际发生值与预算控制计划值差额比例控制在10%之内，预算执行情况考核评价纳入管理综合考核评价。

3.6.2 每月10日前资金管理中心会计人员对上月预算完成情况进行对比分析，分析实际发生与预算指标之间的差异及原因，并根据分析结果，对各相关部门及人员给予评分，报公司领导审批。

拟定		审核		审批	

三、费用预算管理办法

标准文件		费用预算管理办法	文件编号	
版次	A/0		页次	

1. 目的

为促进公司建立、健全内部约束机制，推动企业加强费用预算控制管理，进一步合理降低各项费用，以达到企业利润的最大化，结合公司目前的实际情况，特制定本办法。

2. 适用范围

适用于本公司各项费用的预算控制。

3. 管理规定

3.1 公司预算组织的分工

3.1.1 总经理办公室对公司费用预算的管理工作负总责；财务部门负责公司费用预算的管理工作，拟定公司费用预算的目标、政策，制订费用预算管理的具体措施和办法，审议、平衡费用预算方案，组织下达财务预算，协调解决费用预算编制和执行中的问题，考核预算的执行情况，并负责预算执行情况的分析和报告，督促各部门完成财务预算目标。

3.1.2 公司各职能、营销、生产部门要密切配合财务部门做好相关的工作，及时与财务部门沟通，反映公司相关情况，并在财务部门的指导下，制订本部门费用预算，且能进行执行情况分析。

3.2 费用预算的内容

费用预算包括管理费用、销售费用、财务费用的预算，根据公司的年度目标，分各个月份制订月度预算指标。

3.2.1 管理费用预算的项目明细：工资费用、奖金、福利费、办公费、差旅费、交通费、房租费、水电费、通信费、招待费、运杂费、租车费、社保费、单据费、奖金、培训费、招聘费、车辆修理费、加油费、停车路桥费、购车补贴、保险费、维修费、品牌建设费、劳动保护费、审计费、律师咨询费、财务顾问费、ERP建设费、研究开发费、促销费、广告费、宣传费、设计费、折旧费、税费、其他。

3.2.2 销售费用预算的项目明细：工资费用、奖金、福利费、房租、水电费、通信费、业务费、办公费、维修费、差旅费、交通费、社保费、广告费、宣传费、促销费、劳务费、装修费、运杂费、折扣与折让、折旧费、其他。

3.2.3 财务费用预算的项目明细：利息支出（扣减利息收入）、手续费、汇兑损益。

3.3 期间费用预算的归口管理和适用范围

3.3.1 人力资源部归口管理并初步编制以下费用预算：

（1）管理费用中的工资费用、办公费、差旅费、交通费、房租费、水电费、通信费、招待费、运杂费、租车费、社保费、单据费、奖金、培训费、招聘费、车辆修理费、加油费、停车路桥费、购车补贴、保险费、维修费、劳动保护费、其他。

（2）销售费用中的工资费用、奖金、房租、水电费、通信费、办公费、维修费、社保费。

3.3.2 销售单元归口管理并初步编制销售费用预算中的业务费、差旅费、交通费、促销费、劳务费、运杂费、折扣与折让、其他。

3.3.3 企划部门归口管理并初步编制以下费用预算：

（1）管理费用中的品牌建设费。

（2）销售费用中的广告费、宣传费。

（3）管理费用、销售费用、制造费用中的折旧费。

3.3.4 财务部门归口管理编制以下费用预算：

（1）管理费用中的审计费、财务顾问费、ERP建设费、税费。

（2）各项财务费用。

3.3.5 财务部门统一对各部门以上费用下达预算指标，经与各部门协商后执行，由行政部全权管理督促各部门上述费用控制在预算内。以上费用预算控制的第一责任人为部门最高主管，第一责任人可指定1~2人为直接责任人，具体负责各部门上述费用控制以及与财务部门就具体事项接口。

| 拟定 | | 审核 | | 审批 | |

四、全面预算管理考核办法

标准文件		全面预算管理考核办法	文件编号	
版次	A/0		页次	

1. 目的

为了适应建立现代企业制度的要求，建立灵活的激励和约束机制，充分调动公司各部门和全体员工的积极性和创造性，更好地推动管理水平的逐步提高，确保实现公司目标，根据《全面预算管理（暂行）办法》，特制定本办法。

2. 适用范围

适用于公司各部门。

3. 管理规定

3.1 预算考核的原则

3.1.1 目标原则。以预算目标为基准，按预算完成情况评价预算执行者的业绩。

3.1.2 刚性原则。预算目标一经确定，不得随意变更调整。

3.1.3 激励原则。预算目标是对预算执行者业绩评价的主要依据，考核必须与激励制度相配合，采用奖励为主、扣罚为辅的原则，体现目标、责任、利益的相互统一。

3.1.4 时效原则。预算考核是动态考核，每期预算执行完毕应立即进行。

3.1.5 例外原则。对一些阻碍预算执行的重大因素，如市场环境的变化、政策变化、电网调度、重大意外灾害等，考核时应作为特殊情况处理。

3.1.6 分级考核原则。预算考核要根据组织结构层次或预算目标的分解层次进行。公司考核归口管理部门及各成本中心，各成本中心考核班组（或个人），班组考核个人。被考核部门应结合自身实际制定向下一级预算执行部门（或班组、个人）的考核办法并对其进行考核。

3.2 预算考核的对象和内容

3.2.1 考核对象：各归口管理部门（成本中心）及其第一责任人。

3.2.2 考核内容：以公司与预算执行部门签订的目标责任书和下达的预算为依据，对预算执行情况进行考核，考核内容包括编制预算的及时性、准确性，控制预算的严格性、合理性，预算分析的透彻性、预见性，预算执行的正确性、节约或超支值。

3.2.3 考核方式：预算考核分日常考核与年终考核。日常考核采取每月度预考核形式进行，旨在通过信息反馈，控制和调节预算的执行偏差，确保预算的最终实现，年终考核旨在进行奖罚和为下年度的预算提供依据。

3.3 预算考核的程序

3.3.1 预算考核的具体工作由预算委员会办公室负责组织，总经理工作部负责配合。考核程序如下：

（1）以各成本中心的分析报告及财务管理部的账面数据为依据，分析、评价各责任中心预算的实际执行情况，找出差距，查明原因。

（2）预算委员会办公室对各成本中心进行考核。

（3）预算委员会办公室将考核结果报公司预算委员会。

（4）公司预算委员会对考核结果进行审批。

（5）预算委员会办公室将批准的考评结果报总经理工作部执行。

3.3.2 预算月度考核与月度经营活动分析同时进行，考核结果在每月（季）的月（季）度经营活动分析会上通报，预算年度考核于次年的1月进行。

3.4 预算考核的办法

3.4.1 各归口管理部门（成本中心）因预算工作组织不力、不给予配合的，影响预算工作的推进或对预算工作重视不够，敷衍应付、造成不良影响的，根据情节轻重，预算委员会办公室将对预算执行部门及责任人进行如下处罚：

（1）各归口管理部门（成本中心）未按公司规定的时间要求编制上报本成本中心预算、归口预算及月度分析报告、季度小结报告、年度总结报告等预算资料的，给予部门负责人处以××～××元的绩效扣罚，扣罚部门当月××%～××%的绩效奖金。

（2）各归口管理部门（成本中心）未按公司规定的预算内容、格式要求编制上报本成本中心预算、归口预算及月度分析报告、季度小节报告、年度总结报告等预算资料的，给予部门负责人处以××元绩效扣罚，扣罚部门当月8%的绩效奖金。

（3）各归口管理部门（成本中心）对其归口管理的部门、班组、个人负有考核责任，对未履行考核职能或考核不力的，扣罚部门负责人××元绩效奖金，扣罚部门当月××%的绩效奖金。

（4）各成本中心在工作中应互相配合，密切协作。对工作相互推诿，导致考核困难的，将扣罚相关部门当月××%的绩效奖金，同时对扯皮部门负责人处以××元绩效扣罚。

3.4.2 对在正常情况下不按预算执行，或未经批准擅自更改调整预算的，给予归口管理部门（成本中心）负责人××元绩效扣罚。

3.4.3 各成本中心在执行预算过程中出现预算节余时，不得违反经济活动的常规性突击使用预算，对违反者，处以突击使用预算金额2倍的处罚。

3.4.4 月度（季度）预考核。

月度（季度）预考核与月度（季度）当期的绩效奖金挂钩。月度（季度）当期各项指标均在当期预算范围之内（包括预算值本身）的为合格，不进行扣罚。当期指标中有一项（以归口管理费用明细表中的指标划分为准）超预算，就对归口管理部门（成本中心）进行考核；有两项及两项以上实际指标均超预算指标的，按各项指标的考核标准进行迭加考核，月度总考核金额不封顶，如果出现预算考核数额大于部门绩效工资应发总额度，差额从以后月份的绩效奖金或岗位工资中扣罚。

3.4.5 年度考核。

年度考核与月度（季度）预考核的月度（季度）绩效奖金和年终绩效奖金（包括公司董事会及总经理设立的各种年度奖励）挂钩。年度当期各项指标均在年度预算范围之内（包括预算值本身）的为合格，不进行扣罚。年度指标中超一项考核一项，超两项考核两项，按各项指标的考核标准进行迭加考核。对月度（季度）预考核中扣留的月度（季度）预考核绩效奖金，如年度累计值未超预算指标，则补发相应指标月度（季度）预考核的绩效奖金，如年度累计值超预算指标，则相应指标预考核的绩效奖金不再发放。

3.4.6 奖励。

为调动预算各成本中心的积极性，使其认真履行职责、严格管理、严格控制，积极开展节能降耗措施，努力提高经济效益，月度或年度终了后根据预算执行的情况进行适当奖励。

各预算指标的完成情况及各归口管理部门（成本中心）的考评结果是年终奖励分配的重要依据。

奖励前提条件：完成公司董事会下达的年度预算目标。

| 拟定 | | 审核 | | 审批 | |

五、月度滚动预算考核评价管理办法

标准文件		月度滚动预算考核评价管理办法	文件编号	
版次	A/0		页次	

1. 目的

为强化基础管理，提升管理水平，降低运营成本，以全面预算管理为切入点，落实细化月度滚动预算，完善月度考核与预警机制，特制定本办法。

2. 适用范围

适用于公司月度滚动预算的考核和评价。

3. 管理规定

3.1 月度滚动预算的执行与考核

3.1.1 月度滚动预算执行的原则。

(1) 严格按照年度预算和月度滚动预算的内容执行。

(2) 有预算不代表一定要执行，预算金额不一定是执行金额。

(3) 无预算的项目原则上不执行。

(4) 对于特殊情况确需增加的项目要严格按照公司预算外支出审批流程执行。

3.1.2 月度滚动预算的考核。

月度滚动预算的考核

考核项目		考核内容及标准
预算编制过程的考核	预算报送时间考核	(1) 未按时间要求上报的部门，第一次扣部门领导绩效 1 分，超过一天以上的扣 2 分 (2) 连续两次以上（含两次）未按时间要求上报的部门，每次扣部门领导绩效 3 分
	预算编制质量考核	(1) 未按照公司统一预算表格式编制的部门，每次扣部门领导绩效 1 分 (2) 预算表内项目汇总数、明细数、累计数编制不全的部门，每漏一项扣部门领导绩效 1 分 (3) 预算表的汇总数与明细不一致的部门，每发现一次扣部门领导绩效 1 分 (4) 预算上报数超出年度下达预算指标的部门，每发现一项扣部门领导绩效 2 分
预算管理的其他考核		(1) 预算外费用未按照公司预算外审批流程报批的的部门，每次扣部门领导绩效 1 分 (2) 预算外费用指标追加申请表经公司领导批准后未报预算管理办公室备案的部门，每次扣部门领导绩效 1 分

3.1.3 公司级预算执行情况的考核按照《公司级成本费用指标与全员绩效挂钩管理办法》执行，考核结果与全体员工绩效挂钩。

3.1.4 部门级预算执行情况的考核是单项指标的考核（责任部门以责任书为准），考核结果与部门领导绩效挂钩。

3.2 月度滚动预算预警

月度滚动预算预警包括两部分：单项指标预警和成本费用指标预警。

3.2.1 单项指标预警。

（1）如以下指标的当期单项指标值超过年度目标值则进行预警：产成品资金占用、生产资金占用额、内部质量损失额、外部质量损失额、采购资金占用、索赔净损失额、资产负债率、工会经费。

（2）如以下指标的当期单项指标值低于年度目标值则进行预警：货款回收率、净资产收益率、现金流动负债比率、经济增加值、应收账款周转次数、存货周转次数、工业增加值。

（3）如以下指标的当期单项指标值低于月度滚动预算值则进行预警：销售收入、净利润。

（4）如以下指标的当期单项指标值超过月度滚动预算值则进行预警：销售费用、员工教育经费、管理费用、财务费用。

（5）如以下指标的当期累计单项指标值低于年度目标值进度则进行预警：其他业务收入、利润、节能降耗、技术创新降成本、采购降成本、质量降成本、制造降成本、经营活动现金净流量、管理降成本、消耗物质降低率。

3.2.2 成本费用指标预警。

（1）如部门费用指标的当月值超过预算值则进行预警，同时冲减次月费用预算指标。

（2）如生产制造部成本费用指标的当月值超过预算值则进行预警，同时冲减次月成本费用预算指标。

3.2.3 对当月未完成的部门进行黄色预警，连续 2 月未完成的进行红色预警，同时要求该部门出具书面整改措施。

3.3 成本费用季度评价

3.3.1 评价范围。评价指标包含成本费用指标和专项成本降低指标（技术创新降成本、采购降成本、制造降成本、质量降成本、管理降成本等指标）。被评价部门包含公司所有部门。

3.3.2 评价原则。

（1）单项节约计奖以成本费用总额控制在预算目标之内为前提。

（2）专项成本降低指标计奖以完成公司下达的年度目标为前提。

（3）实行季度评价与年度评价相结合，季度兑现当期奖励的××%，年度结束后统一结算余额。

3.3.3 评价标准。

（1）成本费用指标评价标准。

每个季度末次月 5 日前，由财务部根据各部门的成本费用实际发生额与预算金额进行比较，确定评价结果，并于当月 10 日前将评价结果及奖励分配方案报公司预算管理委员会审批，公司预算管理委员会批准后按流程发放奖励。

对各部门的奖励采取单项计算的方法，节约的成本费用项目逐一计算奖励金额，各项目奖励之和即是对各部门的奖励。奖励金额的具体计算标准如下：

① 5%＜单项节约比例≤ 10%，奖励金额等于该项成本费用节约金额乘以节约比例。

② 10%＜单项节约比例≤ 20%，奖励金额等于该项成本费用节约金额乘以节约比例的 80%。

③ 单项节约比例 >20% 时，奖励金额等于该项成本费用节约金额乘以节约比例的 40%。

（2）专项成本降低指标评价标准。

每个季度末次月 5 日前，由各部门将上季度评审后的专项成本降低指标完成情况上报财务部，财务部根据各部门的专项成本降低指标完成情况与阶段降低目标进行比较，确定评价结果，并于当月 10 日前将评价结果及奖励分配方案报公司预算管理委员会审批，公司预算管理委员会批准后按流程发放奖励。具体计算标准为：

① 完成率＜ 100%，部门无奖励。

② 完成率≥ 100%，部门奖励额等于阶段目标值乘以 1% 加上超额部分乘以 5%，奖励给项目牵头部门和相关配合部门，具体分配方案由项目牵头部门提出并上报公司预算管理委员会批准。

3.3.4 评价流程。

（1）各部门上报各项指标完成情况。

（2）财务部确定评价结果。

（3）项目牵头部门提出奖励分配方案。

（4）公司预算管理委员会批准奖励金额和分配方案。

（5）综合管理部开具成本节约奖励通知。

（6）财务部发放成本节约奖励。

（7）各部门将手续齐全的发放明细表交财务备案。

拟定		审核		审批	

第三节 预算管理表格

一、营业费用预算表

营业费用预算表

编制部门： 单位：万元

序号	费用项目	一季度	二季度	三季度	四季度	本年预算数	上年实际（或预计数）	同比±%
一	可控费用							
1	展览费							
2	代销手续费							
3	广告费							
4	业务费用							
5	差旅费用							
6	其他费用							
	小计							
二	不可控费用							
1	工资							
2	福利费							
3	运输费							
4	装卸费							
5	包装费							
6	保险费							
7	其他							
	小计							
	合计							

注：此表要进一步细化至各营销部门。

二、主营业务收入预算明细表

主营业务收入预算明细表

编制部门： 　　　　　　　　　　　　　　　　　　　　　　　　　　　金额单位：万元

序号	品种规格	计量单位	含税单价1	含税单价2	含税单价3	销售收入 4=2×3	应回笼资金数 5=1×3	上年实际（预计）销售收入6	同比增长（%）=（4-6）÷6

三、主营业务收入季度预算表

主营业收入季度预算表

编制部门： 　　　　　　　　　　　　　　　　　　　　　　　　　　　金额单位：万元

序号	品种规格	计量单位	一季度 数量	一季度 收入	…… 数量	…… 收入	四季度 数量	四季度 收入	合计 数量	合计 收入

四、销售资金回收预算表

销售资金回收预算表

编制部门： 　　　　　　　　　　　　　　　　　　　　　　　　　　　金额单位：万元

序号	项目	上年实际	本年预算	一季度	二季度	三季度	四季度
1	上年（季）应收账款余额						
2	本年（季）应收账款借方发生额						

续表

序号	项目	上年实际	本年预算	一季度	二季度	三季度	四季度
3	年（季）销售资金回收预算						
	其中：现金						
	票据						
	易货						
	其他						
4	年（季）应收账款余额						
5	预计坏账损失						

五、陈欠账款（含呆死账）回收预算表

陈欠账款（含呆死账）回收预算表

编制部门： 　　　　　　　　　　　　　　　　　　　　　　　　　　金额单位：万元

序号	客户名称	上年年末余额（预计）	本年预算回收金额	预订呆死账	清收措施	责任人	实施时间	备注
	合计							

六、年度生产预算表

年度生产预算表

编制部门：

序号	品种名称	计量单位	预计销售量1	预计期初存货2	预计期末存货3	预计生产量 4=1+2-3

七、季度生产预算表

季度生产预算表

编制部门：

序号	品种名称	计量单位	一季度				……	四季度			
^	^	^	预计销售量 1	预计期初存货 2	预计期末存货 3	预计生产量 4=1+2-3	^	预计销售量 1	预计期初存货 2	预计期末存货 3	预计生产量 4=1+2-3

八、生产费用及成本预算表

生产费用及成本

编制部门： 金额单位：万元

序号	预算项目	一季度	二季度	三季度	四季度	本年预算	上年实际（或预计数）	同比±%
一	直接材料							
二	直接人工费用							
^	其中：工资							
^	员工福利费							
三	燃料动力							
四	制造费用							
1	工资							
2	福利费							
3	折旧费							
4	差旅费							
5	保险费							
6	邮电费							
7	办公费							
8	修理费							

续表

序号	预算项目	一季度	二季度	三季度	四季度	本年预算	上年实际（或预计数）	同比 ±%
9	大修理费							
10	水费							
11	机物料消费							
12	低值易耗品摊销							
13	劳保费							
	其中：劳保用品							
	冷饮及营养费							
14	车间运输费							
15	劳务工费用							
16	残料回收							
17	残品损失							
18	零星开支							
19	模具专项费用							
20	试验检验费							
21	设计制图费							
22	其他							
	合计							

九、产品成本预算表

产品成本预算表

编制部门：　　　　　　　　　　　　　　　　　　　　　　　　金额单位：万元

序号	品种规格	全年销售数量 1	成本明细 - 直接材料 2	成本明细 - 费用 - 燃料动力 3	成本明细 - 费用 - 人工 4	成本明细 - 费用 - 制造费用 5	单位成本 6=2+3+4+5	成本总额 7=1×6	上年单位成本（或预计）8	同比 ±% 9=(7-8)÷8

十、采购预算表

采购预算表

序号	品种	规格	计量单位	单价	预计年初库存	全年采购数	一季度	二季度	三季度	四季度	备注

注：主要材料按明细算，辅助材料按大类算；单价为含税价格。

十一、采购资金支出预算表

采购资金支出预算表

编制部门：　　　　　　　　　　　　　　　　　　　　　　　　金额单位：万元

序号	项目	上年实际（或预计）	本年预算	一季度	二季度	三季度	四季度
1	上年（季）结欠客户应付款						
2	本年（季）采购总额						
3	本年（季）采购资金支出预算						
	其中：易货						
	现汇						
	票据						
	其他						
4	年（季）终结欠客户应付款						

注：1. 上年（季）结欠客户应付款指应付账款贷方余额与预付账款贷方余额之和。
　　2. 本年（季）采购总额＝采购预算数量 × 采购单位单价（含税）。

十二、管理费用预算表

管理费用预算表

编制部门：　　　　　　　　　　　　　　　　　　　　　　　　金额单位：万元

序号	费用项目	一季度	二季度	三季度	四季度	本年预算	上年实际（或预计）	同比 ±%
一	可控费用							
1	旅差费							

续表

序号	费用项目	一季度	二季度	三季度	四季度	本年预算	上年实际（或预计）	同比±%
2	办公费							
3	修理费							
4	物料消耗							
5	低值易耗品							
6	研究开发费							
7	技术转让费							
8	开办费							
9	咨询费							
10	审计费							
11	租赁费							
12	中介机构费							
13	诉讼费							
14	水电费							
15	邮电费							
16	业务招待费							
17	存货跌价准备							
18	坏账损失							
19	存货盘亏报废							
20	其他管理费用							
	小计							
二	不可控费用							
1	工资							
2	员工福利费							
3	工会经费							
4	员工教育经费							
5	折旧费							
6	劳动保险费							
7	其中：退休金							
	退职金							
	离退休人员各项经费							

续表

序号	费用项目	一季度	二季度	三季度	四季度	本年预算	上年实际（或预计）	同比±%
8	计入管理费用四小税							
	其中：房产税							
	车船使用税							
	土地使用税							
	印花税							
9	无形资产摊销							
10	长期费用摊销							
11	住房公积金							
12	排污费							
13	绿化费							
14	小计							
	合计							

注：此表要细化至各部门预算。

十三、财务费用季度预算表

财务费用季度预算表

编制部门：　　　　　　　　　　　　　　　　　　　　　　　　金额单位：万元

序号	贷款行	本金	贷款日期	还款日期	月利率%	利息支出 一季度	二季度	三季度	四季度	利息合计	上年利息总额（预计）	备注

注：按长短期借款分别填写，单位开出的应付票据（银行承兑汇票）也分项填列。

十四、营业外支出预算表

营业外支出预算表

编制部门：　　　　　　　　　　　　　　　　　　　　　　　　　　金额单位：万元

序号	项目	一季度	二季度	三季度	四季度	本年预算数	上年实际（预计）数	同比 ±%

十五、固定资产支出预算表

固定资产支出预算表

编制部门：　　　　　　　　　　　　　　　　　　　　　　　　　　金额单位：万元

序号	预算项目	数量	项目预计总投资	累计已支出数	本年支出预算	预计结欠项目数	备注

十六、筹资预算表

筹资预算表

编制部门：　　　　　　　　　　　　　　　　　　　　　　　　　　金额单位：万元

序号	贷款行	上年贷款余额	本年增加贷款					本年减少贷款					年末贷款余额	贷款日期	还款日期	月利率%	利息合计（元）	备注
			一季度	二季度	三季度	四季度	小计	一季度	二季度	三季度	四季度	小计						

注：长、短期借款及单位开出的应付票据分项填列。

十七、利息支出预算表

利息支出预算表

序号	贷款行	贷款金额	贷款日期	还款日期	月利率	利息支出					利息资本化金额	备注
						一季度	二季度	三季度	四季度	小计		

注：长、短期借款及单位开出的应付票据分项填列。

十八、现金预算表

现金预算表

序号	预算项目	本年预算					备注
		合计数	一季度	二季度	三季度	四季度	
一	年初现金余额						
二	本年现金收入						
1	主营业务收入						
2	其他业务收入						
3	收回陈欠往来款						
4	银行借款（新增）						
5	现金分回投资收益						
6	收回所属企业折旧						
7	收回内部借款本金						
8	收回内部借款利息						
9	收取固定资产租金						
10	收回投资						
11	其他收入（财务费用）						
三	本年现金支出						
1	外购材料（物、低）						

续表

序号	预算项目	本年预算					备注
		合计数	一季度	二季度	三季度	四季度	
2	支付工资						
3	支付福利费						
4	制造费用现金支出						
5	管理费用现金支出						
6	营业成本现金支出						
7	偿还长短期借款						
8	缴纳税费						
9	支付大修费用						
10	购买固定资产						
11	工程项目投入						
12	对外投资支出						
13	分红支出						
14	其他支出						
四	现金结余或缺口						

注：1. 外购材料包含营业成本、管理费用中的物料消耗及低值易耗品。
　　2. 支付工资包含营业成本、管理费用中的工资。

十九、预算变更申请表

预算变更申请表

编制部门：　　　　　　　　　　日期：

变更类别	□预算调整　□预算增减　□预算追减				
预算科目	细项说明	原核定预算	拟变更内容	调整幅度	申请理由
批示					
其他					

二十、单项预算指标考核表

单项预算指标考核表

编制部门：　　　　　　　　　　　　　　　　　　　　　　　　　　单位：万元

序号	指标名称	责任部门	考核周期	计划	实际	完成目标
1	产成品资金占用	销售部	月			
2	货款回收率	销售部	月			
3	索赔净损失额	销售、技术质量部	年			
4	销售费用	销售部	月			
5	生产资金占用额	生产制造部	月			
6	节能降耗	生产制造部	年			
7	内部质量损失额	技术质量部	年			
8	外部质量损失额	技术质量部	年			
9	采购资金占用	采购配套部	月			
10	采购降成本	采购配套部	年			
11	工会经费	综合管理部	年			
12	制造降成本	生产制造部	季			
13	质量降成本	品质管理部	季			
14	消耗物资（工装类、油辅料、设备备件、劳保等）降低率					
15	管理费用	财务部	季			
16	财务费用	财务部	季			
17	研发投入占企业销售收入比重	财务部	年			
18	其他业务收入	财务部	年			
19	经营活动现金净流量	财务部	月			
20	管理降成本	财务部	季			
21	工业增加值	行政部	年			
22	净资产收益率	财务部	年			
23	净利润	财务部	年			
24	经济增加值	财务部	年			
25	应收账款周转次数	销售部	月			
26	存货周转次数	财务部	月			
27	资产负债率	财务部	年			
28	现金流动负债比率	财务部	年			

二十一、各部门成本费用预算执行情况考核表

各部门成本费用预算执行情况考核表

项目名称	××部门			
	预算	实际	完成情况	备注
1. 职工薪酬				
其中：工资				
职工福利费				
社会保险费				
住房公积金				
工会经费				
员工教育经费				
非货币性福利				
其他				
2. 劳动保护费				
3. 保险费				
4. 折旧费				
5. 修理费				
6. 开办费				
7. 无形资产摊销				
8. 长期待摊费用摊销				
9. 低值易耗品摊销				
10. 存货盘亏及毁损				
11. 业务招待费				
12. 差旅费				
13. 办公费				
14. 水电费				
15. 税金				
16. 租赁费				
17. 诉讼费				
18. 聘请中介机构费用				
19. 咨询费				
20. 研究与开发费				
21. 技术转让费				
22. 董事会会费				
23. 排污费				

续表

项目名称	××部门			
	预算	实际	完成情况	备注
24. 其他				
其中：审计费				
党务活动经费				
仓库经费				
绿化费				
物料消耗				
运输费				
生育保险				
出国费				
上级管理费				
会议费				
其他				
合计				

二十二、生产部门预算执行情况考核表

生产部门预算执行情况考核表

序号	项目	××部门			
		预算	实际	完成情况	备注
一、	直接材料				
二、	燃料及动力				
三、	工资及福利				
四、	专用费用				
五、	废品损失				
六、	协作费用				
七、	制造费用				
1	工资				
2	职工福利费				
3	折旧费				
4	修理费				
5	办公费				
6	水电费				

105

续表

序号	项目	×× 部门			
		预算	实际	完成情况	备注
7	差旅费				
8	运输费				
9	机物料消耗				
10	低值易耗品摊销				
11	劳动保护费				
12	外部加工费				
13	五险一金				
14	劳务工工资				
15	试验检验费				
16	设备大中小修理费				
17	部门自耗				
18	其他				
19	物业管理费				
20	通信费				
21	油料及化工原料				
22	外购动力				
23	配送费				
24	租赁费				
25	保险费				
	合计				

二十三、企业年度费用预算分析表

企业年度费用预算分析表

月份	产销金额	预计利润	利润率	原料成本	人工成本	制造费用	比率	销售费用	比率
1									
2									
3									
……									
12									
合计									

第五章

资产管理

第一节 资产管理要领

一、资产的具体形式

一般来说，企业的资产主要有以下几种形式：

1. 流动资产

流动资产是指可以在1年或超过1年的一个营业周期内变现或耗用的资产。一般包括现金及银行存款、短期投资、应收及预付款项、存货等。

2. 长期投资

长期投资是指不准备在1年内变现的投资，包括股票投资、债券投资和其他投资。

3. 固定资产

固定资产是指使用年限在1年以上、单位价值在规定标准以上，并在使用过程中保持原来物质形态的资产。一般包括房屋及建筑物、机器设备、运输设备、工具器具等。

4. 无形资产

无形资产是指企业长期使用而没有实物形态的资产。一般包括专利权、非专利技术、商标权、著作权、土地使用权、商誉等。

5. 递延资产

递延资产是指不能全部计入当期损益，应当在以后年度内分期摊销的各项费用。一般包括开办费、租入固定资产的改良支出等。

二、资产的控制办法

一般来说，企业对资产进行控制时，可以按照以下方法进行：
（1）资产的保管与账簿的记载，应由不同人员分别负责。
（2）资产的保管，应明确指派人员负责，以免责任混淆。
（3）有形资产应加防护，以免私自或不当使用。
（4）应随时核对零用金与库存现金，并维持最少额度。
（5）各项支出的核决与支付，应分责办理。

（6）应尽可能以支票支付，支票的签发与保管，皆应有严密的控制。

（7）已签章的付款支票，不得由该支票签章人或核决人领取或寄交。

（8）有关现金、存货或其他流动资产收发的单据，应事先印妥连续编号。

（9）负责现金、有价证券及其他贵重资产处理责任的人员，须要有充分保证。

（10）上项人员应取采轮调、轮休，并指派他人暂代其职务。

（11）各项付款凭据一经支付，应即加盖支付印戳销案，防止重复请款。

（12）存于内部保险箱或银行保管箱的有价证券等贵重物品，应由2人以上共同保管。

（13）倘人员编制许可，下列职责应予分立，避免集中于一人：出纳与账务员，财务主管与会计主管，采购与验收，销货与仓储，薪工计算与支付，收款与账务，装运与仓储，订货与仓储等。

（14）信用授与、折让折扣、客户赠品、招待等，皆应严格管理。

（15）定期举行资产的全面盘点。

第二节　资产管理制度

一、货币资金内部控制制度

标准文件		货币资金内部控制制度	文件编号	
版次	A/0		页次	

1. 目的

为保护货币资金的安全，提高货币资金的使用效率，规范收付款业务程序，特制定本制度。

2. 适用范围

适用于公司的货币资金内部控制管理。

3. 管理规定

3.1 管理和控制的基本原则

3.1.1 严格职责分工，实行交易分开，实行内部稽核，实施定期轮岗制度。

（1）岗位内部牵制。

① 钱账分管。

② 收付款申请人、批准人、会计记录、出纳、稽核岗位分离，不得由一人

办理收付款业务的全过程。

③出纳人员不兼任稽核、会计档案保管和收入、支出、费用、债权债务账目的登记工作。

（2）业务归口办理。

①公司的现金收付款业务由财务部门统一办理，并且只能由出纳办理。

②非出纳人员不得直接接触公司的货币资金。

③银行结算业务只能通过公司开立的结算账户办理。

④收款的收据和发票由财务部门的专人开具。

（3）岗位定期轮换。

①出纳人员3年内必须轮换一次。

②相关的会计岗位原则上3年轮换一次，最长不超过5年。

3.1.2 财务部负责资金筹集、调度、使用、审核。财务部应如实反映货币资金的收付和结存情况，保证货币资金的账实相符，监督货币资金的合理节约使用。同时，建立货币资金业务的岗位责任制，明确相关部门和岗位的职责权限，确保办理货币资金业务的不相容岗位的相互分离、制约和监督。办理货币资金业务，应当配备合格的人员，并根据公司具体情况进行岗位轮换。

3.1.3 建立授权批准制度。企业应当对货币资金业务建立严格的授权批准制度，明确审批人对货币资金业务的授权审批方式、权限、程序、责任和相关控制措施，规定经办人办理货币资金业务的职责范围和工作要求。

（1）授权方式。

①公司对董事会的授权由公司章程规定和股东大会决定。

②公司对董事长和总经理的授权，由公司董事会决定。

③公司总经理对各其他人员的授权，每年年初由公司以文件的方式明确。

（2）权限。可参见公司章程和公司内部授权文件。

（3）批准和越权批准处理。

①审批人根据货币资金授权批准制度的规定，在授权范围内进行审批，不得超越审批权限。

②经办人在职责范围内，按照审批人的批准意见办理货币资金业务。

③对于审批人超越授权范围审批的货币资金业务，经办人有权拒绝并应拒绝办理，并及时向审批人的上级授权部门报告。

3.2 付款业务流程及控制要求

付款业务流程如下图所示（见下页）。

3.2.1 支付申请。用款经办人办理支付申请事项，要求：

（1）填写付款申请单，注明款项的用途、金额、预算、支付方式等。

```
        ┌──────────────┐
        │  填制申请单  │------┐
        └──────┬───────┘      │ 申
               ↓              │ 请
        ┌──────────────┐      │ 部
        │   主管审批   │------┤ 门
        └──────┬───────┘      │
               ↓              │
        ┌──────────────┐      │
    ┌---│   审批人审批 │      │
    │   └──────┬───────┘      │
  申│          ↓              │
  请│   ┌──────────────────┐  │
  部│   │制单员制作付款凭证│  │
  门│   └──────┬───────────┘  │
    │          ↓              │
    │   ┌──────────────┐      │
    │   │稽核员进行稽核│      │
    │   └──────┬───────┘      │
    │          ↓                        ┌──────────┐
    └-->┌──────────────┐─────────────→ │记账员记账│
        │ 出纳办理付款 │                 └────┬─────┘
        └──────┬───────┘                      │
               ↓                              ↓
        ┌──────────────┐               ╱─────────────╲
        │   出纳记账   │              │   明细账     │
        └──────┬───────┘              │   总账       │
               ↓                       ╲─────┬───────╱
          ╱─────────╲                        │
         │ 银行存款 │                         │
         │   现金   │------→ ┌──────────────┐ │
          ╲─────────╱       │ 主管会计核对 │←┘
                            └──────────────┘
```

付款业务流程图

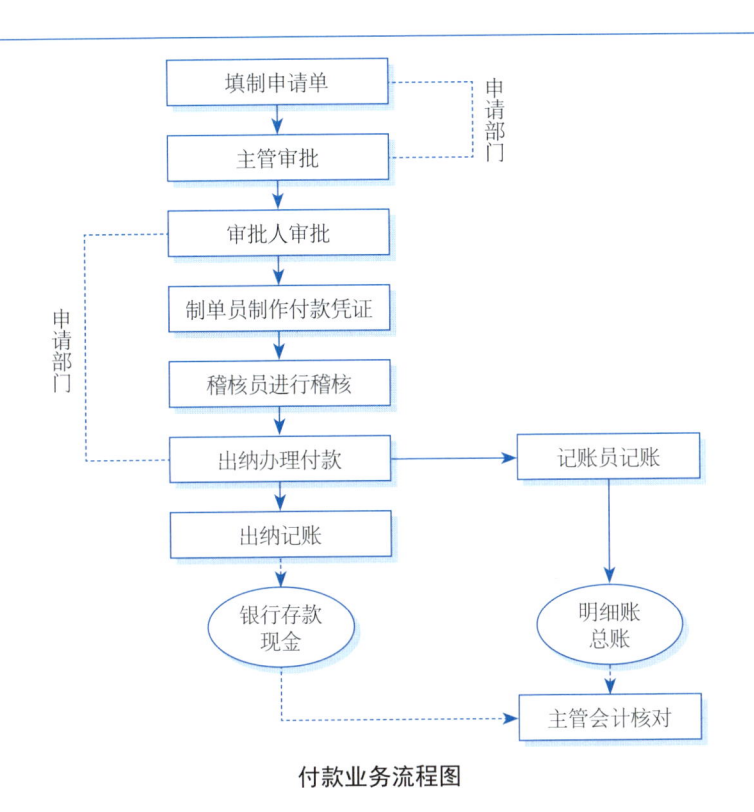

（2）附相关附件：计划、发票、入库单等。需经股东大会、董事会批准的事项，必须附有股东大会决议、董事会决议。

（3）由经管部门的经管人员办理申请。

（4）××元以上现金支付须提前1天通知财务部门。

3.2.2 支付审批。

（1）申请部门主管。

①核实该付款事项的真实性，对该项付款金额的合理性提出初步意见。

②对有涂改现象的发票一律不审核。

③对不真实的付款事项拒绝审核。

（2）核决人。

①在自己核决权限范围内进行审批。

②对超过自己核决权限范围的付款事项审核后转上一级核决人审批。

③对有涂改现象的发票一律不审批。

④对不符合规定的付款拒绝批准。

3.2.3 支付复核。

（1）制单员。

①复核支付申请的批准范围、权限是否符合规定。

②审核原始凭证包括日期、收款人名称、税务监制章、经济内容等要素是否完备。

③手续和相关单证是否齐备。

④金额计算是否准确。

⑤支付方式是否妥当。元以上的单位付款应采用银行结算方式支付。

⑥收款单位是否妥当。收款单位名称与合同、发票是否一致。

（2）稽核员。

①复核制单员的账务处理是否正确。

②对制单员复核的内容再复核。

③审核付款单位是否与发票一致。

④复核后直接交出纳办理支付。

3.2.4 办理支付。支付工作由出纳来办理，其具体要求为：

（1）对付款凭证进行形式上的复核。

①付款凭证的所有手续是否齐备。

②付款凭证金额与附件金额是否相符。

③付款单位是否与发票一致。

（2）出纳不能保管所有预留银行印鉴。

（3）现金支付有他人复点或至少复点两次；开出的银行票据有他人复核。

（4）非出纳人员不得接触库存现金和空白票据。

（5）付款后在付款凭证及附件上盖上"付讫"章。

3.2.5 核对。核对工作由主管会计来完成。

（1）总账与现金、银行存款账核对。

（2）总账与明细账核对。

（3）编制银行存款余额调节表，对未达账项核实，并督促经办人在10日内处理完毕。

（4）与银行定期核对余额和发生额。

（5）每月不定期对现金抽点2次。

3.3 收款业务流程及控制要求

收款业务流程如下图所示（见下页）。

3.3.1 经济业务办理。业务承办人要做好以下事项：

（1）按公司的业务操作规程进行商洽、签订合同等。

（2）按公司授权由被授权人批准交易价格、折扣方式及比例等。

（3）与财务部门商定或按财务部门规定确定结算方式和付款期。

```
            承办部门 ------> 经济业务办理
                              |
                              v
                          开票员开票
                         /         \
                        v           v
                   办理收款前手续    制单员制单
                        |              |
                        v              v
                     出纳收款       稽核员稽核
                        |              |
                        v              v
                      记 账         记账员记账
                        |              |
                        |              v
                        +--------> 主管会计核对
```

收款业务流程

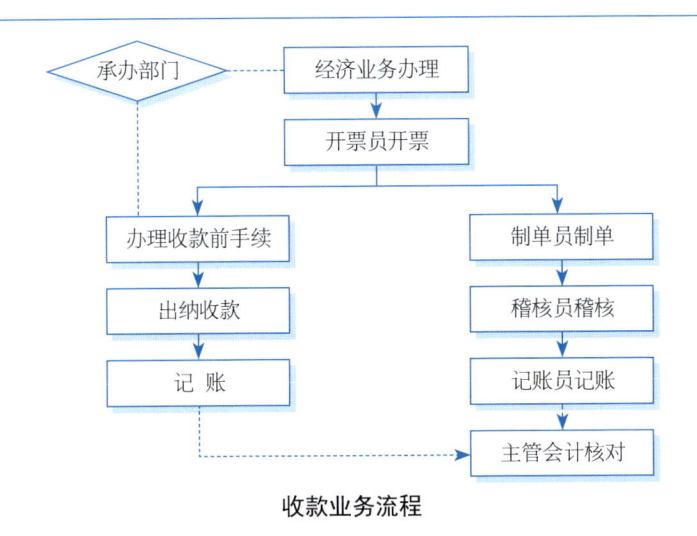

（4）开具业务凭单如发货单等并送交发票员开票。

3.3.2 开具发票。由开票员负责，具体要求为：

（1）按公司规定领用、保管发票和收据。

（2）开具规范，填写内容完整，内容真实。

（3）发票开具后，由另一人审核。

（4）下班前汇总、打印收据、发票开具清单，并附记账联报送销售会计。

（5）发票联、税务抵扣联移送业务承办人，并办理签收手续。

3.3.3 办理收款前手续。由业务承办人负责，具体要求为：

（1）催收应收款项。

（2）通知交款人付款。

①告知交款人到财务部门交款。

②受理结算票据或告知交款人到银行进账。

③辨别真假。

（3）登记结算票据受理登记簿，向财务部门移交结算票据并办理移交手续。

3.3.4 收款。由出纳负责，具体要求为：

（1）接受业务承办人移交的结算票据。

（2）对受理的结算票据难辨其真伪时，及时送交银行鉴别。

（3）登记结算登记簿，妥善保管结算票据。

（4）办理银行票据结算或贴现手续。

（5）验证收取现金并送交银行。

（6）将收款通知单送交制单员，告知相关部门。

（7）编制收款周报表，分送相关部门。

（8）收款后在收款凭证及附件上盖上"收讫"章。

3.3.5 制单。由制单员负责，具体要求为：

（1）对发票、收据进行审核，审核其完整性。

（2）对发票、收据的记账联及时进行账务处理。

（3）对收款通知单进行审核并及时进行账务处理。

① 审核收款日期与合同是否相符。

② 审核收款金额发票与应收款余额是否相符。

（4）审核收款方式是否合适。

（5）审核折扣审批者是否超过其权限。

3.3.6 稽核。由稽核员负责，具体要求为：

（1）复核制单员的账务处理是否正确。

（2）对制单员复核的内容再复核。

（3）抽查核实收款凭证与对账单等是否相符。

3.3.7 记账。由记账员负责，会计电算系统在凭证稽核后自动记账。

3.3.8 核对。由主管会计负责，具体要求为：

（1）总账与现金、银行存款日记账核对。

（2）总账与明细账核对。

（3）编制银行存款余额调节表，对未达账项核实，并督促经办人在10日内处理完毕。

（4）与银行定期核对余额和发生额。

（5）每月不定期对现金抽点2次。

3.4 现金管理。

3.4.1 现金收取。

（1）现金收取范围包括：销售的零星货款和零星劳务外协加工收入；公司员工或外单位结算费用后补交的余额款；不能通过银行结算的经济往来收入；暂收款项及其他收入。

（2）收取的现金当天由出纳解交银行。

3.4.2 现金支付。

（1）现金支付的范围包括员工工资、奖金、津贴；个人劳务报酬；根据国家规定颁发给个人的科学技术、文化艺术、体育等各种奖金；各种劳保、福利费用以及国家规定对个人的其他支出；向个人收购物资的价款支出；出差人员必须随身携带的差旅费；结算起点（××元）以下的零星支出；确实需要支付现金的其他支出。

（2）凡不符合上述现金支付范围的支出，均通过银行办理结算。

3.4.3 现金保管。

（1）公司的现金只能由出纳员负责保管。

（2）存放现金保险箱（柜）的存放地点的门窗必须设有金属安全栏，保险箱（柜）加装安全报警装置。

（3）公司现金出纳和保管的场所，未经批准不得进入。

（4）由基本户开户银行核定现金库存限额，出纳员在每天下午4：00前预结现金数额，每日的现金余额不得超过核定的库存限额，超过部分，及时解交银行。

（5）出纳保险柜内只准存放公司的现金、有价证券、支票等，不能存放个人和外单位现金（不包括押金）或其他物品。

（6）出纳保险柜的钥匙和密码只能由出纳员掌管，不得将钥匙随意乱放，不得把密码告诉他人。

（7）出纳员离开出纳场所，必须在离开前将现金、支票、印鉴等放入保险柜并锁好。

（8）出纳人员变更，新的出纳员必须及时变更保险柜密码。

（9）公司向银行提取现金时，必须有2人同行或派车办理。

（10）出纳人员应每天对现金进行盘点，并保证账实相符，财务部门主管每月至少应对出纳的现金抽点两次，并填写抽查盘点表。

3.4.4 现金结算。

（1）出纳员办理现金付出业务，必须以经过审核的会计凭证作为付款依据，未经审核的凭证，出纳有权拒付。

（2）对于违反财经政策、法规及手续不全的收支有权拒收、拒付。

（3）对于发票有涂改现象的一律不予受理。

（4）现金结算只能在公司规定的收支范围内办理，企业之间的经济往来均须通过银行转账结算。

（5）借支备用金、报销等需支取现金××元以上的领取人，须提前1天通知出纳员；提取现金额达到或超过银行规定需预约金额的，出纳员应提前1天与银行预约。

（6）发现伪造变造凭证、虚报冒领款项，应及时书面报告财务负责人，金额超过××元以上者，应同时书面报告总经理。

（7）及时、正确地记录现金收付业务，做到现金账日清月结，账实相符。

（8）严格遵守现金管理制度，出纳员及公司其他人员不得有下列行为：

① 挪用现金。

②"白条抵库"。

③"坐支"现金。

④ 借用外单位账户套取现金。

⑤ 谎报用途套取现金。

⑥ 保留账外公款。

⑦ 公款私存。

⑧ 设立小金库。

⑨ 其他违法违纪行为。

3.5　银行存款管理

3.5.1　账户开设和终止。

（1）公司统一由财务部门在银行开立基本账户、一般存款账户、临时存款账户和专用存款账户，并只能开设一个基本存款账户。

（2）公司需要开设账户及选择银行开设账户，由财务部门提出申请，报财务部经理批准。

（3）公司已开设的银行账户需要终止时，由财务部门提出申请，报财务部经理批准。

（4）公司各事业部的银行账号的开设和终止由公司财务部办理。

3.5.2　银行印章管理。

（1）银行印章至少须有以下两枚：

① 公司财务专用章。

② 公司法人代表人名章（或财务部经理人名章）。

（2）银行印章保管。

① 财务专用章和法人代表人名章（或财务部经理章）由财务部门 1 名主管保管。

② 出纳人名章由出纳员保管。

③ 银行印章不用时应存放在保险柜中。

（3）不得乱用、错用银行印章，不能将银行印章提前预盖在空白支票等结算票据上。

3.5.3　结算纪律。

（1）银行账户由出纳管理。

（2）除按规定可用现金结算外的经济业务外，均采用银行转账结算。

（3）银行结算票据如支票、汇票等由出纳统一签发和保管，签发支票须写明收款单位名称、用途、大小金额及签发日期等，加盖银行预留印章后生效，付款用途必须真实填写。

（4）办理银行结算业务必须遵守银行规定，正确采用各种结算方式，结算凭证的附件必须齐全并符合规定。

（5）及时正确地办理银行收付款结算业务。

（6）一般不签发空白支票，特殊情况由财务部经理批准。

（7）不得利用银行账户代替其他部门和个人办理收付款事项，不得租赁或转让银行存款账户，不得签发空头支票，不得签发远期支票。

（8）对于违反财经政策、法规、公司规定及手续不完善的收支拒绝办理。

（9）出纳每月定期与银行核对账目，发现差错及时更正，每月终了3个工作日内由会计主管到银行拿取银行对账单，并编制"银行存款余额调节表"，未达账项由会计主管和出纳督促经办人在10日内处理完毕。

3.6 票据管理

3.6.1 结算票据的购买、保管由出纳员负责，空白票据和未到期的票据必须存入保险柜。

3.6.2 购买或接受票据后，立即登记到票据登记簿上。

3.6.3 业务部门接到票据后应立即将票据解送银行或移交出纳员，票据到达公司后在业务部门不过夜。

3.6.4 票据贴现或到期兑现后，以及签发票据，出纳员应在票据登记簿内逐笔注明或注销。

3.6.5 出纳必须每天对票据登记簿进行清理核对，保证票据在有效期内或到期日能正常兑现。

3.6.6 银行承兑汇票、商业承兑汇票的接受、背书转让、换新、签发必须经财务部经理批准，贴现必须经过总经理批准或由总经理授权财务部经理审批。

3.6.7 票据的签发、背书转让须严格按银行规定办理。

3.6.8 票据被拒绝承兑、拒绝付款，出纳员必须立即查明原因并在第一时间报告财务部经理，并通知业务经办人，采取相应补救措施。

3.6.9 票据发生丢失，丢失人应立即向财务部门报告，财务部门经理应立即派出纳办理挂失止付手续，同时在3日内按规定派人向法院申请办理公示催告手续。

3.7 货币资金收支计划、记录及报告

3.7.1 公司的财务收支计划由财务部经理负责汇总、编制、报审和下达。

（1）公司各部门及用款部门每月月度终了前2天向财务部报送资金收支计划。

（2）财务部经理每月月度终了前一天将公司各部门及用款部门的收支计划进行汇总，报总经理。

（3）公司出现重大资金调度时，由总经理主持召开资金调度会，平衡调度资金。

（4）财务部经理将批准的资金收支计划下达各部门及用款部门。

3.7.2 公司资金使用由财务部经理根据资金收支计划予以安排，并按本制度规定的审批权限予以审批。

3.7.3 资金收支计划不能实现时，由财务部经理会同相关部门查明原因，并提出调整计划报总经理批准。

3.7.4 资金使用部门出现追加付款事项，需要追加支出计划，必须提前3天提出资金支出增加计划，报财务部经理审核，由财务部经理提出调整计划报总经理批准。

3.7.5 出纳人员每天下班前必须将当日发生的货币收支业务发生额及余额报告财务部经理，每周完了的次周星期一向财务部经理和总经理报送货币资金变动情况表。

3.8 损失责任

3.8.1 付款申请人虚构事实或夸大事实使公司受到损失，负赔偿责任并承担其他责任。

3.8.2 部门主管审核付款申请，未查明真实原因或为付款申请人隐瞒事实真相或与付款申请人共同舞弊，使公司受到损失，负连带赔偿或赔偿责任，并承担其他责任。

3.8.3 审批人超越权限审批，或对明知不真实的付款予以审批，或共同作弊对公司造成损失，负连带赔偿责任或赔偿责任，并承担其他责任。

3.8.4 制单员、稽核员、出纳员对明知手续不健全或明知不真实的付款予以受理或共同舞弊，使公司受到损失，负连带赔偿责任或赔偿责任，并承担其他责任。

3.8.5 出纳人员未按时清理票据，票据到期未及时兑现造成损失，由出纳承担赔偿责任。

3.8.6 由于未遵守国家法律、法规和银行的有关规定，致使公司产生损失或责任，由责任人承担损失或责任，由其上一级主管承担连带责任。

3.8.7 承担其他责任是指承担行政责任和刑事责任。

拟定		审核		审批	

二、固定资产内部控制制度

标准文件		固定资产内部控制制度	文件编号	
版次	A/0		页次	

1. 目的

为规范固定资产的管理行为，防范固定资产管理中的差错和舞弊，保护固定资产的安全、完整，提高固定资产使用效率，特制定本制度。

2. 适用范围

适用于公司的固定资产管理。

3. 权责部门

3.1 使用部门

提出固定资产的购置、大修申请；负责固定资产的保管、日常维修、维护和保养；提出固定资产处置申请；建立本部门的固定资产台账。

3.2 采购部门

提出固定资产购置预算；下达固定资产购置计划；组织固定资产验收；办理固定资产处置和转移；建立固定资产台账和卡片；组织编制固定资产目录。

3.3 财务部门

建立固定资产台账；对固定资产进行会计核算；参与固定资产的验收、检查、处置和转移工作；每年年底组织固定资产盘点。

3.4 审计部门

对采购或建造合同进行审计；参与固定资产的验收、检查、处置和转移工作。

4. 管理规定

4.1 固定资产的标准与分类

4.1.1 固定资产标准：为生产商品、提供劳务、出租或经营管理而持有的；使用寿命超过一个会计年度。

4.1.2 固定资产分类：房屋及建筑物；通用及专用设备；运输设备。

4.2 固定资产计价。

按照取得时的成本进行初始计量。

4.3 固定资产核算

4.3.1 财务部负责公司固定资产的核算。财务部在总分类账中设置"固定资产"一级科目，并相应建立固定资产明细分类账，设备部应设立明细账和卡片，做到账、卡、物相符。

4.3.2 固定资产的管理。设备部负责通用及专用设备、办公室负责房屋及建筑物、采购部负责运输设备的论证、购置、安装、调试、验收、维修以及内部转移、封存、启封，旧设备的报废、清理、回收等工作。

4.3.3 固定资产增加的核算。

（1）投资人投入的固定资产。一方面反映固定资产增加；另一方面要反映投资人投资额的增加。

（2）基建新增加固定资产。包括新建、改建工程移交使用的房屋建筑物。一般项目由施工单位、负责基建部门、财务部和接受使用部门负责人共同验收。验收合格才能交付使用，并由基建部门填制"固定资产投产使用单"作为财务入账依据。

（3）购入的固定资产。包括属于技改购入的设备以及本公司自制设备，安装完工后，由施工方组织设备部、财务部及使用部门共同参加验收。经验收合格后的手续同上。

（4）自制、自建的固定资产。企业自制、自建的固定资产经通过"在建工程"科目核算，完工时，从该科目转入"固定资产"科目。

4.3.4 固定资产减少的核算。

（1）各种设备的报废由设备部办理有关手续，即由设备部提出申请，并对报废设备进行评价、使用部门证明、财务部签字，经总经理批准后执行。

（2）有偿调拨设备、变价出售，先由设备部提出处理意见，会同财务部、使用部门提出方案，一般设备经总经理批准后处理；关键设备、成套设备或重要建筑物须报董事会审批后进行处理，单项资产处置金额超过资产处置行为发生时公司净资产的××%时，应报股东大会批准，并进行相应会计处理。

（3）各种设备出厂，一律由设备部签发出厂证，并经财务部盖章，门卫方可放行。

4.4 固定资产折旧管理

4.4.1 折旧方法。固定资产折旧采用直线法，并按固定资产预计使用年限和预计××%的残值率确定其分类和折旧率，如下表所示。

固定资产折旧表

类别	适用年限（年）	年折旧率（%）
房屋、建筑物	30	3.23
通用设备	10	9.7
专用设备	10	9.7
运输设备	8	12.12

4.4.2 折旧的核算。财务部负责对固定资产提取折旧的核算，并在总分类账中设置"累计折旧"科目，通过编制"固定资产折旧计算表"来进行核算。

4.5 固定资产取得与验收控制。

4.5.1 固定资产投资预算管理。

（1）公司固定资产投资预算的编制、调整、审批、执行等环节，按《公司预算管理实施办法》执行。

（2）公司根据发展战略和生产经营实际需要，并综合考虑固定资产投资方向、规模、资金占用成本、预计盈利水平和风险程度等因素编制预算。

（3）在对固定资产投资项目进行可行性研究和分析论证的基础上合理安排投资进度和资金投放。

4.5.2 固定资产外购业务流程及控制要点。固定资产外购业务流程如下图所示。

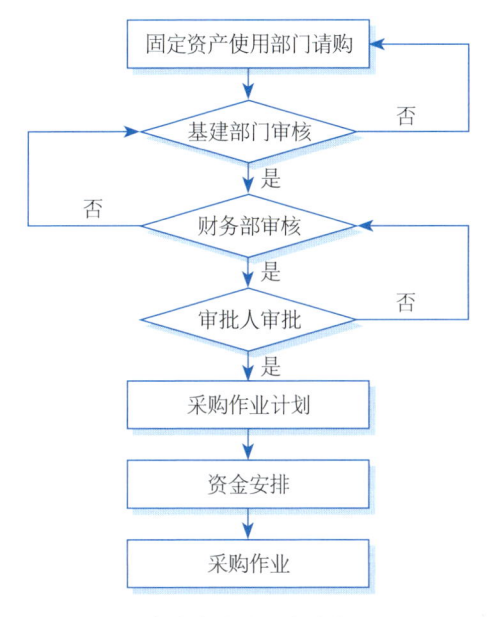

固定资产外购业务流程图

（1）采购申请。由固定资产使用部门书面提出采购申请，请购申请的固定资产，年初列入年度预算；要求采购项目已经可行性论证并且可行；对请购的固定资产的性能、技术参数有明确要求。

（2）审核。审计部门负责核实采购申请是否列入年度预算，按相关制度进行合同审计。审计部门对采购合同（××元以上）进行事前审计，未经审计，采购部门不得进行采购作业。

（3）审批。由相关审批人按照公司授权，在授权范围内审批；审批时应充分考虑审核部门的意见，未经审核的采购项目不予审批。

（4）采购作业计划。采购部门负责采购作业计划的制订与下达。
① 未经批准的项目和越权批准的项目不予下达采购作业计划。
② 采购计划一式三份，财务、采购、仓库各一份。
③ 采购作业计划须经授权批准人批准。

（5）资金安排。财务部根据采购作业计划准备资金，未经批准的采购项目不予安排资金。

（6）采购作业。采购作业由采购部门执行。

① 严格按采购作业计划书规定的规格、型号、技术参数采购。
② 除特殊采购项目外，必须有3家以上的预选供应商。
③ 比价采购或招标采购。
④ 必须签订采购协议，并经审计部门审计。

4.5.3 紧急采购。

（1）紧急采购必须由总经理或授权审批人批准。

（2）紧急采购不属于须经股东大会或董事会批准的采购项目。

（3）未经总经理或授权审批人批准，采购部门不得采购。

4.6 固定资产验收和交付使用

4.6.1 固定资产验收。

（1）固定资产验收由基建部门会同采购部门、使用部门、财务部门、审计部门组成验收小组，区别固定资产的不同取得方式进行验收工作。

（2）对外购固定资产，验收小组应按照合同、技术交底文件规定的验收标准进行验收；对重要设备验收，必须有供应商派员在场时，方能开封验收；验收不合格时，及时通知供应商，并由基建部门组织相关人员与供应商协商退货、换货、索赔等事项。

（3）验收固定资产时，由基建部门出具验收报告，并与购货合同、供应商的发货单及投资方、捐赠方等提供的有关凭据、资料进行核对。

（4）在办理固定资产验收手续的同时，基建部门应完整地取得产品说明书及其他相关说明资料。

4.6.2 固定资产交付使用。

（1）经验收合格的固定资产，由基建部门填制固定资产交接单一式三份，基建部门、财务部门、使用部门各一份，作为登记固定资产台账和建立固定资产卡片的依据。

（2）对于经营性租入、借用、代管的固定资产，公司设立备查登记簿进行专门登记，避免与公司的固定资产相混淆。

4.7 固定资产购置付款

按公司《货币资金内部控制流程规范》的有关规定办理。

4.8 固定资产的日常管理控制

4.8.1 固定资产账卡设置。

（1）固定资产目录册。公司固定资产管理部门（基建部门）会同财务部门以及相关部门，编制固定资产目录册，在目录册中明确固定资产编号、名称、类别、规格、型号，以及折旧年限、折旧方法、预计残值等，目录册经董事会批准后，不得随意改变，并备置于公司本部。

（2）固定资产台账和卡片。

① 公司财务、管理部门、使用部门分别设置固定资产登记簿和卡片，反映固定资产编号、名称、类别、规格、型号、购置日期、原始价值等资料。

② 公司管理部门与使用部门、财务部门定期核对相关账簿、记录、文件和实物，发现问题，及时地向上级报告和处理，以确保固定资产账账、账实、账卡相符。

4.8.2 对固定资产实行"定号、定人、定户、定卡"管理。

（1）定号管理。固定资产管理部门（基建部门）负责编制固定资产目录，对每个单项固定资产都分类、分项统一编号，并制作标牌固定在固定资产上。

（2）定人保管。根据"谁用，谁管，谁负责保管维护保养"的原则，把固定资产的保管责任落实到使用人，使每个固定资产都有专人保管。

（3）定户管理。以每个班组或部门为固定资产管理户，设兼职固定资产管理员，对班组、部门的全部固定资产的保管、使用和维护保养负全面责任。

（4）定卡管理。以部门班组为单位，为每个固定资产建立固定资产保管卡，记录固定资产的增减变动情况。调入增加时，开立卡片，登记固定资产的调入日期、调入前的单位、固定资产的统一编号、主机和附件名称、规格及型号、原始价值和预计使用年限，以及开始使用的日期和存放的地点。调出时，登记固定资产的调出日期、接受单位和调令编号，并注销卡片。

4.8.3 固定资产的维修保养。

（1）公司基建部门会同生产部门以及相关部门制定固定资产维修保养制度，保证固定资产正常运行，控制固定资产维修保养费用，提高固定资产使用效率。

（2）保管部门和操作人员定期对固定资产进行检查、维护和保养，公司基建部门会同生产部门定期对固定资产的使用、维修和保养情况进行检查，及时消除安全隐患，降低固定资产故障率和使用风险。

（3）固定资产需要大修，由使用部门提出申请，固定资产管理部门（基建部门）、生产技术工艺部门、使用部门、财务部门共同组织评估，提出修理方案，经授权审批人审批后，由固定资产管理部门组织实施。固定资产大修验收由固定资产管理部门、使用部门、生产技术部门、财务部门共同组织。

（4）固定资产维修（包括大修）保养费用，纳入公司年度预算，并在经批准的预算额度内执行。

（5）公司定期组织对新设备的操作人员、设备的新操作人员进行培训以及对操作人员定期进行技术考核，以降低固定资产的操作使用风险。

4.8.4 固定资产投保。

（1）投保范围。

① 公司固定资产在取得之后尚未投保且具有损失危险的，应办理保险或附加保险；对于不易发生损失危险的，在报请公司领导批准之后可不予投保。

② 已办理保险但其受益人变更时，须办理变更手续。

③ 当固定资产作为抵押品时，认定不易发生损失危险因而未予投保的，如果债权人要求投保，仍应该予以投保。

（2）投保办理单位。

① 申请部门：固定资产管理部门。

② 审核部门：财务部门。

③ 经办部门：固定资产管理部门、财务部门。

（3）投保手续。

① 固定资产管理部门根据领导批准的投保项目，提出投保申请。

② 财务部接受投保申请经审核后，填制投保书，向保险公司办理投保手续。

③ 财务部在订立保险合同之后，保单自存，保单副本两份连同收据送固定资产管理部门核对后，一份留存，另一份连同收据留财务部门据以付款。如果投保的固定资产因提供抵押而必须办理受益人转移时，则保单正本交债权人收存。

4.8.5 固定资产清查盘点。

（1）盘点方式。

① 每年年终时由财务部门会同固定资产管理部门、固定资产使用部门组成清查盘点小组，对公司的所有固定资产进行一次全面盘点，根据盘点结果详细填写"固定资产盘点报告表"，并与固定资产账簿和卡片相核对，发现账实不符的，编制"固定资产盘盈盘亏表"并及时作出报告。

② 公司财务部、固定资产管理部门在年中应不定期对固定资产进行抽点检查。

（2）人员分工：使用部门为盘点人、财务部门为会点人、管理部门为复点人。

（3）盘点程序。

① 财务部依据固定资产目录拟订盘点计划。

② 使用部门与管理部门做好盘点前的准备。

③ 盘点人员现场实地盘点，编制"固定资产盘点报告表"一式三份，一份交使用部门、另一份交管理部门、第三份由财务部呈报总经理核准后作为账务处理依据。

④ 财务部经账实核对后，编制"固定资产盘盈盘亏表"，计算盘盈、盘亏结果，并将结果反馈给使用部门和管理部门。

⑤ 使用部门对盈亏差异进行分析，找出原因，分清责任，形成书面报告，由管理部、财务部出具意见后，报授权审批人审批。

⑥ 财务部依据审批人的审批意见，进行相关账户调整。

4.8.6 固定资产使用状态变动。

（1）公司启封使用固定资产或将固定资产由使用状态转入转存状态，须履行审批手续。

（2）公司改变固定资产状态并变更固定资产保管地点的，固定资产管理部门、财务部门、保管部门应在固定资产登记簿进行登记。

4.9 固定资产处置和转移控制

4.9.1 固定资产处置。

固定资产处置业务流程如下图所示。

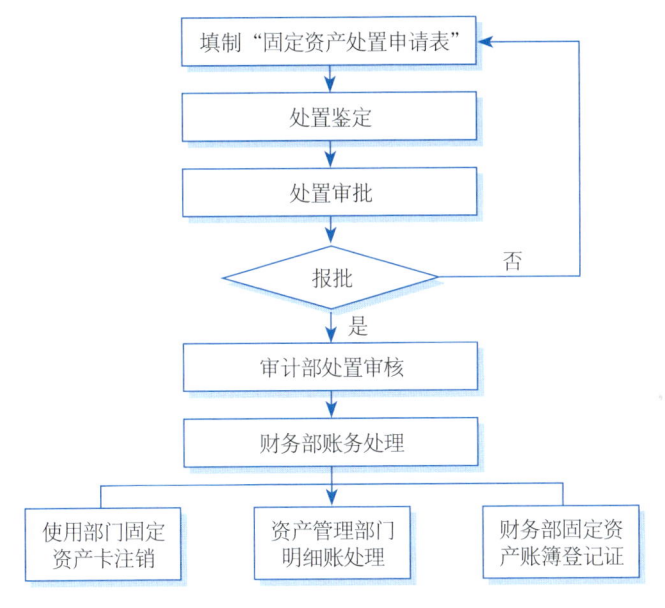

```
        填制"固定资产处置申请表" ←──┐
                ↓                    │
             处置鉴定                 │
                ↓                    │
             处置审批                 │
                ↓                    │
             ◇ 报批 ◇ ── 否 ─────────┘
                ↓ 是
           审计部处置审核
                ↓
           财务部账务处理
          ┌─────┼─────┐
          ↓     ↓     ↓
    使用部门固定  资产管理部门  财务部固定
    资产卡注销   明细账处理   资产账簿登记证
```

固定资产处置业务流程图

（1）处置申请。公司根据固定资产的实际情况和不同类别，由相关部门提出建议或报告，固定资产管理部门填制"固定资产处置申请表"。

① 对使用期满正常报废的固定资产，应由固定资产管理部门填制"固定资产报废单"，经授权部门或人员批准后进行报废清理。

② 对使用期未满，但不能满足生产要求，需要报废或提前处置的固定资产，由使用部门提出书面报告，管理部门组织鉴定，经授权部门或人员批准后进行报废或处置。

③ 对未使用、不需用的固定资产，应由固定资产管理部门提出处置申请，经授权部门或人员批准后进行处置。

④ 对拟出售或投资转出的固定资产，应由有关部门或人员填制"固定资

处置申请表",经单位授权部门或人员批准后予以出售或转作投资。

（2）处置鉴定。由固定资产管理部门根据有关部门提出的固定资产处置申请报告，组织有关部门的技术专业人员对处置的固定资产进行经济技术鉴定，填制"固定资产处置申请表"，确保固定资产处置的合理性。

（3）处置审批。公司根据权限对固定资产管理部门上报的"固定资产处置申请表"进行审查，并签署意见。

（4）处置审核。

① 公司审计部在处置前会同相关部门或人员对固定资产的处置依据、处置方式、处置价格等进行审核，重点审核处置依据是否充分、处置方式是否适当、处置价格是否合理。

② 财务部在处置后根据审批人批准的呈批表，认真审核固定资产处置凭证，检查批准手续是否齐全、批准权限是否适当等，审核无误后据以编制记账凭证，进行账务处理。

（5）公司财务部、审计部应参与固定资产的处置过程并对其进行监督。

（6）公司财务部应当及时、足额地收取固定资产处置价款，并及时入账，其他部门不得经手固定资产处置现款。

4.9.2　固定资产出租、出借。

公司出租、出借固定资产，由固定资产管理部门会同财务部拟订方案，经授权人员批准后办理相关手续，签订出租、出借合同。合同应当明确固定资产出租、出借期间的修缮保养、税赋缴纳、租金及运杂费的收付、归还期限等事项。

4.9.3　固定资产内部调拨。

公司内部调拨固定资产，由固定资产管理部门填制"固定资产内部调拨单"，由调入部门、调出部门、固定资产管理部门和财务部门的负责人及有关负责人员签字后，方可办理固定资产交接手续。

拟定		审核		审批	

三、存货管理制度

标准文件		存货管理制度	文件编号	
版次	A/0		页次	

1. 目的

为规范存货管理行为，防范存货业务中的差错和舞弊行为，保护存货的安全、完整，提高存货运营效率，特制定本制度。

2. 适用范围

适用于公司在正常生产经营过程中持有以备出售的,或为了出售仍处在生产过程中的,或将在生产过程或提供劳务过程中耗用的存货管理。

3. 权责部门

3.1 采购部门

受理采购申请,编制采购作业计划;采购作业;收集市场价格。

3.2 仓储部门

数量验收、保管存货;按发货指令(领料单或发货单)发货;对存货的收、发、存进行记录和报告。

3.3 财务部门

参与制定存货管理政策;参与重大采购合同的签订、采购招标工作;及时地对存货进行会计记录;审查采购发票,正确计算存货成本;参与存货盘点,抽查保管部门的存货实物记录。

3.4 审计部门

对存货的采购合同进行审计。

4. 管理规定

4.1 存货的分类

存货包括原材料、低值易耗品、在产品、半成品、产成品等。

4.1.1 原材料。它是指用于制造产品并构成产品实体的购入物品,以及购入的供生产耗用的不构成产品实体的辅助性材料,包括原辅材料、外购件、修理用配件、包装材料等。

4.1.2 低值易耗品。它是指使用年限短、价值低、易损耗,不作为固定资产管理的各种劳动资料。

4.1.3 在产品。它是指生产过程尚未全部结束正在生产中的产品。

4.1.4 半成品。它是指已经过一定生产过程并已检验合格交付半成品仓库,仍需继续加工的中间产品。可以深加工为产成品,也可单独对外销售。

4.1.5 产成品。它是指企业加工生产过程结束,符合质量技术要求,验收入库,可以对外销售的产品。

4.2 存货的计价

4.2.1 存货按照取得时的实际成本进行初始计量,期末存货按照成本与可变现净值孰低计量。

4.2.2 原材料、库存商品发出时采用加权平均法核算,低值易耗品采用领用时一次摊销法核算。

4.2.3 本公司存货盘存采用永续盘存制。

4.2.4 期末,按照单个存货成本高于可变现净值的差额计提存货跌价准备,计入当期损益;以前减记存货价值的影响因素已经消失的,减记的金额应当予以恢复,并在原已计提的存货跌价准备金额内转回,转回的金额计入当期损益。对于数量繁多、单价较低的存货,按存货类别计提存货跌价准备。

4.2.5 可变现净值按存货的估计售价减去至完工时估计将要发生的成本、估计的销售费用以及相关税费后的金额确定。

4.3 存货的核算

4.3.1 财务部应在总分类账中设置"材料采购""原材料""低值易耗品""委托加工材料""自制半成品""产成品""燃料"和"包装物"等一级科目,并相应设置明细分类账,实行价值量、实物量的核算。

4.3.2 各有关责任部门应按存货类别设置明细账,进行实物量的核算。月终,各部门的存货明细分类账余额应与财务总分类账中的有关一级科目余额核对相符。

4.4 存货的入库管理

4.4.1 各类采购物资的入库,必须具备下列条件:

(1)持有按规定审批的准购单和税制发票。

(2)按规定需持有本公司质检部出具的检验合格报告,有特殊规定的应附生产厂家质保单。大宗物资需附委外检定的计量磅码单。

4.4.2 具备入库条件的由各仓管员对其所管辖的物资,按照准购单、税制发票,认真核对品名、规格、数量、金额,确认正确一致方可办理入库手续。经办人员必须持有办理仓库入库单的税制发票才能到财务部门进行报账。

4.4.3 完工自制半成品、产成品的入库,需经质检部门出具检验合格报告,经办人员填写入库单,写明入库产品的品名、规格、型号、实际数量。仓管员必须认真清点入库产品,核对入库产品的品名、规格、型号、实际数量,核对无误才能签字办理入库手续。如有不符,应会同经办人员及时查明原因、及时更正。

4.5 存货的发出管理

4.5.1 产成品的发出程序。由市场部业务人员根据客户需求和合同订单情况,依据仓库库存产品库存量,开具提货单,报部门负责人审核,总经理签批。提货单一式四联,第一联交仓库提货,第二联交质检部门申请对拟发出货物进行质检,第三联交保安室作为出门证,第四联留存。仓库收到提货联和质检合格联后,开具出库单和送货单发货。送货单需要客户回签,作为运输费用的结算凭证和收取货款的凭据。发出商品按《发出商品管理制度》执行。

4.5.2 原辅材料、包装物、低值易耗品、劳保用品、五金工具、设备维修材料等各类物资的领用程序由经办人开具领料单,并按规定办理签字审批手续,仓管员按领料单开具的物资品名、规格型号、品种、数量发料。期末未用完的物资、材料必须办理退库手续。

（1）各生产车间领用各类原材料、辅助材料、产品包装材料、五金机电、设备维修备品备件，由各车间负责人审批签字。工具机电等物资的领用必须在备品备件库办理领用登记手续。组合车间领用原材料、辅助材料由工艺员审核，车间主管签批。

（2）技术部、质检部领用原辅材料、备品备件，由部门负责人签批。

（3）行政、后勤领用办公用品、备品备件、低值易耗品等物资，由办公室主任审批签字。低值易耗品要建立台账，落实专人负责，并对所管辖物品统一编号、定期与使用部门核对账物。

（4）劳动保护用品的发放由保安部负责人审批签字。

（5）工程物资由行政部根据工程需要填写领料单，并经分管领导审批签字。

4.5.3 对外捐赠和对外投资发出存货。

（1）公司对外捐赠存货，必须按公司授权，经授权审批人审批，有明确的捐赠对象、合理的捐赠方式、可监督检查的捐赠程序，并且签订捐赠协议。

（2）公司运用存货进行对外投资，必须按公司对外投资的规定履行审批手续，并与投资合同或协议等核对一致。

4.6 存货仓储与保管控制

4.6.1 仓储计划控制。公司根据销售计划、生产计划、采购计划、资金筹措计划等制订仓储计划，合理确定库存存货的结构和数量。

4.6.2 存货接触控制。严格限制未经授权的人员接触存货。

4.6.3 分类保管控制。公司对存货实行分类保管，对贵重物品、生产用关键备件、精密仪器、危险品等重要存货的保管、调用、转移等实行严格授权批准，且在同一环节有2人或2人以上同时经办。

4.6.4 安全控制。

（1）公司按照国家有关法律、法规要求，结合存货的具体特征，建立、健全存货的防火、防潮、防鼠、防盗和防变质等措施，并建立责任追究机制。

（2）公司仓储、保管部门建立岗位责任制，明确各岗位在值班轮班、入库检查、货物调运、出入库登记、仓场清理、安全保卫、情况记录等各方面的职责任务，并对其进行检查。

4.6.5 生产现场存货控制。公司生产部门应当加强对生产现场的材料、低值易耗品、半成品等物资的管理和控制，根据生产特点、工艺流程等，生产班组应对转入、转出存货的品种、数量等以及生产过程中废弃的存货进行登记。

4.7 存货盘点

4.7.1 盘点安排。

（1）仓管员每月末自盘。

（2）财务部门存货会计每月抽点。

（3）部门负责人每月抽点。

（4）主管副总经理每季抽点。

（5）不定期抽点。

（6）每年年终结账日公司全面盘点。

4.7.2 自盘。

（1）仓管员每月对自己经管的物资必须自盘一次，库存品种、规格超过100种以上的，可以抽点，抽点比例不低于50%但不少于100种。

（2）自盘时，可要求部门负责人派人协点。

（3）自盘时，发现呆滞物品、变质物品、盘盈盘亏，须填写自盘报告单，并由财务部门派人核实。

4.7.3 抽点。

（1）抽点人随机抽点，抽点比例为20%左右。

（2）抽点时，由仓管员配合，将未办妥手续及代管的货物分开存放，并加以标示。

（3）抽点后，由抽点人填写抽点表，抽点人和仓管员签字认可，发现盈亏，须填写"盘点盈亏汇总表"报总经理。

4.7.4 年终全面盘点。

（1）年终全面盘点由总经理或财务部经理组织，由财务部门制订盘点计划。

（2）盘点人员包括盘点人、会点人、协点人和监盘人。

① 盘点人由盘点小组指定，负责点量工作。

② 会点人由财务部门派员担任，负责盘点记录。

③ 协点人由仓库搬运人员担任，负责盘点时的物资搬运。

④ 监盘人或者由内部审计人员担任，或者由总经理派员或由负责年度会计报表审计的会计师事务所派员担任。

（3）盘点日由公司财务部门在盘点计划中确定。

（4）会点人按实际盘点数详实记录盘点表，由会点人、盘点人、监盘人共同签注姓名、时间；盘点表发生差错更正时，必须由盘点人、监盘人及时签字确认。

（5）盘点完毕后，由财务部将盘点表中的盈亏项目加计金额填列"盘点盈亏汇总表"，并与仓库、生产等部门共同提出分析报告，经财务部经理审核报总经理。

4.7.5 盘盈盘亏处理。

（1）盘盈盘亏金额按公司审批权限规定审批。

（2）财务部门根据审批结果进行账务处理，仓管员根据审批结果调整库存数量和金额。

（3）公司经理办公会议根据盘盈盘亏分析报告和公司的相关规定对责任人员进行处罚。

4.8 存货记录和报告控制

4.8.1 存货实物记录。

（1）公司对存货验收、入库、保管、领用、发出及处置等各环节设置记录凭证，登记存货的类别、编号、名称、规模型号、计量单位数量、单价等内容。

（2）存货管理部门（仓库）必须设置实物明细账，详细登记收、发、存存货的类别、编号、名称、规模、型号、计量单位、数量、单价等内容，并定期与财务部核对。

（3）对代管、代销、暂存、受托加工的存货，单独记录，避免与公司存货混淆。

4.8.2 存货会计记录。

（1）公司财务部门按照国家统一的会计制度的规定，对存货进行及时核算，正确反映存货的收、发、存的数量和金额。

（2）财务部定期与存货管理部门核对存货和存货账，核对不符，须及时查明原因，并报告处理。

4.8.3 存货报告。

（1）仓管员每月末编制"存货动态表"，详细反映存货的收、发、存情况。

（2）存货期已超3个月的存货，仓管员应在"存货动态表"中注明其采购或生产时间、生产厂家、库存原因等。

（3）发现存货盈亏、霉烂变质及6个月以上的呆滞物品等情况，须及时填写报告单，逐级上报到总经理。

拟定		审核		审批	

四、无形资产管理制度

标准文件		无形资产管理制度	文件编号	
版次	A/0		页次	

1. 目的

为规范无形资产的管理行为，避免因违反国家法律法规而遭受的财产损失风险，防范无形资产管理中的差错和舞弊行为，明确职责权限，降低经营决策、资产管理风险，特制定本制度。

2. 适用范围

本制度适用于公司的无形资产管理。

3. 管理规定

3.1 岗位分工与授权批准

3.1.1 不相容岗位分离。

（1）无形资产投资预算的编制与审批分离。

（2）无形资产的采购、验收与款项支付分离。

（3）无形资产处置的申请与审批、审批与执行分离。

（4）无形资产业务的审批、执行与相关会计记录分离。

3.1.2 经办和核算无形资产业务人员的素质要求。

（1）具备良好的职业道德、业务素质。

（2）熟悉无形资产的用途、性能等基本知识。

（3）符合公司规定的岗位规范要求。

3.1.3 部门具体职责。

（1）总经理办公室：审核无形资产购置方案；审核无形资产相关法律文件。

（2）经办部门：提出无形资产购置方案；组织实施无形资产业务取得过程；组织无形资产验收；办理无形资产处置；建立无形资产台账；定期对无形资产的安全、适用性进行检查。

（3）财务部：建立无形资产台账；对无形资产进行会计核算；参与无形资产的验收、检查、处置工作；定期进行无形资产清查盘点；监督、指导管理部门对无形资产的管理。

3.2 无形资产取得与验收控制

3.2.1 无形资产投资预算管理。

（1）公司无形资产投资预算的编制、调整、审批、执行等环节，按《预算控制制度》执行。

（2）公司根据发展战略和生产经营实际需要，并综合考虑无形资产投资方向、规模、资金占用成本、预计盈利水平和风险程度等因素编制预算。

（3）对无形资产投资项目进行可行性研究和分析论证的基础上合理安排投资进度和资金投放。

3.2.2 无形资产外购流程。

无形资产外购流程

业务操作	操作人	内控要求
采购申请	各经办部门	（1）根据年度预算提出请购申请 （2）采购项目已经可行性论证并且可行

续表

业务操作	操作人	内控要求
采购申请	各经办部门	（3）对请购的无形资产的性能、技术参数有明确要求 （4）编制"无形资产购置申请表"
审核	财务部	（1）审核合同条款的合规性 （2）审核财务相关条款的适用性
审批	授权审批人	（1）按照公司授权，在授权范围内审批 （2）审批时应充分考虑审核部门的意见，未经审核的采购项目不予审批

3.2.3 无形资产验收。

（1）外购无形资产。

① 外购无形资产由管理部门组织，按照合同、技术交底文件规定的验收标准进行验收。

② 在办理无形资产验收手续的同时，管理部门应完整地取得产品说明书及其他相关说明资料。

③ 管理部门持发票和相关资料到财务部办理无形资产入账手续。

（2）自制无形资产。

① 自制无形资产制作完成后，由项目负责人向管理部门提出验收申请。

② 自制无形资产由管理部门负责组织验收。

③ 财务部依据制作部门提供的项目验收报告、相关验收单据进行相应的账务处理。

3.3 无形资产的日常管理

3.3.1 无形资产的日常管理。

（1）无形资产的日常管理由财务部和管理部门共同管理。

（2）无形资产管理部门负责根据无形资产的使用状况，及时维护本部门无形资产台账。

（3）无形资产管理台账登记的内容包括：无形资产的名称、规格型号、单位价值、数量、生产厂家、启用时间、使用部门、摊销年限、使用状态。

（4）公司管理部门、财务部定期（至少一年一次）核对相关账簿、记录和文件，发现问题，及时向上级报告和处理，以确保无形资产账务处理和资产价值的真实性。

（5）无形资产管理台账的保管期限为5年。

（6）财务部根据购置合同明确的使用期限与估计使用年限孰低确定无形资产的摊销年限。

所有权归属公司的无形资产均属摊销范围。

3.3.2 无形资产的权利保持。管理部门应保持公司无形资产在寿命时限内的占有权，具体参照《知识产权管理规定》执行。

3.4 无形资产处置和特许使用

3.4.1 无形资产处置。

（1）无形资产处置申请。无形资产不能继续使用时，由管理部门详细填写"无形资产处置申请表"。

（2）处置鉴定。由无形资产管理部门组织有关部门的技术专业人员对预处置的无形资产进行技术鉴定，确保无形资产处置的合理性。

（3）处置审批。根据权限对无形资产管理部门上报的"无形资产处置申请表"进行审查，并签署意见。

（4）处置审计。审计部在处置前会同相关部门或人员对无形资产的处置依据、处置方式、处置价格等进行审核，重点审核处置依据是否充分，处置方式是否适当，处置价格是否合理；财务部在处置后根据审批人批准的呈批表，认真审核无形资产处置凭证，检查批准手续是否齐全、批准权限是否适当等，审核无误后据以编制记账凭证，进行账务处理。

3.4.2 无形资产特许使用。公司特许其他公司使用公司的无形资产，由无形资产管理部门会同财务部拟订方案，经授权人员批准后办理相关手续，签订合同。合同应当明确无形资产特许使用期间的权利义务。

3.5 监督检查

3.5.1 监督检查主体。

（1）监事会：依据公司章程对公司无形资产业务决策的审批进行监督。

（2）审计部：依据公司授权和部门职能描述，对公司无形资产购置、处置的执行合规性进行审计监督。

（3）财务部：依据公司授权，对公司无形资产管理进行监督。

3.5.2 监督检查内容。

（1）无形资产业务相关岗位人员的设置情况。重点检查是否存在不相容职务混岗的现象。

（2）无形资产业务授权批准制度的执行情况。重点检查在办理请购、审批、采购、验收、付款、处置等无形资产业务时是否有健全的授权批准手续，是否存在越权审批行为。

（3）无形资产投资预算制度的执行情况。重点检查购建无形资产是否纳入预算，预算的编制、调整与审批程序是否适当。

（4）无形资产处置制度的执行情况。重点检查处置无形资产是否履行审批手续，作价是否合理。

（5）检查入账依据是否合法、完整。

3.5.3 监督检查结果处理。

（1）不按照上述流程操作，造成无形资产增加、启用、变更、处置不能及时进行处理，按照损失程度承担相应责任。

（2）对监督检查过程中发现的无形资产内部控制中的薄弱环节，公司审计部应当提请有关部门采取措施加以纠正和完善。

| 拟定 | | 审核 | | 审批 | |

五、公司网上银行管理暂行办法

标准文件		公司网上银行管理暂行办法	文件编号	
版次	A/0		页次	

1. 目的

为加强公司银行账户网络支付业务的管理，结合公司财务管理制度要求，特制定本办法。

2. 适用范围

适用于本公司银行账户网络支付业务的管理。

3. 管理规定

3.1 网银功能开通

公司因开展业务需要开通银行账户网络查询、支付功能，由财务部提出书面申请，经公司总经理核准，由公司财务部指派专人在指定银行结算账户进行办理，其余部门人员一律不得兼办。

3.2 网银相关密匙、口令的保管

3.2.1 网银账户原则上一律要求同时具备登录口令、数字证书（加密U盘）及短信提示三重安全防护功能，确保账户资金安全。

3.2.2 数字证书（加密U盘）属于操作员的由公司财务部出纳员负责保管，属于管理者的由保密办人员负责保管。

3.2.3 网银口令应定期进行变更

3.2.4 不得在除公司财务内部电脑以外其他任何电脑下载证书、使用公司网银办理业务。

3.3 网银支付业务的办理流程。

3.3.1 财务部利用网银办理资金支付业务，一律按公司资金审批程序规定，由经办人办妥付款申请手续，方可转交财务部出纳员进行办理。

3.3.2 出纳员初步审核付款申请无误，插入数字证书，按照付款申请之内容逐笔录入划款信息，确认无误，进行划款；成功后打印支付凭证。若为较大额划款，需总经理网上审核通过后方可操作。

3.3.3 财务经理必须对出纳员划款全过程进行监督，直至划款完毕、退出网银系统。

3.3.4 付款完成后，出纳员在付款申请单上加盖"付讫"章，并与财务经理同时在付款单上签字，方可作为入账依据。对于应由银行出具的网银单据，必须以开户银行出具加盖银行业务印章的原始单据作为记账凭证。

3.3.5 交接。因特殊原因请假的，必须书面授权并交接。

3.4 网银的日常管理

3.4.1 公司指定出纳员所使用计算机作为办理网银业务的专用机器，除处理日常工作外，严禁使用该机器玩网络游戏、登录不良网站，严禁任何人擅自下载网络资源存储于本机。

3.4.2 网银账户仅可办理供应商付款、员工薪资发放等公司授权范围内的资金支付业务，严禁私自利用公司网银账户进行私人款项拆借、挪用。

3.4.3 专用计算机必须安装防火墙及杀毒软件，出纳员每周至少进行两次全盘病毒查杀。

3.4.4 出纳员于每周供应商集中付款日或员工发薪日前一天将现金足额存入相关银行账户，次日及时进行划拨。

3.4.5 每月终了后、次月3日前出纳员打印网银月度交易明细，由财务经理负责与相关日记账逐笔进行核对，确认无误后在账单上签字确认，作为会计档案一并保存。

3.5 违规责任及处罚

3.5.1 未按本规定3.1之规定，私自将公司银行账户开通网络支付功能的，对直接经办人给予××元罚款处理；给公司造成经济损失的，除经济赔偿外，对经办人给予××元罚款处理，并根据金额大小追究法律责任。

3.5.2 未按本办法3.2之规定合理、分开保管网银密码、数字证书的，对财务负责人给予一次性罚款××元处理，对相关责任人给予一次性××元处理；给公司造成经济损失的，除经济赔偿外，对相关责任人进行双倍处罚，并根据金额大小追究法律责任。

3.5.3 未按本办法3.3要求办妥审批手续，私自办理网上付款业务的，对出纳员及财务经理分别处以××元罚款处理；因审核不认真、操作失误导致汇划款项错误的，视影响大小对出纳员及财务经理分别处以××—××元罚款处理；给公司造成损失的，除经济赔偿外，对相关责任人进行双倍处罚，并根据金额大小追究法律责任。

3.5.4 出纳员须严格执行本办法 3.4 之相关规定，严禁使用专用计算机玩网络游戏及下载、存储不明文件，违者每次罚款 ×× 元；如因此使计算机感染网络病毒、造成网银账户安全隐患，每次罚款 ×× 元；造成账户密匙被盗、给公司造成损失的，落实责任后，按责任程度追究赔偿责任，并酌情处以罚款。

3.5.5 利用网银账户办理超出公司授权范围之外的业务，每次罚款 ×× 元；挪用、侵占等严重情形的，除全额索赔外，处以 ××—×× 元罚款并予以辞退。

3.6 附则

3.6.1 本办法由公司财务部门负责解释，未尽事宜按照开户银行要求处理。

3.6.2 本办法自下发之日起开始执行。

拟定		审核		审批	

第三节 资产管理表格

一、银行存款/现金收支日报表

银行存款/现金收支日报表

_____年___月___日

收入					支出				
传票号码	摘要	行号	银行存款	现金	传票号码	摘要	行号	支票号码	银行存款	现金
合计						合计				
现金/银行存款									
行库名称账号	上日结存			收入	支付		本日结存		摘要	
1										
2										
3										
……										

续表

银行存款小计					
现金					
合计					

负责人：　　　　　　会计：　　　　　　复核：　　　　　　出纳：

二、银行存款明细账

银行存款明细账

年度：　　　　　银行名称：　　　　　存款账号：

日期		摘要	支票发票日期			支票号码	收入	支出	金额
月	日		年	月	日				

三、银行存款余额调节表

银行存款余额调节表

账号：　　　　　　　　　　_____年___月___日

日期		摘要	支票发票日期			支票号码	收入	支出	金额
月	日		年	月	日				

四、货币资金明细表

货币资金明细表

开户银行及分行名称/保存现金单位名称	账户号码	货币种类	原币金额	账面人民币余额	其中：期限在3个月以内（含3个月）的定期存款	期限在3个月以上的定期存款	活期存款	年利率%	备注
货币资金合计									
一、银行存款小计									
其他银行存款（请另外分列明细）									
二、现金小计									
其他现金									
三、其他货币资金小计									
1. 外埠存款									
2. 银行汇票存款									
3. 银行本票存款									
4. 信用卡存款									
5. 信用证存款									
6. 存出投资款									
7. 委托投资款									
8. 其他									

五、货币资金变动情况表

货币资金变动情况表

编制部门：　　　　　　　　　　　＿＿＿＿年＿＿＿月＿＿＿日　　　　　　　　　　　单位：万元

项目	银行存款账号			现金	凭证起讫号	合计	备注
	××	××	××				
周初账面金额							
本周增加金额							
营业收入							
融资收入							
投资收回							
其他收入							
本周减少金额							
营业支出							
归还贷款							
投资支出							
其他支出							
本周账面余额							
未记账增加							
未记账减少							
本周账面余额							

会计主管：　　　　　　　　　　　出纳：　　　　　　　　　　　制表：

六、现金收支日报表

现金收支日报表

昨日库存	本日收入		本日支出		今日库存
	收款金额	银行提现	付款支出	解交银行	
	收款凭证从第＿＿＿号到第＿＿＿号		付款凭证从第＿＿＿号到第＿＿＿号		
备注					
出纳员					

七、货币资金日报表

货币资金日报表

_____年___月___日　　　　　　　　　　　　　　　　　单位：万元

货币资金类别	昨日余额	本日收入	本日支出	本日余额
合计				

八、应收票据备查簿

应收票据备查簿

出票人	收款人	票号	金额	出票日期	到期日	出票银行	前手	后手	商票	银票	备注

九、固定资产登记表

固定资产登记表

部门名称：　　　　　　　　　　　　　　　　登记表编号：

类别编号		类别名称	
资产编号		增加方式	
资产名称		规格型号	
原值		购置数量	
购置时间		存放地点	
经办人签字		使用人签字	
报废时间			
附属设备			
备注			

注：本表一式三份，固定资产使用部门留存一份，办公室备查一份，财务部门存档一份。

十、固定资产台账

固定资产台账

所属部门：　　　　　　　　　　　　　　　　　　　　　年　　月　　日

序号	编号	名称	规格	计量单位	数量	起用时间	使用寿命	年折旧率	原值	净值	使用部门	位置	变动情况	备注

十一、固定资产报废申请书

固定资产报废申请书

申请部门：　　　　　　　　报送日期：　　　年　　月　　日　　　申请书编号：

资产编号		资产名称		型号规格	
制造国、厂		制造年份		投产年份	
使用部门及安装地点		分类折旧年限		已使用年限	
资产原值		已提折旧		残值	
报废原因、更新设备条件及处理意见：					
部门领导：　　　　　　检查人：　　　　　　经办人：					
设备部门意见：					
主管领导批示：			财务部门： 日期：		

注：使用部门、设备部门、财务部门各一份。

十二、固定资产增减表

固定资产增减表

会计科目	资产编号	资产名称	规格	增减原因	单位	本月增加			本月减少					备注
						数量	金额	使用寿命	月折旧额	数量	金额	使用寿命	已提折旧	月折旧额	

十三、闲置固定资产明细表

闲置固定资产明细表

管理部门：　　　　　　　　　　　　　　　　　　　　　　　日期：

资产编号	资产名称	数量	单位	账面价值			使用情况（年限）			闲置原因	拟处理意见
				总价	已提折旧	净值	取得时间	使用年限	已用时间		

管理部门经理：　　　　　　　　　　财务部经理：

十四、固定资产累计折旧明细表

固定资产累计折旧明细表

_____年___月___日至_____年___月___日　　　　　　　　　　　　部门：

项目	期初余额	本期增加额	本期减少额	期末余额	备注

填写说明：
1. 按房屋、机器设备等分别列明。
2. 如需重新估价，应分别按成本及重估增值逐项列明。

十五、无形资产及其他资产登记表

无形资产及其他资产登记表

_____年度　　　　　　　　　　　　　　　　　　　　　　　　单位：元

项目	年初余额	本年增加	本年摊销	本年减少	年末余额	备注
1. 无形资产						
（1）						
（2）						
（3）						
小计						
2. 其他资产						
（1）						
（2）						
（3）						
小计						
合计						

十六、存货核算明细表

存货核算明细表

货号：　　　　　　　部门：　　　　　　　存放地点：

年		单号	摘要	单价	进货		出货		结存	
月	日				数量	金额	数量	金额	数量	金额

十七、存货分类汇总表

存货分类汇总表

项目	行次	年初金额			期末余额				其中存放超过三年的存货
		金额	跌价准备	净额	金额	期末可变现净值	跌价准备	净额	
1. 原材料	1								
2. 包装物	2								
3. 低值易耗品	3								
4. 材料成本差异	4								
5. 库存商品	5								
6. 产品成本差异	6								
7. 委托加工物资	7								
8. 委托代销商品	8								
9. 受托代销商品	9								
减：代销商品款	10								

续表

项目	行次	年初金额			期末余额				其中存放超过三年的存货
		金额	跌价准备	净额	金额	期末可变现净值	跌价准备	净额	
10.在产品及自制半成品	11								
（1）自制半成品	12								
（2）生产成本	13								
（3）劳务成本	14								
11.在途物资	15								
12.物资采购	16								
13.发出商品	17								
14.分期收款发出商品	18								
15.其他	19								
合计	20								

十八、材料耗用月度报表

材料耗用月度报表

_____年____月

材料类别	计量单位	本月发生数				年累计数			
		实际用量	标准用量	差异数	差异率	实际用量	标准用量	差异数	差异率
1.原料及主要材料 （1） （2） （3）									
2.辅助材料 （1） （2） （3）									
3.燃料									
4.低值易耗品									
5.修理配件									
6.包装物									
合计									

制表人： 审核：

十九、原材料库存月报表

原材料库存月报表

_____年____月

材料编号	材料名称	单位	上月结存		本月进库		本月发出		本月结存		备注
			数量	金额	数量	金额	数量	金额	数量	金额	

二十、材料收发存月报表

材料收发存月报表

_____年____月

类别、品名、规格	期初结存			本期入库			本期出库			本期结存		
	单价	数量	金额	单价	数量	金额	单价	数量	金额	单价	数量	金额

审核：　　　　　　　　　　　　　　制表：

二十一、固定资产盘盈盘亏报告单

固定资产盘盈盘亏报告单

编制部门：　　　　　　　　_____年____月____日

编号	名称	计量单位	盘盈			盘亏			备注
			数量	重置价值	估计折旧	数量	原价	已提折旧	
盘盈盘亏原因										
审批意见										

部门负责人：　　　　　　　保管员：　　　　　　　清点人：

二十二、流动资产盘盈盘亏报告单

流动资产盘盈盘亏报告单

编制部门：　　　　　　　　　　　　　　　　_____年___月___日

| 编号 | 类别及名称 | 计量单位 | 单价 | 实存 || 账存 || 对比结果 |||| 备注 |
| | | | | 数量 | 金额 | 数量 | 金额 | 盘盈 || 盘亏 || |
								数量	金额	数量	金额	
盘盈盘亏原因												
审批意见												

部门负责人：　　　　　　　　　保管员：　　　　　　　　　清点员：

二十三、资产清查中盘盈资产明细表

资产清查中盘盈资产明细表

序号	资产名称	规格型号	计量单位	取得日期	取得方式	存放地点	使用部门	使用人	累计使用年限	资产原值	资产净值	申请入账金额	备注

148

第六章

账款管理

第一节 账款管理要点

一、应付账款管理

企业应该付的账款而没有进行付款的款项称为应付账款，它是企业的一项负债。应付账款自带融资属性，是一种信用融资，这是由于应付账款是企业在接受服务购买商品时发生的未付款项，从本质上说是企业信用的应用。赊购与金融机构的融资相比更加的便捷、简单，所以应付账款额度往往会迅速增加，企业若是对此处理不好可能导致企业的信用风险，发生财务危机，影响企业的经营生存，所以要加强应付账款的管理，具体方式如下所示：

1. 完善企业内部控制制度

应付账款是一项需要直接责任人、领导和工作人员共同协作的企业行为。这项工作需要主要领导对应付账款工作的指导管理，分管领导对各有关部门的内部控制管理。为了完善企业的内部控制制度，企业需要建立有制约、多层次的采购审批手续，例如制定库存管理办法、采购投标管理办法、物资采购合同管理办法、物资采购价格管理办法、物资采购审计管理办法、物资采购人员管理办法等审批手续。并且通过对采购计划、数量、架构、金额等的审批，使得企业的应付账款控制在最佳水平上。

2. 严格规范应付账款的挂账和库存管理

企业应该严格规范应付账款的挂账全过程的管理，不符合物资采购规定的坚决不挂账。例如，无入库或入库检验合格标志，运费发票与物资采购发票不配比，增值税发票不合格、价格、运输方式、包装或包装物与合同不符，质量不合格等不合规范的情况，都不允许挂账，同时还要对其采取相应的解决措施。企业采购的物资，经过质检部门的质量检查合格后，进入库房存放。采购人员需要凭借入库点验单、物资检验合格证和发票到企业的财务部门报销，形成应付账款，因此，库存管理对应付账款来说非常重要。由于市场上产品的更新换代速度加快，库存积压过甚必然会引起被市场淘汰的风险；而库存物资过少，在生产急需时又会给企业的正常生产造成不利影响。因此，企业必须确定合理的存货资金金额和库存水平，加强对库存的管理，才能使得应付账款有一个合理的稳定水平。

3. 定期进行严格的审计

为了防止企业管理不严带来的各种应付账款问题，企业要对其应付账款的发生和支付的全过程进行详细的审查。例如，在对物资采购价格进行审计的时候，对于增值税专用发票上的物资价格、包装费、保险费和运杂费，如有任何一项与合同上的价格不一致，则应该对其费用进行拒付。通过严格审计，可以查出企业在经营过程中所存在的应付账款管理问题，并得出妥善的解决方法。定期的、严格的审计能够使企业的资金周转实现良性循环，为企业参与国内外的市场竞争创造良好的条件。

二、应收账款控制

应收账款控制管理不当，很容易由于应收账款回笼困难或者坏账损失，造成企业利润损失，甚至影响资金周转，诱发严重的财务危机。因此，企业在自身的管理过程中，必须将应收账款的内部控制作为自身管理的关键内容，完善应收账款控制，防范企业的信用风险问题，促进新时期企业的长远稳步发展。

1. 优化应收账款内部控制环境

良好的内部控制环境是确保应收账款内部控制管理取得良好效果的关键环节。在应收账款内部控制管理环境的优化上，首先，应该在内部设立信用管理部门，专职负责对销售客户的资信情况进行调查，并进行信用的评级、信用销售政策审批以及应收账款催收等一系列管理工作，通过这些措施来强化应收账款内部控制的源头工作。其次，应该注重应收账款内部控制管理制度的完善，特别是相应的绩效考核管理制度，将应收账款风险防范控制效果作为考核的重要内容，激励内部各部门，尤其是销售部门须加强对应收账款的控制，避免后期出现应收账款回收困难的问题。

2. 加强应收账款的风险评估防范控制

防范应收账款风险问题，最有效的手段就是对应收账款进行全面的风险评估分析，针对信用管理的实际情况明确相应的信用评价价值指标作为风险评估指标。同时在销售管理中，对可能出现的应收账款进行必要的分析，并以应收账款风险分析报告的方式，为内部管理层管理决策提供依据。此外，企业在应收账款风险管理上，应该注重加强与外部风险管理机构，尤其是征信机构的合作，依靠专业的信用评级，提高应收账款管理中信用管理环节的准确性，防范风险问题。

3. 规范内部的应收账款控制管理

首先，应该进一步加强销售客户的信用管理，针对不同的客户群体，建立相应的销售客户资信管理档案，准确记录客户的企业规模、组织类别、业务范围等，并进行信用等级的评定，确定相应的信用额度。

其次，在销售环节，应该重点加强对发票的控制管理，在收货确认以及发票的送达等环节，严格控制各类发票的开具，防范各类风险问题的发生。

最后，还应该加强对应收账款确认程序的管理，严格按照会计工作中对收入确认原则的相关要求，进行应收账款的确认管理。此外，还应该注重加强对应收账款的催收管理工作，对于逾期的应收账款应当由内部的信用部门主导，及时地进行催收管理，综合采取电话提醒、信函、上门催收以及法律诉讼等措施进行催收。

4. 通过抵物对应收账款进行债务重组

企业在应收账款的控制管理过程中，如果出现了客户资金周转困难，难以进行应收账款的支付等情况时，应该综合考虑客户的具体情况，采用客户资产抵付应收账款的方式，以实现账款的回收。在抵顶业务的操作过程中，管理部门应该提前与客户在信用销售阶段做好协商，按照抵顶货物质地与市场价格等确定金额，在抵顶货物资产进入企业后，应组织财务等部门进行验收，并开具验收入库单，同时对货物或资产的所有权转移进行确认，并将应收账款进行核销。

5. 强化对应收账款内部控制的监督管理

为了确保应收账款内部控制管理的效果，应该重点加强应收账款的内部审计监督管理。在内部审计过程中，应该重点针对应收账款内部控制管理的制度落实情况、账款回收情况、职责履行情况、控制环节的疏密性等进行全面的审计监督，及时发现应收账款内部控制管理中所存在的问题，进而有针对性地制订防范控制管理措施，确保应收账款内部控制真正发挥作用。此外，企业在内部审计监督中，还应该积极邀请外部会计事务所等对应收账款管理情况进行监测分析评价，指导应收账款内部控制管理体系的改善。

第二节　账款管理制度

一、企业采购及应付账款管理制度

标准文件		企业采购及应付账款管理制度	文件编号	
版次	A/0		页次	
1. 目的 为规范采购操作步骤和方法，以及应付账款入账、调账等方面的管理要求，				

规范应付账款管理工作，防范公司处理应付账款业务过程中的经营风险，特制定本制度。

2. 适用范围

适用于公司的设备、工具、成型软件和固定资产（不含公司长期代理产品）等采购的控制。

3. 定义

3.1 供应商

供应商是指能向采购者提供货物、工程和服务的法人或其他组织。

3.2 抽货检验标准

抽货检验标准是指对采购物品进行检验的参照标准，由技术部门或其他相关权责部门编写交采购中心汇总成册。

3.3 货物检验报告

货物检验报告是指货物验收部门和人员对货物进行验收后对所采购货物给出验收报告和处理意见。

3.4 无票应付款

无票应付款是指采购货物的所有权已经转移至本公司，但是供应商的正式发票尚未到达财务部的应付款项。当供应商的发票送达财务部时，应将无票应付款转入应付账款。公司的无票应付款和应付账款构成了公司资产负债表上的应付账款。

4. 管理规定

4.1 材料采购报销流程

4.1.1 材料采购前要由用料申请人先填写采购计划表，经部门领导签字同意后，交与采购人员，采购人员制作采购订单并进行采购。

4.1.2 凡购进物料、工具、用具，尤其是定制品，采购者都应坚持先取样品，征得使用部门及领导同意后，方可进行采购或定制。

4.1.3 材料采购返回公司，须经物资使用部门（仓管员）核实、验收后签字，出具入库单。

4.1.4 材料采购报销必须以发票为据，不准出现白条报销。

4.1.5 材料采购前预借物资款，必须经财务部经理签字批准方可借款，执行借款流程；物资采购完毕，需及时报销。

4.1.6 材料采购报销须填写报销单，执行费用报销流程。

4.1.7 凡不按上述规定采购者，财务部以及各业务部门的财务人员，应一律拒绝支付。

4.2 应付账款入账程序

4.2.1 有票应付款。

（1）财务部业务会计对采购订单、供应商发票、检验入库单进行审核，即"三单符合审核"。

（2）三单中的采购订单是指由采购合同、采购订单、委托加工单等组成的合同单据；供应商发票是指由发票、收款收据组成的发票单据；入库单是指由入库单、质检单、运输提货单等组成的收货单据。

（3）财务部在"三单符合审核"后，制作记账凭证并按照会计复核、批准程序入账。

（4）有关部门对合同、订单的修改原件，应及时传递到财务部。

4.2.2 无票应付款。

（1）仓库员在收到供应商的合格来货（经检验合格）后，填写入库单并将入库信息传递给财务部门。未经质量检验合格的货物不得入库。

（2）财务部核对每一张入库单，确保信息准确无误。将无票入库货物作为暂估入库进行核算。

（3）对货物入库后超过1个月发票未达的无票应付款，财务部应及时与采购部联系并跟踪。

4.2.3 应付账款。

（1）供应商开来发票，从无票应付款转入应付账款时，必须经过"三单符合审核"。财务部业务会计应当在"三单符合审核"后，方可将无票应付款转入应付账款，将暂估入库的项目转入库存项目。

（2）财务部在"三单符合审核"中发现不符或不完全相符时，应立即通知采购部和物流部门。采购部应及时地与供应商联系处理，并在1周内将问题调查清楚并合理解决。财务部应同时将所有三单不符的情况记录下来，并定期跟踪和向财务部经理汇报。

（3）对在"三单符合审核"中多开票、重开票的供应商应提出警告，情节严重的，要考虑给予处罚或更换。

（4）生产部门应在每月28日前将供应商的质量退货及向供应商索赔的资料传递到财务部，财务部应于当月据之调整应付账款。

（5）任何供应商应付账款的调整必须有充分的依据并经财务部经理及相关人员的书面批准。这些依据应附在相应的调整凭证后。

（6）更改供应商名称必须得到供应商提供的合法资料，并经过财务部经理的批准。这些资料应附在相应的调整凭证后。

4.3 应付账款账龄分析

4.3.1 财务部每季度进行一次应付账款的账龄分析，并分析资金安排和使用的合理性。

4.3.2 财务部每月打印出有借方余额的应付账款,并通知采购部及相关部门。采购部及有关部门应及时与供应商联系解决,并将结果在 1 周内告知财务部。对超过 2 个月的有借方余额的应付账款,财务部应向财务部经理和总经理作书面汇报。

4.4 对账

4.4.1 财务部每月应核对应付账款总账与明细账,对存在的差异及明细账中的异常项目和长期未达项目,应会同采购人员进行调查,并经财务部经理书面批准后及时处理。

4.4.2 财务部每年至少获得一次供应商对账单,对发现的差异应及时与供应商联系解决。

拟定		审核		审批	

二、应收账款管理制度

标准文件		应收账款管理制度	文件编号	
版次	A/0		页次	

1. 目的

为了保证公司能最大可能地利用客户信用,拓展市场,以利于销售公司的产品,同时又要以最小的坏账损失代价来保证公司资金安全,防范经营风险,并尽可能地缩短应收账款占用资金的时间,加快企业资金周转,提高企业资金的使用效率,特制定本制度。

2. 适用范围

适用于本公司发出产品赊销所产生的应收账款和公司经营中发生的各类债权。具体有应收销货款、预付账款和其他应收款三个方面的内容。

3. 管理部门

应收账款的管理部门为公司的财务部和业务部。财务部负责数据传递和信息反馈;业务部负责客户的联系和款项催收。财务部和业务部共同负责客户信用额度的确定。

4. 管理规定

4.1 客户资信管理制度

4.1.1 信息管理基础工作的建立。

(1)由业务部门完成,公司业务部应在收集整理的基础上建立的客户信息档案,一式两份,由业务经理复核签字后,一份保存于公司总经理办公室,另一份

155

保存于公司业务部，业务部经理为该档案的最终责任人。

（2）客户信息档案。

① 客户基础资料，即有关客户最基本的原始资料，包括客户的名称、地址、电话、所有者、经营管理者、法人代表及他们的个人性格、兴趣、爱好、家庭、学历、年龄、能力、经历背景，与本公司交往的时间、业务种类等。这些资料是客户管理的起点和基础，是由负责市场产品销售的业务人员对客户进行访问收集来的。

② 客户特征，主要包括市场区域、销售能力、发展潜力、经营观念、经营方向、经营政策和经营特点等。

③ 业务状况，包括客户的销售实绩、市场份额、市场竞争力和市场地位、与竞争者的关系及与本公司的业务关系和合作情况。

④ 交易现状，主要包括客户的销售活动现状、存在的问题、客户公司的战略、未来的展望及客户公司的市场形象、声誉、财务状况、信用状况等。

4.1.2 客户的基础信息资料。

由负责各区域、片的业务员负责收集。凡与本公司交易次数在2次以上，且单次交易额达到××元人民币以上的均为资料收集的范围，在达到上述交易额第二次交易后的1个月内完成并交业务经理汇总建档。

4.1.3 信息的保管。

客户的信息资料为公司的重要档案，所有经管人员须妥善保管，不得遗失。如有部分岗位人员调整或离职，该资料的移交作为工作交接的主要部分。凡资料交接不清的，不予办理离岗、离职手续。

4.1.4 信息的更新或补充。

客户的信息资料应根据业务员与相关客户的交往中所了解的情况，随时汇总整理后交业务经理定期予以更新或补充。

4.1.5 客户资信额度。

（1）实行对客户资信额度的定期确定制，由负责各市场区域的业务部主管、业务部经理、财务部经理，在总经理的主持下成立公司市场管理委员会，按季度对客户的资信额度、信用期限进行一次确定。

（2）市场管理委员会对市场客户的资信状况和销售能力在业务人员跟踪调查、记录相关信息资料的基础上进行分析、研究，确定每个客户可以享有的信用额度和信用期限，建立"信用额度期限表"，由业务部和财务部各备存一份。

（3）初期信用额度的确定应遵循保守原则，根据过去与该客户的交往情况（是否通常按期回款），及其净资产情况（经济实力如何），以及其有没有对外提供担保或者跟其他企业之间有没有法律上的债务关系（潜在或有负债）等因素，凡初次赊销信用的新客户信用度通常确定在正常信用额度和信用期限的50%。如新客户确实资信状况良好，须提高信用额度和延长信用期限的，必须经市场管理委员会形成一致意见报请总经理批准后方可。

（4）客户的信用额度和信用期限原则上每季度进行一次复核和调整。公司市场管理委员会应根据反馈的有关客户的经营状况、付款情况随时予以跟踪调整。

4.2 产品赊销的管理

4.2.1 在市场开拓和产品销售中，凡利用信用额度赊销的，必须由经办业务员先填写赊销请批单，由业务部经理严格按照预先对每个客户评定的信用限额签批后，仓库管理部门方可凭单办理发货手续。

4.2.2 财务部主管应收账款的会计每 10 天对照"信用额度期限表"核对一次债权性应收账款的回款和结算情况，严格监督每笔账款的回收和结算。超过信用期限 10 日仍未回款的，应及时地通知财务部经理，由其汇总并及时地通知业务部立即联系客户清收。

4.2.3 凡前次赊销未在约定时间内结算的，除在特殊情况下客户能提供可靠的资金担保外，一律不再发货和赊销。

4.2.4 业务员在签订合同和组织发货时，都必须参考信用等级和授信额度来决定销售方式。所有签发赊销的销售合同都必须经主管业务经理签字后方可盖章发出。

4.2.5 对信用额度在 ×× 元以上，信用期限在 3 个月以上的客户，业务经理每年走访应不少于一次；信用额度在 ×× 元以上，信用期限在 3 个月以上的，除业务经理走访外，主管市场的副总经理（在特殊的情况下可能是总经理）每年必须走访一次以上。在客户走访中，应重新评估客户信用等级的合理性，并结合客户的经营状况、交易状况及时调整信用等级。

4.3 应收账款监控制度

4.3.1 财务部门应于每个月最后 5 日前提供一份当月尚未收款的"应收账款账龄明细表"，提交给业务部、主管市场的副总经理。由相关业务人员核对无误后报业务经理及总经理批准进行账款回收工作。

4.3.2 业务部门应严格对照"信用额度表"和财务部报来的"账龄明细表"，及时核对、跟踪赊销客户的回款情况，与未按期结算回款的客户及时联络并反馈信息给总经理。

4.3.3 业务人员在与客户签订合同或协议书时，应按照"信用额度表"中对应客户的信用额度和期限约定单次销售金额和结算期限，并在期限内负责经手相关账款的催收和联络。如超过信用期限者，按以下规定处理：

（1）超过 1 ~ 10 日，由经办人上报部门经理，并电话催收。

（2）超过 11 ~ 60 日，由部门经理上报总经理，派员上门催收，并扣经办人该票金额××%的计奖成绩。

（3）超过61～90日，并经催收无效的，由业务主管报总经理批准后作个案处理（如提请公司法律顾问考虑通过法院起诉等方式催收），并扣经办人该票金额××%的计奖成绩。

4.3.4 业务员在外出收账前要仔细核对其正确性，不可到客户处才发现数据差错，有损公司形象。

4.3.5 清收账款由业务部门统一安排路线和客户，并确定返回时间。业务员在外清收账款，每到一客户处，无论是否清结完毕，均需随时向业务经理电话汇报工作进度和行程。

4.3.6 业务员收账时应收取现金或票据。若是收取银行票据，应注意开票日期、票据抬头及其金额是否正确无误，如不符时应及时地联系退票并重新办理；若是收取汇票，需客户背面签名，并查询银行确认汇票的真伪性；如为汇票背书时，要注意背书是否清楚，背书印章是否与汇票抬头一致，背书印章是否为发票印章。

4.3.7 收取的汇票金额大于应收账款时非经业务经理同意，现场不得以现金找还客户，而应作为暂收款收回，并抵扣下次账款。

4.3.8 收款时客户现场反映价格、交货期限、质量、运输问题，在业务权限内时可立即同意；若在权限外时需立即汇报主管，并在不超过3个工作日内给客户以答复。如属价格调整，回公司后应立即填写"价格调整表"，告知相关部门并在相关资料中做好记录。

4.3.9 款项收回后，业务员需整理已收的账款，并填写"应收账款回款明细表"。若有折扣时需在授权范围内执行，并书面陈述原因，由业务经理签字后及时向财务缴纳相关款项并销账。

4.3.10 业务人员在销售产品和清收账款时不得有下列行为，一经发现，一律予以开除，并限期补正或赔偿，严重者移交司法部门。

（1）收款不报或积压收款。

（2）退货不报或积压退货。

（3）转售不依规定或转售图利。

4.4 坏账管理制度

4.4.1 业务人员全权负责自己经手赊销业务的账款回收工作，为此，应定期或不定期地对客户进行访问（电话或上门访问，每季度不得少于两次）。访问客户时，如发现客户有异常现象，应自发现问题之日起1日内填写"问题客户报告单"，并建议应采取的措施，或视情况填写"坏账申请书"呈请批准，由业务经理审查后提出处理意见。凡确定为坏账的须报总经理批准后按相关财务规定处理。

4.4.2 业务人员因疏于访问，未能及时掌握客户的情况变化，致使公司蒙受损失时，业务人员应负责赔偿该项损失25％以上的金额（注：疏于访问是指未依公司规定的次数，按期访问客户）。

4.4.3 业务部应全盘掌握公司全体客户的信用状况及来往情况。业务人员对于所有的逾期应收账款，应由各个经办人将未收款的理由，详细陈述于"账龄分析表"的备注栏上，以供公司参考。对大额的逾期应收账款应特别加以书面说明，并提出清收建议，否则，此类账款将来因故无法收回形成呆账时，业务人员应负责赔偿××％以上的金额。

4.4.4 业务员发现发生坏账的可能性时应争取时间速报业务经理，及时采取补救措施。如客户有其他财产可供作抵价时，在征得客户同意后可立即协商抵价物价值，妥为处理以避免更大的损失发生。但不得在没有担保的情况下，再次向该客户发货，否则，相关损失由业务员负责全额赔偿。

4.4.5 "坏账申请书"填写一式三份，客户的名称、号码、负责人姓名、营业地址、电话号码等，均应一一填写清楚，并将申请理由、不能收回的原因等做简明扼要的叙述，经业务部经理批准后，连同账单或差额票据转交总经理处理。

4.4.6 凡发生坏账的，应查明原因，如属业务人员责任心不强造成的，于当月份计算业务人员销售成绩时，应按坏账金额的××％先予扣减业务员的业务提成。

4.5 应收账款交接制度

4.5.1 业务人员岗位调换或离职，必须对经手的应收账款进行交接。

（1）凡业务人员调岗，必须先办理包括应收账款在内的工作交接。

（2）交接未完的，不得离岗；交接不清的，责任由交者负责；交接清楚后，责任由接替者负责。

（3）凡离职的，应在30日内向公司提出申请，批准后办理交接手续，未办理交接手续而自行离开者，其薪资和离职补贴不予发放，由此给公司造成损失的，将依法追究其法律责任。

（4）离职交接依最后在交接单上批示的生效日期为准，在生效日期前要交接完成。

（5）若交接不清又离职时，仍将依照法律程序追究当事人的责任。

4.5.2 业务员提出离职后，须把经手的应收账款全部收回或取得客户付款的承诺担保。若在1个月内未能收回或取得客户付款承诺担保的，不予办理离职手续。

4.5.3 离职业务员经手的坏账理赔事宜如已取得客户的书面确认，则不影响离职手续的办理，其追诉工作由接替人员接办。理赔不因经手人的离职而无效。

4.5.4 "离职移交清单"至少一式三份，由移交人、接交人核对内容无误后双方签字，并经监交人签字后，由移交人保存一份，接交人保存一份，公司档案存留一份。

4.5.5 接交人接交时，应与客户核对账单，遇有疑问或账目不清时应立即向业务经理反映。未立即呈报，有意代为隐瞒者应与离职人员同负全部责任。

4.5.6 移交人完成移交手续并经业务经理认可后，方可发放该移交人员最后任职月份的薪金。未经业务经理同意而自行发放的，由出纳人员负责。

4.5.7 业务人员办理交接时由业务经理监督；移交时发现有贪污公款或物品、现金、票据和其他凭证短缺者，除限期赔还外，情节重大时可依法追诉其民事、刑事责任。

4.5.8 应收账款交接后1个月内应全部逐一核对，无异议的账款由接交人负责接手清收（财务部应与客户进行通信或实地对账，以确定业务人员手中账单的真实性）。交接前应核对全部账目报表，有关交接项目概以"交接清单"为准。交接清单经交、接、监三方签字盖章即视为完成交接，日后若发现账目不符时由接交人负责。

拟定		审核		审批	

三、问题账款管理办法

标准文件		问题账款管理办法	文件编号	
版次	A/0		页次	

1. 目的

为防止问题账款产生及妥善处理已发生的问题账款，以争取时效并确保本公司权益及降低经营风险，特制定本办法。

2. 适用范围

凡本公司因对外经济往来所产生或可能产生的问题账款，均依照本办法的规定处理。

3. 定义

问题账款是指：

3.1 本公司业务人员在销货过程中所发生的被骗、被倒账，收回票据无法如期兑现或部分货款未能如期收回等情况。

3.2 因销货而发生的应收账款，自发票开立之日起，逾2个月尚未收回，也未按规定办理销货退回者，视同问题账款。特殊情况呈报总经理特准者，不在此限。

4. 管理规定

4.1 实施信用管制

4.1.1 建立信用管制表。

（1）各业务部门应针对每一客户建立"客户信用表"，并由负责的业务人员依据客户的销售实绩及信用，拟定其信用额度，呈部门经理签核后，转权责部门保管。

（2）有关信用记录的更新及维持，由业务部门配合权责部门办理。

4.1.2 拟定信用额度。

（1）信用额度的拟定是为了提高交易的速度，使债权管理效率化。

（2）信用额度是指本公司愿意接受客户（债务人）的最高欠款额度，即本公司对指定客户所有未到期应收票据及账款合计数的最高限额。

（3）任何客户未到期应收票据及账款的总和，不得超越其信用额度。因超越信用额度所发生的问题账款，须由部门主管及经办人员承担损失责任。

（4）为适应市场环境，配合客户经营能力的变化，每年需要对信用额度进行定期检讨；营业人员可依据客户的状况，按照《客户信用担保办法》申请提高客户的信用额度。

4.2 问题账款处理

4.2.1 催收账款。

（1）因销货而发生的应收账款，自月底结账日起逾1个月尚未收回，亦未按规定办理销货退回者，权责方应将其列为催收账款。

（2）权责部门应于每月提列催收账款明细交由营业部门，营业部门应在1周内报告催收情形。

4.2.2 问题账款产生后的处理。

（1）问题账款产生后，营业部门经办人员应于3日内据实填妥"问题账款报告书"并附有关证据资料，呈请部门经理签注意见后，由权责方确认实际应收账款金额及提出票据退票理由单，转法律顾问室协助处理。

（2）"问题账款报告书"的基本资料、处理意见等栏，营业部门经办人应详细填写。

（3）法律顾问室应于收到报告书后3日内与经办人及部门经理协商，了解情况后拟订处理方案，呈请总经理批示，经批示后的报告书，法律顾问室应即复印一份通知权责方备案。

4.2.3 其他注意事项。

（1）因超过信用额度或未经核准信用额度而发生交易，致使公司遭受损失的，由承办的业务人员负赔偿责任。

（2）业务人员因超过信用额度15%以上或未经核准信用额度而发生交易，产生问题账款者，其部门经理须负连带赔偿责任，并依情节轻重予以行政处分。

（3）问题账款产生后，经办人未依规定期限提出报告书请示协助处理者，法律顾问室不予受理。逾15天仍未提出者，由经办人负全部赔偿责任。

（4）负赔偿责任的人员，其赔偿金按月自薪资所得中扣抵。

（5）法律顾问室依法追讨收回的问题账款，扣除行政与诉讼费用后的余额，依下列状况奖励承办人员。

①在受理6个月内收回者，以余额的××%作为奖金。

②在受理1年内收回者，以余额的××%作为奖金。

③已提列问题账款损失或已冲转问题账款准备的问题账款，仍应视状况继续追讨，其收回的账款以余额的××%作为奖金。

（6）业务人员不依本办法各项规定办理或有瞒骗勾结行为，致使公司权益受损的，责令业务人员负责赔偿，以示惩戒，情节重大者可将其移送司法部门。

4.3 奖惩规章

4.3.1 奖励规章。

各业务部门若年度问题账款率（实际发生的问题账款金额除以销售净额的比率）低于问题账款准备率（本公司的年度问题账款准备率定为3‰）者，其部门所属人员的奖励如下：

（1）年度问题账款率介于3‰与2‰之间者，加发年终奖金10%。

（2）年度问题账款率介于2‰与1‰之间者，加发年终奖金20%。

（3）年度问题账款率低于1‰者，加发年终奖金30%，部门经理另记功奖励。

4.3.2 惩罚规章。

各业务部门若年度问题账款率高于问题账款准备率者，其部门主管及所属营业人员的惩罚如下：

（1）已逾5‰但未超过10‰者，减发年终奖金10%。

（2）已逾10‰但未超过15‰者，减发年终奖金30%。

（3）已逾15‰但未超过20‰者，减发年终奖金60%。

（4）超过20‰者，不发年终奖金，部门经理另记过惩处。

拟定		审核		审批	

四、呆账管理办法

标准文件		呆账管理办法	文件编号	
版次	A/0		页次	

1. 目的

为处理呆账，确保公司在法律上的各项权益，特制定本办法。

2. 适用范围

适用于公司的呆账管理。

3. 管理规定

3.1 客户信用限额控制

3.1.1 客户信用卡。

公司应对所有客户建立"客户信用卡"，并由业务人员依照过去半年内的销售实绩及信用的判断，拟定其信用限额（若有设立抵押的客户，以其抵押标的担保值为信用限额），经业务经理核准后，转交会计人员善加保管，并填记于该客户的应收账款明细账中。

3.1.2 信用限额。

信用限额是指公司可赊销某客户的最高限额，即指客户的未到期票据及应收账款总和的最高极限。任何客户的未到期票款均不得超过信用限额，否则应由业务人员及业务经理、会计人员负责，并负所发生倒账的赔偿责任。

3.1.3 信用限额调整。

为适应市场并配合客户的业务增长，每年可分两次由业务人员呈请调整客户的信用限额，第一次为6月30日，第二次为12月31日。

业务经理视客户的临时变化，应要求业务人员随时调整各客户的信用限额，但若因业务经理要求业务人员提高某客户信用限额遭致倒账，其较原来核定为高的部分全数由业务经理负责赔偿。

3.2 催讨与收受票据

3.2.1 业务人员所收受支票的发票人非客户本人时，应交客户以公章及签名背书，经业务经理核阅后缴交出纳。若因疏忽遭致损失，由业务人员及业务经理各负1/2的赔偿责任。

3.2.2 各种票据应按记载日期提示，不得因客户的要求不提示或迟延提示，但经分公司主管核准者不在此限。催讨换票或延票时，原票要尽可能留待新票兑现后始返还票主。

3.2.3 业务人员不得以其本人的支票或代换其他支票充缴货款。如经发现，除应负责该支票兑现的责任外，还会以侵占货款依法追究其责任。

3.2.4 分公司收到退票资料后，如果退票支票为客户本人是发票人时，则分公司经理应立即督促业务人员于1周内收回票款。如果退票支票有背书人时，应立即填写支票退票通知单，一联送背书人，另一联存查，并进行催讨工作。若因违误造成损失，由分公司经理及业务人员共同负责。

3.3 依法追诉

3.3.1 公司对催收票款的处理：在1个月内经催告仍无法达到催收目的，其金额在××元以上者，应即将该案移送法务部依法追诉。

3.3.2 催收或经诉讼有部分或全部票款未能收回者，应取得公安机关证明、邮局存证信函及债权凭证、法院和解笔录、申请调解的裁决凭证、破产宣告裁定等其中的任何一种证件，送财务部做冲账准备。

3.4 责任人员的赔偿责任

3.4.1 没有核定信用限额或超过信用限额销售而遭致倒账的，其无信用限额的交易金额，由业务人员负全数赔偿责任。而超过信用限额部分，若经会计或业务经理阻止者，全数由业务人员负责赔偿；若会计或业务经理未加阻止者，则业务人员赔偿80%，会计及业务经理各赔偿10%。

3.4.2 超过信用限额20%以上的倒账，除由业务人员负责赔偿外，对业务经理视情节轻重予以惩处。

3.4.3 业务人员应防止而未防止或有勾结行为者，以及客户没有合法营业场所或虚设行号的，不论信用限额如何，全数由业务人员负赔偿责任。送货签单因业务人员的疏忽而遗失，以致货款无法回收者亦同。

3.4.4 设立未满半年的客户，其信用限额不得超过人民币××元。如违反规定而发生呆账，由业务人员负责全额赔偿。

3.5 呆账率及奖惩

3.5.1 呆账率。业务经理、业务人员于其所负责的销售区域内，容许呆账率（即实际发生的呆账金额除以全年销售净额的比率）设定为全年的5‰。

3.5.2 惩处。业务经理、业务人员其每年发生的呆账率超过容许呆账率的惩处如下：

（1）超过5‰，未满6‰者，警告一次，减发年终奖金10%。

（2）超过6‰，未满8‰，申诫一次，减发年终奖金20%。

（3）超过8‰，未满10‰，记小过一次，减发年终奖金30%。

（4）超过10‰，未满12‰，记小过二次，减发年终奖金40%。

（5）超过12‰，未满15‰，记大过一次，减发年终奖金50%。

（6）超过15‰以上，即行调职，不发年终奖金。

若中途离职，于其任期中的呆账率达到上列的各项程度时，减发奖金的比例，以离职金计算。

3.5.3 奖励。业务经理、业务人员每年发生的呆账率低于 5‰时的奖励如下：

（1）低于 5‰（不包括 5‰），高于 4‰（包括 4‰），嘉奖一次，加发年终奖金 10%。

（2）低于 4‰，高于 3‰，嘉奖二次，加发年终奖金 20%。

（3）低于 3‰，高于 2‰，记小功一次，加发年终奖金 30%。

（4）低于 2‰，高于 1‰，记小功二次，加发年终奖金 40%。

（5）低于 1‰，记大功一次，加发年终奖金 50%。

若中途离职，不予计算奖金。

3.5.4 业务经理、业务人员以外人员的奖励，以该分公司每年所发生的呆账率低于容许呆账率时实行，内容如下：

（1）低于 5‰（不包括 5‰），高于 4‰（包括 4‰），每人加发年终奖金 5%。

（2）低于 4‰，高于 3‰，每人加发年终奖金 10%。

（3）低于 3‰，高于 2‰，每人加发年终奖金 15%。

（4）低于 2‰，高于 1‰，每人加发年终奖金 20%。

（5）低于 1‰，每人加发年终奖金 25%。

3.5.5 公司因倒账催讨回收的票款，可作为其发生呆账金额的减项。

3.5.6 法律事务办公室接受办理呆账，依法催讨收回的票款减除诉讼过程的一切费用的余额，其承办人员可据此获得如下的奖金：

（1）在受理后 6 个月内催讨收回者，以余额的 20% 作为奖金。

（2）在受理后 1 年内催讨收回者，以余额的 10% 作为奖金。

3.5.7 已提列坏账损失或已从呆账准备冲转的呆账，业务人员及稽核人员仍应视其必要性继续催收。其收回的票款，以余额的 30% 作为其奖金。

3.5.8 本办法的呆账赔偿款项，均在该负责人员的薪资中自确定月份开始逐月扣赔，每月的扣赔金额，由其经理签字核准的金额为准。

拟定		审核		审批	

五、账款催收管理办法

标准文件		账款催收管理办法	文件编号	
版次	A/0		页次	

1. 目的

为加强本公司的账款催收工作，加快资金的流转速度，提高资金利用效率，促进公司整体经济效益的提高，特制定本办法。

2. 适用范围

适用于公司的账款催收管理。

3. 管理规定

3.1 账单分发

3.1.1 财务部账款组依业务人员类别整理账单，定期汇集编制账单清表一式三份，将账单清表两份连同账单寄交业务人员签收。

3.1.2 业务人员收到账单清表时，一份自行留存，另一份应尽速签还财务部账款组，如发现有不属本身的账单，应立即以快件寄回。

3.1.3 客户要求寄存账单时，应填写"寄存账单证明单"一份，详列笔数金额等交由客户签认，收款时再交还客户。如因寄存账单未取得客户签认致不能收款时，由业务人员负责赔偿。

3.1.4 收到公司寄来的账单后，业务人员在访问时如未能立即收款，则应取得客户在账单上的签认，若未能取得客户的签认，则应尽速于发货日起 3 个月内，向行政部申请取得物流追踪凭据，执凭收款。逾期不办致无法收取货款时，由业务人员负责赔偿。

3.2 收款处理程序

3.2.1 财务部于每日通过网银查账，在确认收到货款后，应于当日填写收款日报表一式四份（三份自留，另一份寄交业务人员）。

3.2.2 属于本市的直接将现金或支票连同收款日报表第一、第二、第三联亲自交出纳并取得签认。

3.2.3 外埠地区的应将现金部分填写 ×× 银行送款单，存入附近 ×× 银行。次日上午将支票、×× 银行送款单存根，用回纹针别于收款日报表第一、第二、第三联上，以快件寄交财务部出纳组。业务人员应将快件收执联贴于自存的收款日报表左下角备查。

3.3 收款票期规定

3.3.1 直接客户：货到付款者，由送货员收取现金。客户签收者，收款票期则为销货日起 1 个月内，支票或现金均可。

3.3.2 一般商店：收款票期为自销货日期起 3 个月内。

3.3.3 收款票期超过公司的规定时，依下列方式计算收款成绩：

（1）超过 1 ~ 30 天，扣该票金额 20% 的成绩。

（2）超过 31 ~ 60 天，扣该票金额 40% 的金额。

（3）超过 61 ~ 90 天，扣该票金额 60% 的成绩。

（4）超过 91 ~ 120 天，扣该票金额 80% 的成绩。

（5）超过 120 天以上，扣该票金额 100% 的成绩。

3.4 收取票据须知

3.4.1 法定支票记载的金额、发票人图章、发票年月日、付款地均应齐全，大写金额绝对不可更改，否则盖章仍属无效。其他有更改之处，务必加盖负责人印章。

3.4.2 支票的抬头请写上"××公司"全名。

3.4.3 跨年度时，日期易产生笔误，应特别注意。

3.4.4 字迹模糊不清时，应予退回重新开立。

3.4.5 收取客票时，应请客户背书，并且写上"背书人××公司"，千万不可代客户签名背书。

3.4.6 书写"禁止背书转让"字样的客票，一律不予收取。

3.4.7 收取客户客票大于应收账款时，不应以现金或其他客户的款项找钱，应依下列方式处理：

（1）支票到期后，由公司以现金找还。

（2）另行订购抵账，或抵交未付账款中的一部分。

3.4.8 公司无销货折让的办法：如因发票金额误开，需将原开统一发票收回，寄交公司更改或重新开立发票。如无法收回而不得已需抵扣时，则于下次向公司订货时以备忘录说明，经业务经理核准后扣除，不得于收款时扣除货款或以销货折让方式处理，否则损失由业务人员负责。

3.5 账单的移交及对账。

3.5.1 账单移交时，应填写"账款移交清表"一式四份，移交人、接收人及核对人均应签名，其中两份寄交征信科及账款组，接收人接交时，除核对账单金额外，并应注意是否经过客户签认，账单千万不可私下移交。

3.5.2 财务部可以随时对客户进行通信或实地对账，以确定业务人员手中账单的真实性。

3.5.3 财务部有权定期3个月一次核对业务人员手中的账单，或不定期于特殊目的下，抽查业务人员手中的账单。

3.5.4 业务部主管有权随时核对业务人员手中的账单，并督促收款工作。

3.6 禁止事项

收账时如发现有下列情况者，除限令业务人员于1周内予以补正外，并依公司的规定处分：

3.6.1 收款不报或积压收款。

3.6.2 退货不报或积压退货。

3.6.3 转售不依规定或转售图利。

| 拟定 | | 审核 | | 审批 | |

六、坏账损失审批流程规范

标准文件		坏账损失审批流程规范	文件编号	
版次	A/0		页次	

1. 目的

为防止坏账损失管理中的差错和舞弊行为，减少坏账损失，规范坏账损失审批的操作程序，特制定本规范。

2. 适用范围

适用于公司的坏账损失审批管理。

3. 职责与权限

3.1 不相容岗位分离

坏账损失核销申请人与审批人分离；会计记录与申请人分离。

3.2 业务归口办理

坏账损失核销申请由业务经办部门提出；财务部门归口管理核销申请，并对申请进行审核；坏账损失核销审批，在每年第四季度办理。

3.3 审批权限

单笔损失达到公司净资产1%或年度累计金额达到公司净资产5%及涉及关联方的，由股东大会审批；除须经股东大会批准的事项和授权总经理批准的以外，由董事会批准；单笔金额在×××元以内，或年度累计金额在×××万元以内的，由总经理审批。

4. 管理规定

4.1 确认坏账损失的条件和范围

4.1.1 确认条件。

公司对符合下列标准的应收款项可确认为坏账：

（1）债务人死亡，以其遗产清偿后，仍然无法收回。

（2）债务人破产，以其破产财产清偿后，仍无法收回。

（3）债务人较长时期内未履行偿债义务，并有足够的证据表明无法收回或收回的可能性极小。

（4）催收的最低成本大于应收款额的款项。

4.1.2 应收款项的范围。

应收款项包括下列款项：

（1）应收账款。

（2）其他应收款。

（3）确有证据表明其不符合预付款性质，或因供货单位破产、撤销等原因已无望再收到所购货物也无法收回已预付款额的公司预付账款（在确认坏账损失前先转入其他应收款）。

（4）公司持有的未到期的，并有确凿证据证明不能收回的应收票据（在确认坏账损失前，先转入应收账款）。

4.2 坏账损失核销审批程序及审批要求

4.2.1 核销审批程序。

审批程序如下图所示。

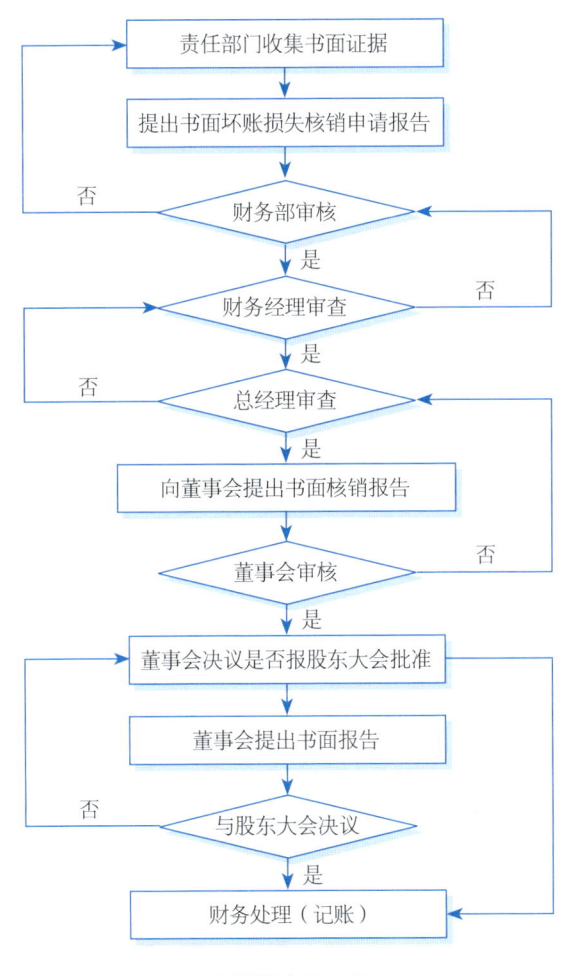

```
责任部门收集书面证据
        ↓
提出书面坏账损失核销申请报告
        ↓
    财务部审核 ──否──→
        ↓是
    财务经理审查 ──否──→
        ↓是
    总经理审查 ──否──→
        ↓是
向董事会提出书面核销报告
        ↓
    董事会审核 ──否──→
        ↓是
董事会决议是否报股东大会批准
        ↓
董事会提出书面报告
        ↓
    与股东大会决议 ──否──→
        ↓是
    财务处理（记账）
```

审批程序示意图

4.2.2 核销申请报告。

（1）收集证据。业务的承办部门（或承办人）应向债务人或有关部门获得下列证据。

① 债务人破产证明。

② 债务人死亡证明。

③ 催收最低成本估算表。

④ 具有明显特征能表明无法收回应收款的其他证明。

（2）核销申请报告的内容。公司出现坏账损失时，在会计年度末，由业务承办部门（或承办人）向有关方获取有关证据，由承办部门提交书面核销申请报告，书面报告至少包括下列内容：

① 核销数据和相应的书面证明。

② 形成的过程及原因。

③ 追踪催讨过程。

④ 对相关责任人的处理建议。

4.2.3 核销审批流程。

（1）财务部汇总和审核。财务部对坏账损失的核销申请报告进行审核，提出审核意见并汇总，连同汇总表报财务部经理审查，财务部应对申请报告核销申请的金额、业务发生的时间、追踪催讨的过程和形成原因进行核实。

（2）财务部经理审查。财务部经理对申请报告和财务部门的审核意见进行审查，并提出处理建议（包括对涉及相关部门与相关人员的处理建议），报公司总经理审查。

（3）总经理审查和审批。公司总经理审查后根据财务部经理提出的处理建议，作出处理意见，在总经理授权范围内，经总经理办公室通过后，对申请报告进行签批；超过总经理授权范围的，经总经理办公室通过后，由公司总经理或公司总经理委托财务部经理向董事会提交核销坏账损失的书面报告。书面报告至少包括以下内容：

① 核销数额和相应的书面证据。

② 坏账形成的过程及原因。

③ 追踪催讨和改进措施。

④ 对公司财务状况和经营成果的影响。

⑤ 对涉及的有关责任人员的处理意见。

⑥ 董事会认为必要的其他书面材料。

（4）董事会和股东大会审批。在董事会授权范围内的坏账核销事项，董事会根据总经理或授权财务部经理提交的书面报告，审议后逐项表决，表决通过后由董事长签批，财务部按会计规定进行账务处理。

需经股东大会审批的坏账审批事项，在召开年度股东大会时，由公司董事会向股东大会提交核销坏账损失的书面报告。书面报告至少包括以下内容：

① 核销数额。

② 坏账形成的过程及原因。

③ 追踪催讨和改进措施。

④ 对公司财务状况和经营成果的影响。

⑤ 对涉及的有关责任人员的处理结果或意见。

⑥ 核销坏账涉及的关联方偿付能力以及是否会损害其他股东利益的说明。

董事会的书面报告由股东大会逐项表决通过并形成决议。如股东大会决议与董事会决议不一致，则财务部按会计制度的规定对其进行会计调整。

公司监事会列席董事会审议核销坏账损失的会议，必要时，可要求公司内部审计部门就核销的坏账损失情况提供书面报告。监事会对董事会有关核销坏账损失的决议程序是否合法、依据是否充分等提出书面意见，并形成决议向股东大会报告。

4.3 财务处理和核销后催收

4.3.1 财务处理。

（1）财务部根据董事会决议进行账务处理。

（2）坏账损失如在会计年度末结账前尚未得到董事会批准的，由财务部按公司计提坏账损失准备的规定全额计提坏账准备。

（3）坏账经批准核销后，财务部应及时将审批资料报主管税务机关备案。

（4）坏账核销后，财务部应将已核销的应收款项设立备查簿逐项进行登记，并及时地向负有赔偿责任的有关责任人收取赔偿款。

4.3.2 核销后催收。

除已破产的企业外，公司财务部门、业务承办部门和承办人，仍应继续对债务人的财务状况进行关注，发现债务人有偿还能力时及时地催收。

拟定		审核		审批	

第三节 账款管理表格

一、应收账款登记表

应收账款登记表

_____年度

日期		科目	厂商名称	摘要	金额	冲转日期		采购单号码	进库单号码	备注
月	日					月	日			

二、应收账款明细表

应收账款明细表

编制部门：　　　　　　　　　　日期：　　　　　　　　　　单位：元（旬表）

项目	户数	金额	占全部应收款比例（%）	备注
××元以上				
1.A公司 2.B公司 ……				
_____元以上				
1.A公司 2.B公司 ……				
_____元以下				
1.A公司 2.B公司 ……				
合计				

三、应收账款日报表

应收账款日报表

日期：

应收账款				应收票据			
销货日期	客户	订单号	金额	收单日期	客户名称	银行名称	金额
合计				合计			

四、应收账款月报表

应收账款月报表

日期：　　　　　　　　　　　　　　　　　　　　　　　　单位：元

序号	客户名称	月初余额	本月增加	本月减少	月末余额	账款类别
合计						

五、应收账款分析表

应收账款分析表

月份	销售额	累计销售额	未收账款	应收票据	累计票据	未贴现金额	兑现金额	累计金额	退票金额	坏账金额
分析											
对策											

六、应收账款变动表

应收账款变动表

日期：

客户名称	上期余额（A）	本期增加			本期减少				本期余额（A+B-C）	备注
^	^	销货额	销货税额	合计（B）	收款	折让	退货	合计（C）	^	^

核准：　　　　　　　　　主管：　　　　　　　　　制表：

七、问题账款报告书

问题账款报告书

基本资料栏	客户名称			
^	公司地址		电话	
^	工厂地址		电话	
^	负责人		联系人	
^	开始往来时间		交易项目	
^	平均每月交易额		授信额度	
^	问题账金额			
问题账形成原因				
处理意见				
附件明细				

核准：　　　　　　　　　复核：　　　　　　　　　制表：

八、应收账款控制表

应收账款控制表

日期：

客户名称	上月应收账款	本月出资	本月减项				本月底应收账款
			回款	退款	折让	合计	
合计							

总经理：　　　　　　　主管：　　　　　　　制表：

九、应收账款账龄分析表

应收账款账龄分析表

日期：　　　　　　　　　　　　　　　　　　　　　　单位：元

账龄	A公司		B公司		C公司		合计	
	金额	比重（%）	金额	比重（%）	金额	比重（%）	金额	比重（%）
折扣期内								
过折扣期但未到期								
过期1～30天								
过期31～60天								
过期61～90天								
过期91～180天								
过期180天以上								
合计								

十、应收账款催款通知单

应收账款催款通知单

日期：

户名	结欠		结欠期间				对策	备注
	日期	金额	2个月	3～6个月	6～12个月	一年以上		
合计								

续表

以上应收账款均已结欠超过两个月以上，请加速催收为荷。 　　此致	
	财务部 日期：

填写说明：本表由财务部填写两份，一份备查、一份送业务部门。

十一、催款通知书

催款通知书

×××公司财务部：
　　贵公司××××年×月×日向我公司订购×××，货款计金额×××元，发票号为×××，该货款至今尚未支付给我公司，影响了我公司资金周转。接到本通知后，请即结算，逾期按银行规定加收×%的罚金。如有特殊情况，望及时和我公司财务部×××联系。
　　我公司地址：
　　银行账号：
　　电话：

×××公司财务部（盖章）
××××年×月×日

十二、付款申请单（1）

付款申请单

厂商编号：
厂商名称：　　　　　　　　月份：　　　　　　　　申请日期：

年/月/日	摘要（收货单号）	申请金额	核发金额	订购单号
	合计			

核准：　　　　　　　　主管：　　　　　　　　制表：
说明：1. 采购单位每月就不同类别厂商，分别编制一表，以利于审核。
　　　2. 适宜采购厂商较多之公司使用。

十三、付款申请单（2）

付款申请单

编号：　　　　　　　　　　　　　　　　　　　　　　　　　日期：

收款单位（人）			厂商代码	
说明				
银行信息	开户行			
	账号			
付款方式	转账支付 / 现金支付 / 支票支付 / 电汇 / 其他			
发票号码				
付款金额	大写：			
	小写：			
到期日		核销借款	借款人： 借款单编号：	
附件数		备注		
总经理	副总经理	部门经理	处室经理	经办人

十四、预付款申请单

预付款申请单

日期：
申请部门：□采购科　　□总务处　　□其他
□订金（尚未开发票）
□分批交货暂支款
金额：
说明：
冲销日期：

经理主管＿＿＿＿＿＿＿＿＿＿　　　申请人＿＿＿＿＿＿＿＿＿＿
会计＿＿＿＿＿＿＿＿＿＿　　　　　冲账＿＿＿＿＿＿＿＿＿＿

十五、劳务分包月付款计划

劳务分包月付款计划

编制部门：　　　　　　　　　　　　　　　　　　　　　填报日期：

序号	分包单位名称	分包项目名称	合同编号	合同价款	人工费	机械费	材料费	扣保修金	实际结算额	已付金额	未付金额	本月拟付金额	付款日期	备注
合计：														

工程技术部：　　　　　　　　　物资部：　　　　　　　　　　总经济师：
商务合约部：　　　　　　　　　财务部：　　　　　　　　　　副总经理：

十六、材料月付款计划

材料月付款计划

编制部门：　　　　　　　　　　　　　　　　　　　　　填报日期：
注：此表报财务部备案

序号	分供商名称	物资名称	合同编号	合同价款	实际结算额	扣保修金	已付金额	应付金额	本月拟付金额	付款日期	备注
合计											

项目经理：　　　　　　　　　工程技术部：　　　　　　　　总经济师：
商务经理：　　　　　　　　　商务合约部：　　　　　　　　副总经理：

十七、分包商付款审批表

分包商付款审批表

1. 付款基本情况				
分包商名称：				本单编号：
合同名称：				合同编号：
合同总额：				本期付款为该合同下第____次付款
合同形式：□固定价　□固定单价　□其他				付款方式：□支票　□电汇　□其他
付款形式：□一次性付款　□多次付款　□其他				收款人开户行：
付款性质：□预付款　□进度款　□尾款　□保修款				收款人开户行账号：
2. 付款统计情况				
数据类别	序号	数据内容	金额	备注
本期应付款	1	本期完成合同内付款		
	2	本期完成合同外付款		
累计应付款	3	至本期止累计应付款（附表1、2）		
本期扣款	4			
	5			
累计扣款	6	至本期止累计扣款合计（附表3）		
累计已付款	7			
累计未付款	8			
本次计划付款金额		大写：		
3. 付款审批				
审批人员	签名		签字日期	审批意见
商务经理				
项目经理				
商务合约部				
工程技术部				
财务部				
总经理				
4. 实际付款记录				
财务负责人					
本次实际付款金额	大写：			支票号

项目名称：　　　　　　　　　　　　　　申请日期：____年____月____日

十八、坏账损失申请书

坏账损失申请书

客户的名称		负责人姓名	
营业地址		电话号码	
申请理由			
不能收回的原因			
业务部意见			
财务部意见			
总经理意见			

十九、客户信用限度核定表

客户信用限度核定表

客户编号				客户名称			
地址				负责人			
部门别	以往交易已兑现额	最近半年平均交易额	平均票期	收款及票据金额		原信限	新申请信限
主办信用综合分析研判（包括申请表之复查，品德、风评、经营盈亏分析，偿债能力、核定限度的附带应注意事项等）			信限的核定或审查意见		签章及日期		
			主办信用				
			业务主管				
			财务部经理				
			总经理				
			生效日期				

填报人（签名）：　　　　部门负责人（签名）：　　　　填报时间：

二十、应付票据明细表

应付票据明细表

票据类别	票据关系人			合同号	出票日期	票面金额	已计利息	到期日期	利息率	到期应计利息	付息条件	备注
	出票人	承兑人	收款人									
						—	—			—		

编制说明：

1. 票据类别应按商业承兑汇票、银行承兑汇票分别列示。
2. 与收款人是否存在关联关系，在"备注"栏中说明。
3. 如果涉及非记账本位币的应付票据，应注明外币金额和折算汇率。

第七章

成本控制管理

第一节　成本控制管理要点

一、成本控制程序

一般来说，企业在对成本进行控制时，应按照以下程序实施。

1. 事前控制

事前控制是在产品投产前对影响成本的经济活动进行事前的规划、审核，确定目标成本，它是成本的前馈控制。事前控制的内容包括：

（1）对成本进行预测，为确定目标成本提供依据。

（2）在预测的基础上，通过对多种方案的成本进行对比分析，确定目标成本。

（3）把目标成本分别按各成本项目或费用项目进行层层分解，落实到各部门、车间、班级和个人，实行归口分级管理，以便于管理控制。

2. 事中控制

事中控制是在成本形成过程中，随时将实际发生的成本与目标成本进行对比，及时发现差异并采取相应措施予以纠正，以保证成本目标的实现，它是成本的过程控制。

成本事中控制应在成本目标的归口分级管理的基础上进行，严格按照成本目标对一切生产耗费进行随时随地的检查审核，把可能产生损失浪费的苗头消灭在萌芽状态，并且把各种成本偏差的信息，及时地反馈给有关的责任部门，以利于及时采取纠正措施。

3. 事后控制

事后控制是在产品成本形成之后，对实际成本的核算、分析和考核。它是成本的后馈控制。

成本事后控制通过实际成本和一定标准的比较，确定成本的节约或浪费，并进行深入的分析，查明成本节约或超支的主客观原因，确定其责任归属，对成本责任单位进行相应的考核和奖惩。通过成本分析，为日后的成本控制提出积极改进意见和措施，进一步修订成本控制标准、改进各项成本控制制度，以达到降低成本的目的。

二、做好成本会计核算

成本核算一般是从生产费用发生开始，到算出完工产品总成本和单位成本为止的整个成本计算的步骤。成本核算程序一般分为以下几个步骤：

1. 生产费用支出的审核

对发生的各项生产费用支出，应根据国家、上级主管部门和本企业的有关制度、规定进行严格审核，以便对不符合制度和规定的费用以及各种浪费、损失等，加以制止或追究经济责任。

2. 确定成本计算对象和成本项目，开设产品成本明细账

成本计算对象和成本项目，应根据企业生产类型的特点和对成本管理的要求来确定，并根据确定的成本计算对象开设产品成本明细账。

3. 进行要素费用的分配

对发生的各项要素费用进行汇总，编制各种要素费用分配表，按其用途分配计入有关的生产成本明细账。

（1）对能确认某一成本计算对象耗用的直接计入费用，如直接材料、直接工资，应直接记入"生产成本－基本生产成本"账户及其有关的产品成本明细账。

（2）对不能确认的某一费用，则应按其发生的用途进行归集分配，分别记入"制造费用""生产成本－辅助生产成本"和"废品损失"等综合费用账户。

4. 进行综合费用的分配

对记入"制造费用""生产成本－辅助生产成本"和"废品损失"等账户的综合费用，月终采用一定的分配方法进行分配，并记入"生产成本－基本生产成本"以及有关的产品成本明细账。

5. 进行完工产品成本与在产品成本的划分

通过要素费用和综合费用的分配，所发生的各项生产费用均已归集在"生产成本－基本生产成本"账户及有关的产品本明细账中。

（1）在没有在产品的情况下，产品成本明细账所归集的生产费用即为完工产品总成本。

（2）在有在产品的情况下，就需将产品成本明细账所归集的生产费用按一定的划分方法在完工产品和月末在产品之间进行划分，从而计算出完工产品成本和月末在产品成本。

6. 计算产品的总成本和单位成本

（1）在品种法、分批法下，产品成本明细账中计算出的完工产品成本即为产品的总成本。

（2）在分步法下，则需根据各生产步骤成本明细账进行顺序逐步结转或平行汇总，才能计算出产品的总成本。以产品的总成本除以产品的数量，就可以计算出产品的单位成本。

第二节 成本费用管理制度

一、成本费用内部控制规范

标准文件		成本费用内部控制规范	文件编号	
版次	A/0		页次	

1. 目的

为防范成本费用管理中的差错与舞弊行为，降低成本费用开支，提高资金使用效益，规范成本费用管理行为，特制定本规范。

2. 适用范围

适用于公司的成本费用控制。

3. 权责分工

3.1 总经理职责

对公司成本费用内部控制的建立健全和有效实施以及成本费用支出的真实性、合理性、合法性负责；对公司的成本费用管理进行职责合理划分和授权。

3.2 财务部经理

具体领导成本核算和成本管理工作；组织制定公司成本费用管理办法；组织相关部门编制成本、费用定额和标准成本；控制主管部门的成本费用。

3.3 总工程师

组织改善生产工艺和技术，为降低生产成本提供技术支持；组织编制产品消耗定额；控制主管部门的成本费用。

3.4 公司其他高管人员

按照公司职责分工，组织领导成本费用管理的相关工作；控制主管部门的成本费用。

3.5 财务部

负责拟定和修改公司成本管理制度；拟定公司成本、费用定额和标准成本，参与制定生产消耗定额；配备合适成本核算员，具体负责成本核算和管理工作；控制本部门费用和归口管理费用。

3.6 审计部

对公司的成本费用的真实性、合理性、合法性进行审计控制；控制本部门的费用。

3.7 其他部门

控制本部门的成本、费用；合理划分成本费用控制职责，分解成本费用控制指标，对产品生产的供、产、销和提供劳务各环节的成本费用进行全面控制；参与制定和严格执行公司的生产消耗定额、成本和费用定额；根据公司的有关规定制定本事业部的成本费用控制具体实施细则。

3.8 其他职责部门

参与制定公司的成本、费用定额，按公司的部门职能描述，完成本部门的成本费用管理工作；控制本部门费用和归口管理费用。

4. 管理规定

4.1 成本费用管理基础工作

4.1.1 编制生产消耗定额和费用定额。

（1）由生产、技术、财务、行政等相关部门会同制定材料消耗定额、工时定额、设备及能耗定额。

（2）财务部会同行政部门、相关部门制定各职能部门的费用开支定额和资金占用定额。

（3）行政部门会同财务、生产等部门制定人员定额。

（4）财务部会同生产、技术等相关部门制定物质库存限额。

4.1.2 成本费用开支范围与标准。

（1）划分原则。

① 划清经营支出与非经营支出的界限。

② 划清经营支出的制造成本和期间费用，即划清应计入产品成本与不应计入生产成本的费用界限。

③ 划清本期成本费用与非本期成本费用的界限。

④ 划清各种产品应负责的成本界限。

⑤ 划清在产品与完工产品应负担的成本界限。

（2）公司的下列费用开支可以计入成本：

①为产品生产而耗用的各种原材料、辅助材料、备品配件、外购半成品、燃料、动力、包装物、低值易耗品的原价和运输、装卸、整理等费用。

②生产工人和生产部门管理人员的工资及按规定比例提取的员工福利费。

③生产使用的固定资产按照规定比例提取的固定资产折旧，和固定资产租赁费及修理费。

④生产部门为组织和管理生产所发生的费用支出。

⑤按规定应当计入成本的其他费用。

（3）下列费用不得计入成本：

①属于期间费用（管理费用、销售费用、财务费用）的支出。

②不属于期间费用也不得列入成本的其他支出。

（4）不得列入期间费用也不得列入成本的支出包括：

①为购置和建造固定资产、购入无形资产和其他资产的支出。

②对外投资支出。

③被没收的财物。

④各项罚款、赞助、捐赠支出。

⑤在公积金和员工福利费中列支的支出。

⑥各种赔偿金、违约金、滞纳金。

⑦国家规定不得列入成本费用的其他支出。

（5）成本、费用开支标准。公司财务部会同相关部门制定，主要包括以下标准：

①差旅费报销管理办法。

②公司电话通信费控制和补助办法。

③公司私车公用费用补助办法。

④公司薪酬管理制度。

4.1.3 制定公司产品标准成本。公司财务部会同相关部门根据生产消耗定额、历史成本和内部计划价格制定标准成本，并编制公司产品标准成本手册。

4.1.4 健全原始记录。对公司所有物质资源的领用、耗费、入库、出库都必须有准确的原始记录，并定期检查、及时传递。

4.1.5 健全公司计量管理。对公司物资的购进、领用、转移、入库、销售等各个环节进行准确计量。

4.1.6 实行定额领料制度。严禁无定额领料和擅自超定额领料。

4.1.7 健全考勤和工时统计制度。生产工序要按产品的工作令号及时报送工时和完工产量资料。

4.2 成本费用预算

公司每年编制成本费用预算，根据成本预算内容，分解成本费用指标，落实成本费用责任主体，考核成本费用指标的完成情况，制订奖惩措施，实行成本费用责任追究制度。

4.3 成本控制

4.3.1 成本控制方法。

公司对成本控制主要采用标准成本控制法。标准成本控制是应用目标管理的原理对公司成本进行控制的一种方法。根据先进的消耗定额和计划期内能够实现的成本降低措施，确定公司的标准成本，并将其层层分解、落实到各成本责任主体，对标准成本实现的全过程进行控制。

4.3.2 标准成本控制业务流程和控制要求。

标准成本控制业务流程如下图所示。

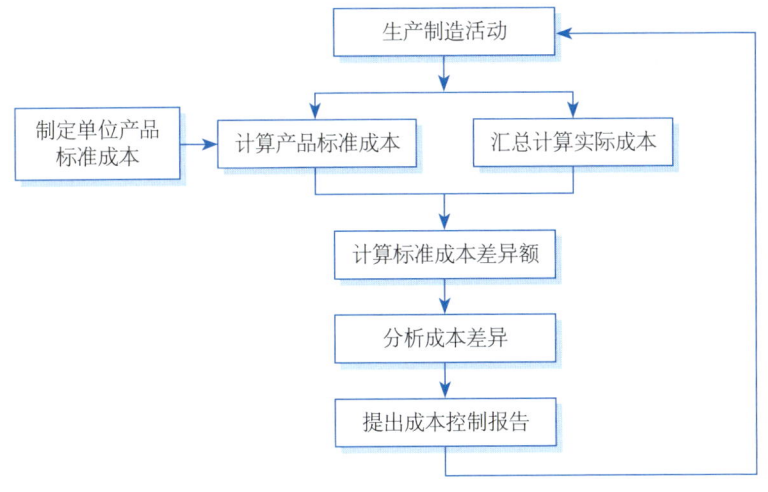

```
            ┌──────────────┐
      ┌────→│  生产制造活动  │←────┐
      │     └──────┬───────┘     │
      │            │             │
┌──────────┐  ┌─────────┐  ┌───────────┐
│制定单位产品│→│计算产品  │  │汇总计算   │
│ 标准成本  │  │标准成本  │  │ 实际成本  │
└──────────┘  └────┬────┘  └─────┬─────┘
                   │             │
                   ▼             ▼
              ┌──────────────────┐
              │  计算标准成本差异额 │
              └──────────┬───────┘
                         ▼
              ┌──────────────────┐
              │   分析成本差异    │
              └──────────┬───────┘
                         ▼
              ┌──────────────────┐
              │  提出成本控制报告  │
              └──────────────────┘
```

标准成本控制业务流程图

（1）标准成本制定。由财务部组织，采购、行政、生产技术等部门参加。要求为：

① 依据公司的生产消耗定额、历史成本水平制定。

② 标准成本水平在行业内先进水平的基础上，经过努力可以实现。

③ 标准成本尽量体现数量标准和价格标准，同时标准成本的计算口径符合成本核算规程要求。

相关计算公式如下：

部门产品标准成本＝直接材料标准成本＋直接人工标准成本＋制造费用标准成本

产品标准成本＝产品实际产量 × 部门产品标准成本

产品实际成本＝实际材料成本 ＋ 实际人工成本 ＋ 实际制造费用

标准成本差异额＝实际成本 － 标准成本

（2）成本核算。由财务部组织，具体要求为：

① 按照公司的成本核算规程要求核算。

② 编制成本报表。

③ 将实际成本与标准成本进行比较，计算成本差异。

（3）成本分析。由财务部经理主持，财务部组织相关部门参加。具体要求为：

① 对差异进行分析，寻找产生差异原因。

② 根据差异原因，拟定改进措施。

③ 提出成本分析报告。

（4）成本管理改进。由财务部经理组织相关部门实施。具体要求为：

① 根据成本分析报告，公司经理层制订改进措施。

② 颁布改进措施和组织实施。

③ 跟踪改进措施的落实和成效。

（5）成本考核和奖惩。由财务部经理组织实施。具体要求为：

① 财务部根据成本核算情况、报告标准成本的执行情况。

② 根据公司的奖惩规定，对责任主体进行奖惩。

4.3.3 材料成本控制。

（1）根据《存货管理办法》的规定，确定材料供应商和采购价格，并采用经济批量等方法确定材料采购批量，控制材料的采购成本和储存成本。

（2）按照生产耗用定额，确定耗用的品种与数量，控制材料耗用。

4.3.4 人工成本控制。

改善工艺流程、合理设置工作岗位，定岗定员，实行计件工资或以岗定酬，通过实施严格的绩效考评与激励机制控制人工成本。

4.4 费用控制

4.4.1 费用控制方法。

公司对费用采用预算控制法、标准控制法、审批控制法，即公司所有费用必须纳入公司年度预算，实行预算控制，凡未纳入预算的费用开支不能报销。预算内的开支必须严格执行费用标准（费用标准另行制定），超过标准的部分不能报销。公司所有开支报销必须经过授权人审批，未经审批的开支，不得报销。

4.4.2 费用预算的管理。

（1）严格执行《预算管理实施办法》。

（2）公司根据费用的性质对费用预算实行归口管理，管理费用主要由行政部门负责管理，销售费用由销售部门负责管理，财务费用由财务部门负责管理，制造费用由生产部门负责管理等。

（3）公司财务部门对各归口管理部门建立"费用支出卡"，反映费用控制指标、费用支出日期、摘要和金额、费用指标结余等。

（4）公司年度费用预算实行动态管理，每月初由财务部门会同各费用归口管理部门，根据费用预算的要求，结合下月开支需要，滚动下达下月费用控制指标，分月考核，年终总结评比，兑现奖惩。

4.4.3 费用报销。

公司费用报销按以下原则办理：

（1）预算内的开支，必须符合费用标准，并按公司授权审批。

（2）超预算的开支，按预算调整程序办理；例外事项必须事先向总经理书面报告，否则不能开支和报销。

5. 费用支出程序

5.1 费用支出程序（见下图）

申请部门申请 → 归口管理部门审核 → 审批人审批 → 财务部门办理支付

费用支出程序图

5.1.1 在预算支出范围内办理。

5.1.2 由公司授权的经办部门和经办人办理。

5.1.3 批准人在授权范围内审批。

5.2 成本费用核算

5.2.1 核算制度。

（1）公司财务部门按国家统一的会计制度的规定，制定成本核算办法。

（2）公司不能随意改变成本费用的确认标准和计量方法，不虚列、多列、不列或少列成本费用。

（3）具体核算要求按《公司会计核算手册》执行。

5.2.2 核算报告。

（1）公司财务部实时监控成本费用的预算执行情况和标准成本控制情况，按期（每月）编制成本费用内部报表，及时向公司领导层和各责任主体通报成本费用支出情况。

（2）定期对成本费用报告进行分析，对于实际发生的预算差异或标准成本差异，及时查明原因，并采取相应措施。

拟定		审核		审批	

二、费用报销制度

标准文件		费用报销制度	文件编号	
版次	A/0		页次	

1. 目的

为了加强公司内部管理,规范公司财务报销行为,倡导一切以业务为重的指导思想,合理控制费用支出,特制定本制度。

2. 适用范围

适用于公司全体员工的费用报销管理。

3. 管理规定

3.1 借支管理规定及借支流程

3.1.1 借款管理规定。

(1) 出差借款:出差人员凭审批后的"出差申请表"按批准额度办理借款,出差返回 5 个工作日内办理报销还款手续。

(2) 其他临时借款,如业务费、周转金等,借款人员应及时报账,除周转金外其他借款原则上不允许跨月借支。

(3) 各项借款金额超过 ×× 元应提前 1 天通知财务部备款。

(4) 借款销账规定:

① 借款销账时应以借款申请单为依据,据实报销,超出申请单范围使用的,须经主管领导批准,否则财务人员有权拒绝销账。

② 借领支票者原则上应在 5 个工作日内办理销账手续。

③ 借款未还者原则上不得再次借款,逾期未还借支者转为个人借款从工资中扣回。

3.1.2 借款流程。

(1) 借款人按规定填写"借款单",注明借款事由、借款金额(大小写须完全一致,不得涂改)、借款方式(支票或现金)。

(2) 审批流程:主管部门经理审核签字→财务部经理复核→总经理审批。

(3) 财务付款:借款人凭审批后的借款单到财务部办理领款手续。

3.2 日常费用报销制度及流程

3.2.1 日常费用主要包括差旅费、电话费、交通费、办公费、低值易耗品及备品备件、业务招待费、培训费、资料费等。在一个预算期间内,各项费用的累计支出原则上不得超出预算。

3.2.2 费用报销的一般规定。

(1) 报销人必须取得相应的合法票据,且发票背面有经办人签名。

（2）填写报销单应注意：根据费用性质填写对应单据；严格按单据要求项目认真填写，注明附件张数；金额大小写须完全一致（不得涂改）；简述费用内容或事由。

（3）按规定的审批程序报批。

（4）报销××元以上需提前一天通知财务部以便备款。

3.2.3 费用报销的一般流程。

报销人整理报销单据并填写对应费用报销单→须办理申请或出入库手续的应附批准后的申请单或出入库单→部门经理审核签字→财务部经理复核→总经理审批→到出纳处报销。

3.2.4 差旅费报销制度及流程。

（1）费用标准，如下表所示。

费用标准

职务	交通工具	住宿标准	伙食标准	外埠市内交通费用
一般员工	火车硬卧	___元/天	___元/天	___元/天
部门负责人	火车硬卧	___元/天	___元/天	___元/天
总经理助理	飞机	___元/天	___元/天	___元/天
总经理及以上	飞机	实报实销	实报实销	实报实销

（2）费用标准的补充说明。

① 住宿费报销时必须提供住宿发票，实际发生额未达到住宿标准金额，不予补偿；超出住宿标准部分由员工自行承担。

② 实际出差天数的计算以所乘交通工具的出发时间到返回时间为准，12：00以后出发（或12：00以前到达）以半天计，12：00以前出发（或12：00以后到达）以1天计。

③ 伙食标准、交通费用标准实行包干制，依据实际出差天数结算，原则上采用额度内据实报销形式，特殊情况无相关票据时可按标准领取补贴。

④ 宴请客户需由总经理批准后方可报销招待费，同时按比例扣减出差人当天的伙食补贴。

⑤ 出差时由对方接待部门提供餐饮、住宿及交通工具等将不予报销相关费用。

（3）报销流程。

① 出差申请：拟出差人员首先填写"出差申请表"，详细注明出差地点、目的、行程安排、交通工具及预计差旅费用项目等，交由总经理审批。

②借支差旅费：出差人员将审批过的"出差申请表"交财务部，按借款管理规定办理借款手续，出纳按规定支付所借款项。

③购票：出差人员持审批过的出差申请复印件，到行政部订票（原则上机票一律用支票支付，特殊情况不能用支票的，需事先书面说明情况，经审批人签字后报财务部备案）。

④返回报销：出差人员应在回公司后5个工作日内办理报销事宜，根据差旅费用标准填写"差旅费报销单"，报部门经理、财务部经理审核签字，交由总经理审批；原则上前款未清者不予办理新的借支。

3.2.5 电话费报销制度及流程。

（1）费用标准。

①移动通信费：为了兼顾效率与公平的原则，员工手机费用的报销采用与岗位相关制，即依据不同岗位，根据员工工作性质和职位的不同设定不同的报销标准。

②固定电话费：公司为员工提供工作必需的固定电话，并由公司统一支付话费。不鼓励员工在上班期间打私人电话。

（2）报销流程。

①公司人力资源部每月初（10日前）将本月员工手机费执行标准（含特批执行标准）交财务部。

②财务部通知员工于每月中旬（20日前）按话费标准将发票交财务部集中办理报销手续。

③财务部指定专人按日常费用的审批程序集中办理员工手机费报批手续。

④员工到财务部出纳处签字领款（每月25日前）。

⑤固定电话费由行政部指定专人按日常费用审批程序及报销流程办理报销手续，若遇电话费异常变动情况应到电信局查明原因，特殊情况报总经理批示处理办法。

3.2.6 交通费报销制度及流程。

（1）费用标准。

①员工因公需要用车可根据公司相关规定申请公司派车，在没有车的情况下经行政部车辆管理人员同意后可以乘坐出租车。

②市内因公乘坐公交车应保存相应车票报销。

（2）报销流程。

①员工整理交通车票（含公交车票），在车票背面签经办人姓名，并由行政部派车人员签字确认，按规定填好"交通费报销单"。

②按日常费用审批程序审批。

③ 员工持审批后的报销单到财务部办理报销手续。

3.2.7 办公费、低值易耗品等报销制度及流程。

（1）管理规定：为了合理控制费用支出，此类费用由公司行政部统一管理，集中购置，并指定专人负责。

（2）报销流程。

① 购置申请：公司行政部每季度根据需求及库存情况按预算管理办法编制购置预算，实际购置时填写购置申请单按资产管理办法规定报批。

② 报销程序：报销人先填写费用报销单（附出入库单），按日常费用审批程序报批。审批后的报销单及原始单据（包括结账小票）交财务部，按日常费用报销流程付款或冲抵借支。

③ 费用归集：财务部按月根据行政部提供的各部门领用金额统计表，归集核算各部门相关费用。库存用品作为公共费用，待实际领用时分摊。

3.2.8 招待费、培训费、资料费及其他报销制度及流程。

（1）费用标准。

① 招待费：为了规范该费用的支出，大额招待费应事前征得总经理的同意。

② 培训费：为了便于公司根据需要统筹安排，此费用由公司人力资源部统一管理，各部门有培训需求应及时报送人力资源部，人力资源部根据实际需要编制培训计划报总经理审批。

③ 资料费：在保证满足需要的前提下，尽量节约成本，注意资源共享。各部门在购买资料前必须先填写"资料申请表"，在报销前必须到行政部资料管理人员处进行登记（资料管理人员在资料发票背面签字）。

④ 其他费用：根据实际需要据实支付。

（2）报销流程。

① 招待费由经办人按日常费用报销的一般规定及一般流程办理报销手续。

② 培训费由人力资源部人员根据审批程序及报销程序办理报销手续。

③ 资料费在报销前需办理资料登记手续，经办人持按审批程序审批后的报销单及申请表到财务处办理报销手续。

④ 其他费用报销参照日常费用报销制度及流程办理。

3.3 工薪福利及相关费用支出制度及流程

3.3.1 工薪福利等支出包括工资、临时工资、社会保险及各项福利等，此类费用按照资金支出制度相关规定执行。

3.3.2 工薪福利支付流程。

（1）工资支付流程：

① 每月20日由人力资源部将本月经公司总经理审批后的工资支付标准（含

人员变动、额度变动、扣款、社会保险及住房公积金等信息）转交财务部。

②总经理提供员工月度奖金分配表。

③财务部根据奖金表及支付标准编制标准格式的工资表。

④按工薪审批程序审批。

⑤每月25日由财务部通过银行代发形式支付工资。

⑥每月月末之前员工到财务部领工资条并与工资卡内资金进行核实。

（2）临时工资支付流程同工资支付流程。

（3）社会保险及住房公积金支付流程：

①由人力资源部将总经理审批后的支付标准交财务部进行相关的财务处理。

②住房公积金由人力资源部按工薪审批程序申请转账支票支付；社会保险金由财务部协助人力资源部办理银行托收手续，财务部收到银行托收单据后应交人力资源部专人签字确认，若有差异应查明原因并按实际情况进行调整。

（4）其他福利费支出由公司人力资源部按审批后的支付标准填写报销单，经部门经理签字确认，财务部经理进行财务复核，报总经理审批，审批后的报销单及支付标准交财务部办理报销手续。

3.4 专项支出财务报销制度及流程

3.4.1 专项支出主要包括软件及固定资产购置、咨询顾问费用、广告宣传活动费及其他专项费用等。

3.4.2 软件及固定资产购置报销财务制度及流程。

（1）填写购置申请：按公司《资产管理制度》相关规定填写"资产购置申请单"并报批。

（2）报销标准：相关的合同协议及批准生效的购置申请。

（3）结账报销。

①资产验收（软件应安装调试）无误后，经办人凭发票等资料办理出入库手续，按规定填写报销单（经办人在发票背面签字并附出入库单）。

②按资金支出规定审批程序审批。

③财务部根据审批后的报销单以支票形式付款。

④若需提前借款，应按借款规定办理借支手续，并在5个工作日内办理报销手续。

3.4.3 其他专项支出报销制度。

（1）费用范围：其他专项支出包括其他所有专门立项的费用（含咨询顾问、广告及宣传活动费、公司员工活动费用、办公室装修及其他专项费用）支出。

（2）费用标准：此类费用一般金额较大，须由主管部门经理根据实际需要向总经理提交请示报告（含项目可行性分析、费用预算及相关收益预测表等），经总经理签署审核意见后报董事长及其授权人审批。

3.4.4 财务报销流程。

（1）审批后的报告文件到财务部备案，以便财务部备款。

（2）由直接负责部门与合作方签订正式合作合同（合同签订前由公司法律顾问审核，合同应注明付款方式等）。

（3）付款流程。

① 由经办人整理发票等资料并填写费用报销单。

② 按审批程序审批，主管部门经理审核签字→财务部经理复核→总经理审批。

③ 财务部根据审批后的报销单金额付款。

④ 若需提前借款，应按借款规定办理借支手续，并在5个工作日内办理报销手续。

3.5 报销时间的具体规定

为了协调公司对内、对外的业务工作安排，方便员工费用报销，财务部将报销时间具体安排如下。

3.5.1 公司财务部每周四为财务报销日。若当月的最后一个报销日在该月的28日以后，为了便于财务部集中时间月末结账，该报销日停止财务报销。

3.5.2 借支及其他业务的不受以上的时间限制，可随时办理。

拟定		审核		审批	

第三节　成本费用管理表格

一、产品别标准成本表

产品别标准成本表

标准总产量：

品名	标准损耗率	材料		直接人工		制造费用		标准单位成本
		取得成本	制成成本	分摊率	单位成本	分摊率	单位成本	

核准：　　　　　　　　复核：　　　　　　　　制表：

二、标准成本资料卡

标准成本资料卡

产品名称：　　　　　　　　标准设定日期：

	代号	数量	标准单价	一部门	二部门	三部门	四部门	合计
原料								
			合计					
人工	作业编号	标准工时	标准工时产量/小时					
制造费用	标准工时	标准分摊率/人工小时						
		每单位制造成本合计						

三、每百件产品直接人工定额

每百件产品直接人工定额

产品名称及规格：

工序（岗位）名称	定员人数	工价	每件产品人工定额	每百件产品人工定额

四、每百件产品直接材料消耗定额

每百件产品直接材料消耗定额

产品名称及规格：　　　　　　　预算期间：　　　　　　　部门：元

材料名称	计量单位	理论消耗量	损耗率（%）	实际消耗量	材料单价	消耗定额	每件产品消耗定额

编制：　　　　　　　　　　　　　　　　　审批：

五、成本费用明细表

成本费用明细表

填报日期：　　　　　　　　　　　　　　　　　金额单位：万元

行次	项目	金额
1	一、销售（营业）成本合计（2+7+13）	
2	1.主营业务成本（3+4+5+6）	
3	（1）销售商品成本	
4	（2）提供劳务成本	
5	（3）让渡资产使用权成本	
6	（4）建造合同成本	
7	2.其他业务支出（8+9+10+11+12）	
8	（1）材料销售成本	
9	（2）代购代销费用	
10	（3）包装物出租成本	
11	（4）相关税金及附加	
12	（5）其他	
13	3.视同销售成本（14+15+16）	
14	（1）自产、委托加工产品视同销售成本	
15	（2）处置非货币性资产视同销售成本	

续表

行次	项目	金额
16	（3）其他视同销售成本	
17	二、其他扣除项目合计（18+26）	
18	1. 营业外支出（19+20+…+25）	
19	（1）固定资产盘亏	
20	（2）处置固定资产净损失	
21	（3）出售无形资产损失	
22	（4）债务重组损失	
23	（6）罚款支出	
24	（7）非常损失	
25	（8）其他（包括三项减值准备）	
26	2. 税收上应确认的其他成本费用（27+28）	
27	（1）资产评估减值	
28	（2）其他	
29	三、期间费用合计（30+31+32）	
30	1. 销售（营业）费用	
31	2. 管理费用	
32	3. 财务费用	

经办人（签章）：　　　　　　　　　　法定代表人（签章）：

六、管理费设定表

管理费设定表

科目明细	年实际发生数	年费用额	各月费用拟定数			
^	^	^	一月	二月	…	十二月
一、用人费用						
间接人工						
训练及服装费						
二、设备费用						
折旧						
修护费						
保险费						

续表

科目明细	年实际发生数	年费用额	各月费用拟定数			
			一月	二月	…	十二月
税捐						
租金支出						
三、事务费用						
交际费						
邮电费						
交通费						
书报杂志						
什项购置						
旅费						
伙食费						
医药费						
水电费						
运费						
四、杂费						
其他费用						
董监报酬						
劳务报酬						
自由捐赠						
各项摊提						
总管理分摊费用						
合计						

七、推销费用设定表

推销费用设定表

科目明细		年实际发生数	年费用额	各月费用拟定数			
				一月	二月	…	十二月
变动费用	外销费用						
	内销费用						
	小计						

续表

科目明细		年实际发生数	年费用额	各月费用拟定数			
				一月	二月	…	十二月
变动费用	用人费用						
	间接人工						
	教育培训费						
	服装费						
	设备费用						
	折旧						
	修护费						
	保险费						
	税捐						
	租金支出						
	事务费用						
	交际费						
	邮电费						
	交通费						
	文具印刷						
	办公用具购置						
	旅费						
	伙食医药费						
	水、电费						
	其他费用						
	广告费						
	呆账损失						
	样品赠送						
	其他						
	小计						
合计							

八、变动推销费用设定表

变动推销费用设定表

科目明细		年实际发生数	年费用额	各月费用拟定数			
				一月	二月	…	十二月
外销费用	海运费						
	外销保险费						
	外销佣金						
	外销陆运费						
	退税费用						
	印花税						
	福利费						
	杂费						
	小计						
内销费用	内销运费						
	佣金支出						
	营业税						
	印花税						
	福利费						
	其他						
	小计						
变动费用合计							
费用率							
销货收入	内销						
	直接外销						
	间接外销						
	合计						

九、材料运输费用分配表

材料运输费用分配表

分配对象	分配标准（材料重量）	分配率	分配金额
合计			

部门负责人：　　　　　　　　复核人：　　　　　　　　制表人：

十、材料采购成本计算表

材料采购成本计算表

日期：

成本项目	A 材料		B 材料	
	总成本	单位成本	总成本	单位成本
买价				
运费				
合计				

部门负责人：　　　　　　　　复核人：　　　　　　　　制表人：

十一、电费分配表

电费分配表

日期：

项目		用电量（度）	单价	金额
总账科目	明细科目			
生产成本	甲产品			
生产成本	乙产品			
制造费用				
管理费用				
合计				

部门负责人：　　　　　　　　复核人：　　　　　　　　制表人：

十二、固定资产折旧费计算分配表

固定资产折旧费计算分配表

日期：

部门	会计科目	固定资产原始价值	月折旧率	本月折旧额
车间	制造费用			
行政部	管理费用			
合计				

部门负责人：　　　　　　　　复核人：　　　　　　　　制表人：

十三、预提费用（借款利息）摊销计算表

预提费用（借款利息）摊销计算表

日期：

借款科目	借款期限	本月发生额	年利率	月利息额
短息借款				
合计				

部门负责人：　　　　　　　　复核人：　　　　　　　　制表人：

十四、工资费用分配表

工资费用分配表

日期：

项目		工资费用		
总账科目	明细科目	定额工资	生产工人	管理人员	合　计
生产成本	甲产品				
生产成本	乙产品				
小　计					
制造费用					
管理费用					
合计					

部门负责人：　　　　　　　　复核人：　　　　　　　　制表人：

十五、员工福利费计提分配表

员工福利费计提分配表

日期：

项目		员工福利费		
总账科目	明细科目	工资总额	提取比例	应提福利费额
生产成本	甲产品			
	乙产品			
小计				
制造费用				
管理费用				
合计				

部门负责人：　　　　　　　复核人：　　　　　　　制表人：

十六、制造费用分配表

制造费用分配表

日期：　　　　　　　　　　　　　　　　　　　　　　　单位：元

分配对象	分配标准（生产工时）	分配率	分配金额
合计			

部门负责人：　　　　　　　复核人：　　　　　　　制表人：

十七、产品生产成本计算表

产品生产成本计算表

日期：

成本项目	A产品（产量：件）		B产品（产量：件）	
	总成本	单位成本	总成本	单位成本
直接材料				
直接人工				

续表

成本项目	A产品（产量：件）		B产品（产量：件）	
	总成本	单位成本	总成本	单位成本
其他直接费用				
制造费用				
合 计				

部门负责人：　　　　　　　复核人：　　　　　　　制表人：

十八、员工出差及费用申请单

员工出差及费用申请单

出差人	职别		代理人	职别		签认	
	姓名			姓名			
出差地点			出差时间	自___年___月___日___时起至___年___月___日___时讫共___日			
拟办事项							

批示主管：　　　　　　　　　　申请人：

日期	起讫地点	交通工具	交通费	住宿费	杂费	合计
合计						
合计金额（大写）	万　千　百　拾　元　角　分					附凭证___张

会计：　　　　　　　　　主管：　　　　　　　　　申请人：

十九、国外出差费用明细报告书

国外出差费用明细报告书

姓名：　　　　　　部门：　　　　　　日期：

<table>
<tr><td colspan="2">出发地</td><td colspan="4"></td><td colspan="2">事由</td><td colspan="3"></td></tr>
<tr><td rowspan="2">航空行程</td><td colspan="4">出发</td><td colspan="5">回国</td></tr>
<tr><td>月日</td><td>时间</td><td colspan="2">班次</td><td>月日</td><td colspan="2">时间</td><td colspan="2">班次</td></tr>
<tr><td rowspan="9">旅费清单</td><td colspan="2" rowspan="2">类别</td><td rowspan="2">单价</td><td rowspan="2">天数</td><td colspan="3">金额</td><td colspan="2" rowspan="2">摘要</td></tr>
<tr><td colspan="2">外币</td><td>本币（换算）</td></tr>
<tr><td colspan="2">准备金</td><td></td><td></td><td colspan="3">____元</td><td colspan="2"></td></tr>
<tr><td colspan="2">出国旅费</td><td></td><td></td><td colspan="3"></td><td colspan="2"></td></tr>
<tr><td colspan="2">出国手续费</td><td></td><td></td><td colspan="3"></td><td colspan="2"></td></tr>
<tr><td colspan="2">出国交通费</td><td></td><td></td><td colspan="3"></td><td colspan="2"></td></tr>
<tr><td rowspan="4">停留期间的旅费</td><td>交通费</td><td></td><td></td><td colspan="3">$ ____</td><td colspan="2"></td></tr>
<tr><td>住宿费</td><td></td><td></td><td colspan="3"></td><td colspan="2"></td></tr>
<tr><td>伙食费</td><td></td><td></td><td colspan="3"></td><td colspan="2"></td></tr>
<tr><td>杂费</td><td></td><td></td><td colspan="3"></td><td colspan="2"></td></tr>
<tr><td colspan="5">合计</td><td colspan="3">____元</td><td colspan="2"></td></tr>
<tr><td colspan="2">原支领金额</td><td colspan="3">支出</td><td colspan="2">余额</td><td colspan="3">不足额</td></tr>
<tr><td colspan="2">____元</td><td colspan="3">____元</td><td colspan="2">____元</td><td colspan="3">____元</td></tr>
<tr><td colspan="2">类别</td><td colspan="3">支付额</td><td colspan="2">金额</td><td>支付月日</td><td>借方</td><td>贷方</td></tr>
<tr><td colspan="2"></td><td colspan="3"></td><td colspan="2"></td><td></td><td></td><td></td></tr>
<tr><td colspan="2"></td><td colspan="3"></td><td colspan="2"></td><td></td><td></td><td></td></tr>
<tr><td colspan="2"></td><td colspan="3"></td><td colspan="2"></td><td></td><td></td><td></td></tr>
<tr><td colspan="2"></td><td colspan="3"></td><td colspan="2"></td><td></td><td></td><td></td></tr>
<tr><td colspan="2"></td><td colspan="3"></td><td colspan="2"></td><td></td><td></td><td></td></tr>
<tr><td colspan="2"></td><td colspan="3"></td><td colspan="2"></td><td></td><td></td><td></td></tr>
<tr><td colspan="2"></td><td colspan="3"></td><td colspan="2"></td><td></td><td></td><td></td></tr>
</table>

总经理：　　　　人事主管：　　　　部门主管：　　　　申请人：

二十、差旅费报销单

差旅费报销单

日期：

姓名			预借金额						
差调事由									
出发		到达		天数	支出差旅费				合计
月	日	起点	月	日	终点	住宿费	交通/过路费	交通/油费	餐费	杂费	
	合计								应补数		

经理：　　　　　会计：　　　　　主管：　　　　　出差人：

二十一、费用报销单

费用报销单

部门：　　　　　日期：　　　　　　　　　　　　　单位：元

摘要	预算项目	附件（张）	金额
合计（大写）：　拾　万　仟　佰　拾　元　角　分			¥：
资金来源	预算内□ 外□	已借资金	应还资金

部门经理：　　　　　　　　会计：　　　　　　　　报账员：

二十二、费用申请单（代支出传票）

费用申请单（代支出传票）

编号：

日期		申请部门		归属利润中心				
费用类别	事由摘要		金额	已付	未付	凭证		备注
						有	无	
附发票收据张		会计：		经主管批示费用：				

二十三、借款单

借款单

借款人		借款日期	
借款事由			
借款金额	大写：		
预计还款期	我将于_____年___月___日之前还款	领导审批意见	
借款说明			

第八章

税务管理

第一节 税务管理要点

一、进行税务会计核算

一般来说，企业对税务会计核算进行管理时，应按照以下方法实施：

1. 通过财务会计现有的各个会计科目正确核算

通过财务会计现有的各个会计科目，对企业所涉及的各个税种进行反映和监督，正确计算企业应交的各种税金。其核算的数额通过财务会计的科目，最终会反映在企业"资产负债表""损益表"和"现金流量表"等上，成为财务会计报表体系的有机组成部分。

2. 通过设置"税务利润调整"账目正确核算

该科目只作为企业财务会计的备查账户，其平时反映的多笔业务不用登记在企业财务会计账簿上，核算的结果只作为计算企业应交所得税的计税依据。

3. 通过税务筹划正确核算

通过税务筹划，针对企业自身的特点、利用会计特有的方法、规划和安排企业的纳税活动，既能依法纳税，又能充分享受税收优惠政策，以达到减轻税负，解除税负或推迟纳税的工作。

这实质上是企业税务会计的高级阶段，也称之为"企业税务管理会计"。其反映和核算的一切资料，均不在财务会计报表上披露。因为税务筹划重在对企业纳税活动的安排，也就是解决企业怎样运用税收优惠政策进行合理避税问题。

二、做好纳税筹划

一般来说，企业对纳税筹划进行管理时，应按照以下步骤实施：

1. 了解企业情况和要求

纳税筹划真正开始的第一步，是了解企业的情况和企业的要求。其具体内容如下：

（1）了解纳税人的情况。如企业组织形式、财务情况、投资意向、领导对风险的态度、纳税历史等。

（2）了解企业的要求。企业对纳税筹划的共同要求肯定是尽可能多地节税。节税的目的是增加企业的财务收益。而不同企业的要求可能有所不同，这是纳税筹划必须注意的一点。

（3）根据企业的要求取得资料。纳税筹划人的专业知识往往还不足以应付企业的各种不同的具体要求，但在明确了要求后，就应通过各种渠道取得相关资料。这些有关的税法和政策等资料，有时可以无偿取得，有时需要有偿取得。

2. 制订纳税筹划计划

（1）纳税筹划的主要任务和内容。

① 纳税筹划的主要任务是根据企业的要求及其具体情况来制订税务计划。

② 纳税筹划计划应该包括纳税筹划具体步骤、方法、注意事项，纳税筹划所依据的税收法律法规，在纳税筹划过程中可能面临的风险等。

（2）制订筹划草案的过程。

制订筹划草案的过程实际上就是一个操作过程，整个操作过程应包括下表所示内容。

制订筹划草案的工作事项

序号	事项	具体说明
1	分析企业的业务背景，选择节税方法	根据企业所从事的业务和业务收入、业务费用的收支渠道，确定可以节税的各种方法。在选择各种节税方法的同时，可借鉴与其行业、业务有相同背景的个案，以提高节税效果
2	进行法律可行性分析	在制订节税方案的同时，汇集纳税涉及的可依据的法律、法规、政策，避免陷入法律纠纷。在具体问题把握不准的情况下，可以就具体问题咨询征收机关的意见
3	应纳税额的计算	不同的纳税方案制订出来以后，分别计算出应纳税额。与应纳税额相对应，税收筹划人应作出会计处理的方法
4	各因素变动分析	对影响纳税筹划节税效果的那些相互影响的内部因素将来可能会发生的变动进行分析，以防止因内部因素变动而产生的风险
5	敏感分析	对影响税务计划实施的外部条件可能发生变化而引起税收筹划节税效果变化的敏感程度进行分析，以防止因外部因素变化而产生的风险

3. 纳税筹划方案的选择和实施

一个企业或一项纳税业务的纳税方案不止一个，在方案制订出来后，接下来的工作就是对纳税筹划方案进行筛选，选出一个最优方案。筛选时应主要考虑以下因素：

（1）选择短期内节减税收更多的，或在比较长的一个时间段内股东可得到更大财务利益的纳税筹划方案。

（2）选择成本更低或成本可能稍高而节税效果更好的税务计划。

（3）选择实施起来更便利或技术较复杂风险也较小的方案。

第二节 税务管理制度

一、公司税务管理制度

标准文件		公司税务管理制度	文件编号	
版次	A/0		页次	

1. 目的

为了加强公司的税务管理工作，合理控制税务风险，防范税务违法行为，结合公司的实际情况，特制定本制度。

2. 适用范围

适用于本公司及下属机构的税务管理工作。

3. 管理规定

3.1 管理机构设置及其职责

3.1.1 公司税务管理机构设置。

（1）公司财务部设立专职税务管理岗位和人员。

（2）各部门结合自身实际情况，在财务部相应设置专职或兼职税务管理岗位和人员。

3.1.2 公司财务部税务管理职责。

（1）负责公司日常税务事项的审核、核算、申报、缴纳（含代扣代缴）、协调与管理工作；负责公司各种发票的购买、领用和保管工作；按照税法规定，真实、完整、准确地准备和保存有关涉税业务资料，并按相关规定进行报备。

（2）贯彻执行国家有关税收政策，结合公司实际情况制定相应的实施管理办法，并负责督促、指导、监督与落实。

（3）负责与税务机关和上级主管部门的接洽、协调和沟通应对工作，负责解决应以公司名义统一协调、解决的相关税务问题。

（4）参与公司日常的经济活动和合同会签，利用所掌握的税收政策，为公司的战略制定、关联交易、并购重组等重大决策以及开发、采购、销售、投资等生产经营活动，提供税务专业支持与管理建议。

（5）负责所在地区最新税收政策的收集和整理，及时地了解和熟练掌握国家有关财税政策的变化，将与公司有关的重要税务政策变化归类汇总后，提交公司领导，必要时还应组织相关部门进行培训学习，结合公司实际情况认真研究、分析各项税务政策变化对公司的影响并提出合理化建议。

（6）合理利用税收政策，加强公司经营活动的税务筹划，每月对纳税申报、税负情况进行综合分析，有效地控制税收成本，发挥税务管理的效益。

3.1.3 公司应建立科学有效的职责分工和制衡机制，确保税务管理的不相容岗位相互分离、制约和监督。税务管理的不相容职责包括：

（1）税务规划的起草与审批。

（2）税务资料的准备与审查。

（3）纳税申报表的填报与审批。

（4）税款缴纳划拨凭证的填报与审批。

（5）发票购买、保管与财务印章保管。

（6）税务风险事项的处置与事后检查。

（7）其他应分离的税务管理职责。

3.1.4 任何税务事项的计缴必须有书面原始凭证和履行相应的审批程序。

3.1.5 公司涉税业务人员应具备必要的专业资质、良好的业务素质和职业操守，遵纪守法。

3.1.6 公司应定期对涉税业务人员进行培训，不断提高其业务素质和职业道德水平。

3.2 税务风险识别和评估

3.2.1 公司应全面、系统、持续地收集外部相关信息和整理整合内部信息，结合实际情况，通过风险识别、风险分析、风险评价等步骤，查找公司经营活动及其业务流程中的税务风险，分析和描述风险发生的可能性和条件，评价风险对公司实现税务管理目标的影响程度，从而确定风险管理的优先顺序和策略。公司应结合自身税务风险管理机制和实际经营情况，重点识别下列税务风险因素：

（1）公司管理层的税收遵从意识和对待税务风险的态度。

（2）涉税员工的职业操守和专业胜任能力。

（3）组织机构、经营方式和业务流程。

（4）技术投入和信息技术的运用。

（5）财务状况、经营成果及现金流情况。

（6）相关内部控制制度的设计和执行。

（7）经济形势、产业政策、市场竞争及行业惯例。

（8）法律法规和监管要求。

（9）其他有关风险因素。

3.2.2 公司应定期进行税务风险评估。税务风险评估由公司税务管理岗位协同相关职能部门实施，也可聘请具有相关资质和专业能力的中介机构协助实施。

3.2.3 公司应对税务风险实行动态管理，及时地识别和评估原有风险的变化情况以及新产生的税务风险。

3.3 税务风险应对策略和内部控制

3.3.1 公司应根据税务风险评估的结果，考虑风险管理的成本和效益，在整体管理控制体系内，制订税务风险应对策略，建立有效的内部控制机制，合理设计税务管理的流程及控制方法，全面控制税务风险。

3.3.2 公司应根据风险产生的原因和条件，从组织机构、职权分配、业务流程、信息沟通和检查监督等多方面建立税务风险控制点，根据风险的不同特征采取相应的人工控制机制或自动化控制机制，根据风险发生的规律和重大程度建立预防性控制和发现性控制机制。

3.3.3 公司应针对重大税务风险所涉及的管理职责和业务流程，制订覆盖各个环节的全流程控制措施；对其他风险所涉及的业务流程，合理设置关键控制环节，采取相应的控制措施。

3.3.4 公司因内部组织架构、经营模式或外部环境发生重大变化，以及受行业惯例和监管的约束而产生的重大税务风险，可以及时向税务机关报告，以寻求税务机关的辅导和帮助。

3.3.5 公司对于发生频率较高的税务风险应建立监控机制，评估其累计影响，并采取相应的应对措施。

3.4 信息与沟通

3.4.1 公司应建立税务风险管理的信息与沟通制度，明确税务相关信息的收集、处理和传递程序，确保公司税务管理部门内部、公司税务管理部门与其他部门、公司税务管理部门与管理层的沟通和反馈，发现问题应及时地报告并采取应对措施。

3.4.2 公司应与税务机关和其他相关部门保持有效的沟通，及时收集和反馈相关信息。

（1）建立和完善税法的收集和更新系统，及时汇编企业适用的税法并定期更新。

（2）建立和完善其他相关法律法规的收集和更新系统，确保企业财务会计系统的设置和更改与法律法规的要求同步，合理保证会计信息的输出能够反映法律法规的最新变化。

3.4.3 公司应根据业务特点和成本效益原则，将信息技术应用于税务风险管理的各项工作，建立涵盖风险管理基本流程和内部控制系统各环节的风险管理信息系统。

（1）利用计算机系统和网络技术，对具有重复性、规律性的涉税事项进行自动控制。

（2）将税务申报纳入计算机系统管理，利用有关报表软件提高税务申报的准确性。

（3）建立年度税务日历，自动提醒相关责任人完成涉税业务，并跟踪和监控工作完成情况。

（4）建立税务文档管理数据库，采用合理的流程和可靠的技术对涉税信息资料进行安全存储。

（5）利用信息管理系统，提高法律法规的收集、处理及传递的效率和效果，动态监控法律法规的执行。

3.4.4 公司税务风险管理信息系统数据的记录、收集、处理、传递和保存应符合税法和税务风险控制的要求。

拟定		审核		审批	

二、税务风险管理制度

标准文件		税务风险管理制度	文件编号	
版次	A/0		页次	

1. 目的

为确保公司合法经营、诚信纳税，防范和降低税务管理风险，根据《税收征收管理法》和《税收征收管理法实施细则》等国家相关法律法规及公司《财务管理制度》的规定，结合公司实际经营情况，特制定本制度。

2. 适用范围

适用于公司及其下属分公司的税务风险管理工作。

3. 管理规定

3.1 公司税务风险管理的主要目标

3.1.1 公司所有的税务规划活动均应具有合理的商业目的，并符合税法规定。

3.1.2 公司的经营决策和日常经营活动应当考虑税收因素的影响，符合税法规定。

3.1.3 公司的纳税申报、税款缴纳等日常税务工作事项和税务登记、账簿凭证管理、税务档案管理以及税务资料的准备和报备等涉税事项均应符合税法规定。

3.2 管理机构的设置及其职责

3.2.1 公司应当根据经营特点和内部税务风险管理的要求设立税务管理部门和相应岗位，明确各岗位的职责和权限。目前公司税务管理部门为财务中心。

3.2.2 公司税务管理部门应当严格履行税务管理职责，包含但不限于以下职责：

（1）制定和完善公司税务风险管理制度和其他涉税规章制度。

（2）参与公司战略规划和重大经营决策的税务影响分析，提供税务风险管理建议。

（3）组织实施公司税务风险的识别、评估，监测日常税务风险并采取应对措施。

（4）指导和监督有关部门、各业务部门开展税务风险管理工作。

（5）建立税务风险管理的信息和沟通机制。

（6）组织公司内部税务知识培训，并向公司其他部门提供税务咨询。

（7）承担或协助相关部门开展纳税申报、税款缴纳、账簿凭证和其他涉税资料的准备和保管工作。

（8）其他税务风险管理职责。

3.2.3 公司应当建立科学有效的职责分工和制衡机制，确保税务管理的不相容岗位相互分离、制约和监督。

3.2.4 公司涉税业务人员应当具备必要的专业资质、良好的业务素质和职业操守，遵纪守法。公司应当定期或不定期地对涉税业务人员进行培训，不断提高其业务素质和职业道德水平。

3.3 风险识别和评估

3.3.1 公司税务管理部门应当全面、系统、持续地整理整合内部资料和搜集外部相关信息，结合实际情况，通过风险识别、风险分析、风险评价等步骤，查找公司经营活动及其业务流程中的税务风险，分析和描述风险发生的可能性和条件，评价风险对公司实现税务管理目标的影响程度，从而确定风险管理的优先顺序和策略。

3.3.2 公司应当结合自身税务风险管理机制和实际经营情况，重点识别下列税务风险因素，包含但不限于：

（1）公司组织机构、经营方式和业务流程。

（2）涉税员工的职业操守和专业胜任能力。

（3）相关税务管理内部控制制度的设计和执行。

（4）经济形势、产业政策、市场竞争及行业惯例。

（5）法律法规和监管要求。

（6）其他有关风险因素。

3.3.3 公司应当定期进行税务风险评估。税务风险评估由公司税务管理部门协同相关职能部门实施，也可聘请具有相关资质和专业能力的中介机构协助实施。

3.3.4 公司应当对税务风险实行动态管理，及时地识别和评估原有风险的变化情况以及新产生的税务风险。

3.4 风险应对策略与内部控制

3.4.1 公司应当根据税务风险评估的结果，考虑风险管理的成本和效益，在整体管理控制体系内，制订税务风险应对策略，建立有效的内部控制机制，合理设计税务管理的流程及控制方法，全面控制税务风险。

3.4.2 公司应当根据风险产生的原因和条件，从组织机构、职权分配、业务流程、信息沟通和检查监督等多方面建立税务风险控制点，根据风险的不同特征采取相应的人工控制机制或自动化控制机制，根据风险发生的规律和重大程度建立预防性控制和发现性控制机制。

3.4.3 公司应当针对重大税务风险所涉及的管理职责和业务流程，制订覆盖各个环节的全流程控制措施；对其他风险所涉及的业务流程，合理设置关键控制环节，采取相应的控制措施。

3.4.4 公司因内部组织架构、经营模式或外部环境发生重大变化，以及受行业惯例和监管的约束而产生的重大税务风险，可以及时地向主管税务机关报告，以寻求主管税务机关的辅导和帮助。

3.4.5 公司税务管理部门应当参与公司重要经营活动和重大经营决策，包括关联交易、重大对外投资、重大并购或重组、经营模式的改变以及重要合同或协议的签订等，并跟踪和监控相关税务风险。

3.4.6 公司税务管理部门应当协同相关职能部门，管理日常经营活动中的税务风险：

（1）参与制定或审核公司日常经营业务中涉税事项的政策和规范。

（2）制定各项涉税会计事务的处理流程，明确各自的职责和权限，保证对税务事项的会计处理符合相关法律法规。

（3）完善纳税申报表编制、复核、审批以及税款缴纳的程序，明确相关的职责和权限，保证纳税申报和税款缴纳符合税法规定。

（4）按照税法规定，真实、完整、准确地准备和保存有关涉税业务资料，并按相关规定进行报备。

3.4.7 公司对于发生频率较高的税务风险应建立监控机制，评估其累计影响，并采取相应的应对措施。

3.5 信息管理体系与沟通机制

3.5.1 公司应当建立税务风险管理的信息与沟通机制，明确税务相关信息的收集、处理和传递程序，确保税务信息在公司内部顺畅及时地沟通和反馈，发现问题应及时报告并采取应对措施。

3.5.2 公司应当与主管税务机关和其他相关部门保持有效的沟通，建立和完善税法的收集和更新系统，及时地汇编公司适用的税法并定期更新。

3.5.3 公司应当根据业务特点和成本效益原则，将信息技术应用于税务风险管理的各项工作，建立涵盖风险管理基本流程和内部控制系统各环节的风险管理信息系统。

3.5.4 公司税务风险管理信息系统数据的记录、收集、处理、传递和保存应当符合税法和税务风险控制的要求。

3.6 监督和改进机制

3.6.1 公司税务管理部门应当对公司税务风险管理机制的有效性进行评估审核，不断改进和优化税务风险管理制度和流程。

3.6.2 公司内部控制评价机构应当根据公司的整体控制目标，对税务风险管理机制的有效性进行评价。

3.6.3 公司可以委托符合资质要求的中介机构，对公司税务风险管理相关的内部控制有效性进行评估，并向税务机关出具评估报告。

3.6.4 未能遵守本制度，给公司造成经济损失的，将依据损失金额大小对有关部门和直接责任人员进行相应惩罚，触犯法律的交由相关部门追究其法律责任。

拟定		审核		审批	

三、增值税发票管理制度

标准文件		增值税发票管理制度	文件编号	
版次	A/0		页次	

1. 目的

为进一步规范公司增值税发票管理，明确管理职责，防范发票管理风险，依据《中华人民共和国发票管理办法》、增值税发票管理相关规定，结合公司实际情况，特制定本制度。

2. 适用范围

本办法适用于公司及所属全资子公司,控股或具有实质控制权的各级子公司。

3. 销售发票管理

3.1 管理职责

3.1.1 销售发票是指公司在销售商品、提供劳务或服务，销售不动产、转让无形资产时，对购买方开具的增值税发票。

3.1.2 公司财务部门是销售发票管理部门，对本公司销售发票管理工作承担管理责任。

3.1.3 与销售有关的业务部门具体职责如下：
（1）负责交易的真实性。
（2）建立包括开票信息在内的客户档案资料，并对其真实性、准确性负责。
（3）负责提供合同、结算单据等开票所需依据。
（4）负责发票对外传递工作。
（5）配合财务部门开展发票使用情况的监督检查工作。
3.1.4 财务部门具体职责如下：
（1）负责建立发票管理制度。
（2）负责制定及细化开具发票的各项管理流程。
（3）负责发票领购、开具、保管、缴销等工作。
（4）负责组织开票使用情况的监督检查工作。
（5）负责本公司及所属单位发票管理的其他工作。

3.2 销售发票领购

3.2.1 公司应在财务部指定专人办理发票领购事宜，发票只向公司所属的主管税务机关领购。

3.2.2 在每次发票领购前，发票领购人应制订发票领购计划。发票领购应在发票领购计划获得公司财务负责人或授权负责人审批后方可进行。

3.2.3 初次发票领购前，发票领购人应根据本公司实际情况向主管税务机关提出发票领购申请，确认需要领购发票的种类、最高开票限额、最大领购数量和领购方式等。

3.2.4 发票领购人员在购买发票时，应检查发票的类型和数量是否正确，发票的字号是否连续，联次是否完整。

3.2.5 增值税普通发票由各公司项目指定人员领购后，盖好发票专用章传递至相关开票人员保管，增值税专用发票由各公司项目指定人员领购后，交由各城市或区域公司指定的财务经理以上人员保管。

3.2.6 公司财务部门应建立发票使用登记制度，详细登记各种发票购、销、存及内部传递情况记录，对发票的结存数量进行检查、核对，并定期向主管税务机关报告。

3.3 销售发票开具

3.3.1 公司发票开具应指定专人进行，发票开具前应获得经审批或认可的开票资料。

3.3.2 公司在销售货物、服务、无形资产或者不动产，提供加工修理修配劳务收取款项时，应当向付款方开具发票。增值税专用发票应在纳税义务发生时开具。

3.3.3 增值税普通发票由各公司指定收款员或出纳开具；增值税专用发票由各公司指定财务主管或会计人员负责开具。

3.3.4 对增值税专用发票的开具，由项目会计凭相关资料向各城市或区域发票保管人员领取增值税专用发票，开票后由各城市或区域财务负责人复核后加盖发票专用章（发票专用章由各城市或区域财务负责人负责保管）。

3.3.5 公司对新增客户初次申请开具增值税专用发票时，由经办业务人员填写本公司自制的发票开具申请单，经相关领导审批后，连同合同、结算单据、客户信息表、加盖公章的税务登记证明等资料提交财务部门。

3.3.6 财务部门或开票部门根据业务部门提供的资料核对无误后开具发票。财务人员在开票时应做到：不得开具与实际经营业务不相符、与合同约定内容不一致的发票。未发生的经营业务一律不准开具发票，同一经济事项不得重复开票。

3.3.7 公司兼营销售货物、劳务、服务、无形资产或者不动产，适用不同税率或者征收率的，应当按适用不同税率或者征收率分别开具增值税发票。

3.3.8 公司对于混合销售行为，即一项销售行为如果既涉及服务又涉及货物，按如下原则开具增值税发票：从事货物的生产、批发或者零售的，按照销售货物开具增值税发票并缴纳增值税；其他部门，按照销售服务开具增值税发票并缴纳增值税。

3.3.9 对于下列业务，开具发票应符合如下要求：

（1）适用差额征税办法缴纳增值税，且不得全额开具增值税发票的，各公司自行开具增值税发票时，通过新系统中差额征税开票功能，录入含税销售额（或含税评估额）和扣除额，系统自动计算税额和不含税金额。

（2）提供建筑服务的，开具增值税发票时，应在发票的备注栏注明建筑服务发生地县（市、区）名称及项目名称。

（3）销售不动产的，开具增值税发票时，应在发票"货物或应税劳务、服务名称"栏填写不动产名称及房屋产权证书号码(无房屋产权证书的可不填写)，"单位"栏填写面积单位，备注栏注明不动产的详细地址。

（4）出租不动产的，开具增值税发票时，应在备注栏注明不动产的详细地址。

3.3.10 公司的发票应由专人负责开具。开具发票应按照规定的时限、顺序、栏目，按照号码顺序填开；要填写项目齐全，内容真实，字迹清楚，全部联次一次性如实开具，并在发票联和抵扣联加盖发票专用章；开票后登记发票台账，并注明结算单据编号。

3.3.11 公司不得转借、转让、代开发票，不得虚开、乱开发票，对作废的发票需加盖"作废"章，并保存完整。

3.3.12 公司应按规定进行发票开具，做到要素完整、内容准确。以下情况属于未按规定开具发票的行为：

（1）单联填开或各联金额、增值税销项税额等内容不一致。

（2）填写项目不齐全。

（3）购销单位名称简写。

（4）涂改发票。

（5）转借、转让、代开发票。

（6）虚构经营业务活动，虚开发票。

（7）开具票、物不符发票。

（8）未经批准跨规定区域开具发票。

（9）扩大增值税专用发票开具范围。

3.3.13 下列情形不得开具增值税专用发票：

（1）向个人消费者销售应税项目。

（2）销售免税项目。

（3）销售报关出口的货物、在境外销售应税劳务。

（4）将货物用于集体福利或个人消费。

（5）向小规模纳税人销售应税项目。

3.3.14 公司财务部开票人完成开票后，应经过复核后，方可交给业务经办人员或客户。

3.3.15 属于小规模纳税人的企业，如客户属于一般纳税人并要求取得增值税专用发票，可以向税务机关申请代开。

3.4 销售发票领取及交付

3.4.1 业务经办人员或客户领取发票时，应认真核对相关信息，检查无误后，在公司自制的"增值税发票移交登记表"上签字确认，领取相应联次。

3.4.2 业务经办人员领取发票后应妥善保管，不得在票面上书写，不得对折及污损。

3.4.3 增值税发票开具后，原则上应由经办人员将发票联及抵扣联当面、及时送交客户，并要求客户在公司自制的发票签收回执单上签字确认。

3.4.4 增值税发票如需邮寄给客户，应按照公司发票邮寄管理的相关要求处理。邮寄后，经办人员应登记"增值税专用发票邮寄本"。

3.4.5 发票寄出后经办人员应及时通知客户查收；要求客户收到发票以后，填写发票签收回执单，并将回执单邮件发回公司。

3.5 销售发票丢失、作废和红冲

3.5.1 财务部开票人应当妥善保管空白发票，不得丢失。发生发票丢失情形时，应将有关情况书面报与公司财务负责人与集团税务负责人，于丢失当日书面报告主管税务机关，并登报声明作废。

3.5.2 财务人员在开具发票时发现有误的，可即时作废；在开具专用发票当月，发生开票有误等情形，收到退回的发票联、抵扣联同时满足下列情形的，按作废处理：

（1）收到退回的发票联、抵扣联时间未超过销售方开票当月；

（2）我方未抄税并且未记账；

（3）对方未认证或者认证结果为"纳税人识别号认证不符""专用发票代码、号码认证不符"。

3.5.3 如有发生销货退回、开票有误、应税服务中止以及发票抵扣联、发票联均无法认证等情形但不符合作废条件，或者因销货部分退回及发生销售折让，企业应按照规定开具红字增值税专用发票，未按规定开具的，不得扣减销项税额或者销售额。按以下方法处理：

（1）在增值税发票系统中填开并上传"开具红字增值税专用发票信息表"（以下简称"信息表"）：专用发票已交付购买方的，由购买方填开并上传；专用发票尚未交付购买方或者购买方拒收的，由销售方于专用发票认证期限内填开并上传。购销双方也可凭信息表纸质资料到税务机关对信息表内容进行系统校验。

（2）主管税务机关通过网络接收纳税人上传的信息表，系统自动校验通过后，生成带有"红字发票信息表编号"的信息表，并将信息同步至纳税人端系统中。

（3）销售方凭税务机关系统校验通过的信息表开具红字专用发票，在增值税发票系统中以销项负数开具。红字专用发票应与信息表一一对应。

3.6 销售发票及税控设备的保管与缴销

3.6.1 增值税发票保管要求。

（1）专人保管。增值税发票应由专人负责保管，原则上发票领购人员为发票的保管人员，并应配备必要的防潮、防火、防霉等设施，存放在专门的保险柜中。

（2）岗位分离。企业应当建立增值税发票管理的岗位责任制，明确各岗位的职责和权限，确保不相容岗位相分离，增值税发票的领购、保管与开具不能为同一人，增值税专用发票开具与盖章不能为同一人。

（3）月度盘存。企业应建立增值税发票领、用、存盘点制度，财务部门应于每月末且不定期对发票的领、用、存进行盘点，编制"增值税发票盘点表"，并经财务部门负责人和发票保管人签字确认。

3.6.2 以下情况属于未按照规定保管发票的行为：

（1）丢失发票。

（2）损（撕）毁发票。

（3）丢失或擅自销毁发票存根联以及发票登记簿。

（4）未按规定缴销发票。

（5）发票保管、开具为同一人员。

（6）未按规定建立发票保管制度。

3.6.3 对于已经开具的增值税发票存根联、增值税发票登记簿和使用电子设备开具增值税发票的电子数据，企业应当采取适合的方式妥善保管，保存期限在10年以上。

3.6.4 增值税专用发票记账联作为会计凭证，保管期限为30年。

3.6.5 发生以下业务时，企业应当及时地向主管税务机关缴销增值税发票：

（1）在变更或者注销税务登记的同时，办理发票和发票领购簿的变更、缴销手续。

（2）税务机关发票换版时，应及时地缴销尚未填开的空白发票。

3.6.6 税控金税盘的保管：公司税控金税盘应配备主盘及副盘，主盘必须由财务经理负责保管，并分配副盘相应操作权限，副盘由各开票人员负责保管，下班前必须将税控金税盘存放在专门的保险柜中。

4. 采购发票管理

4.1 管理职责

4.1.1 采购发票是指各企业在购买商品、接受劳务或服务，购置不动产或无形资产等经营活动中，从外部企业或个人接收的发票。

4.1.2 财务部经理是采购发票管理的第一责任人，对所属业务的发票管理工作承担管理责任。

4.1.3 采购发票接收部门是外来发票管理的直接责任部门，具体职责如下：

（1）及时取得发票。

（2）审核发票的真实性、完整性、有效性。

（3）更换不合规发票。

（4）妥善保管并在规定时间内传递给财务部门。

（5）配合财务部门对发票开展检查工作。

（6）负责本部门取得发票的其他管理工作。

4.1.4 财务部门是采购发票管理的专业归口部门，具体职责如下：

（1）负责建立发票管理制度。

（2）对接收部门提交的发票进行复核。

（3）对不合规发票退回接收部门进行更换。

（4）对增值税专用发票及时认证抵扣。

（5）对合规发票进行归档保管。

（6）负责本公司的发票检查工作。

（7）对发票管理知识、真伪鉴别方法等进行培训。

（8）负责本公司发票管理的其他工作。

4.2 采购发票取得

4.2.1 企业应加强对供应商（含供货商、劳务提供商、服务提供商、其他合作商等）准入的审核管理，以确保供应商提供合规的采购发票。

4.2.2 企业应在合同或协议中约定供应商开具采购发票的条件、种类、税率及送达时限，确保及时地取得增值税发票。对于采取一般计税方法的一般纳税人可抵扣支出项目而言，应取得按适用税率或征收率开具的增值税专用发票；对于小规模纳税人或一般纳税人采取简易计税方法的支出项目，以及按规定不可抵扣进项税的支出项目，建议取得增值税普通发票（避免增值税进项发票未认证产生滞留数据，从而引起税务机关的质询或检查）。

4.2.3 业务经办人员应根据实际发生的业务，主动向对方公司索取合规发票，并对双方企业全称、纳税人识别号、开户银行及账号、经营地址及电话、开票时间、经营项目、商品规格、数量、单价、金额、联次、签章等要素进行审核。

4.2.4 业务经办人员应借助税务网站等渠道对非增值税专用发票（单张面额 500 元及以上的定额发票、单张面额 5000 元及以上的其他发票）的真实性进行验证，并打印网上验票结果作为报账凭据。

4.3 不合规采购发票处理

4.3.1 不合规发票包括以下情形：

（1）填写项目不齐全、内容不真实、字迹不清楚，未加盖发票专用章。

（2）发票打印错格压线。

（3）发票折叠损坏。

（4）客户名称填写有误（含未按全称填写）。

（5）发票内容有涂改、挖补。

（6）发票大小写金额不符。

（7）发票联未经复写。

（8）按商品类别汇总开具的发票无对应清单。

（9）假发票或已换版作废的发票。

（10）白条或收据（含公司内部收据）。

（11）国家政策规定的其他不合规情形。

4.3.2 业务经办人员如取得明显不合规的发票，不得以此办理报销手续；如财务部门在接收发票过程中发现不合规的，应要求业务经办人员及时地更换。

4.3.3 一般纳税人企业对于可抵扣增值税的发票，一般应在月底前换回。在年末月份，不合规的发票一般应在年底结账前换回，特殊情况不能换回的，应将发票金额通知财务部门计提入账。

4.4 采购发票传递

4.4.1 业务经办人员对取得的增值税专用发票，应在取得后5天内（每月28日前。如28日当天取得，应在当天下班前）连同其他资料提交给财务部门。其他发票的传递按照公司报销制度处理。

4.4.2 财务部门收到增值税专用发票以后，应对发票进行复核，复核无误的，业务经办人员和财务人员应办理票据移交手续，在公司自制的"增值税专用发票移交登记表（进项税）"上签字确认。

4.4.3 业务部门传递给财务部门的发票，必须保持票面干净、整齐，发票的正反两面均不能留下任何脏、乱及签字的痕迹。

4.4.4 对于超过开票日180天逾期无法抵扣的增值税专用发票，业务经办人及财务部门原则上不应接收。如因开票方原因造成的，经开票方书面同意赔偿增值税票面金额，并经本公司业务负责人及财务负责人审批以后，方可提交财务办理报销或支付手续。如因经办人原因造成的，按公司规定进行处罚，并经公司业务负责人及财务负责人审批以后，方可提交财务办理报销或支付手续。

4.5 发票认证

4.5.1 一般纳税人企业对于增值税专用发票认证的方法主要有两种：扫描认证、网络认证。扫描认证是指通过增值税发票税控系统对增值税发票所包含的数据进行识别、确认。网络认证是指通过增值税发票税控开票软件登录本省增值税发票查询平台，查询、选择用于申报抵扣或者出口退税的增值税发票信息。网络未查询到对应发票信息的，仍可进行扫描认证。

4.5.2 一般纳税人企业应根据自身的纳税信用等级，采用相应的增值税专用发票认证方式。

4.5.3 一般纳税人企业收到增值税的专用发票，应在5日内进行扫描认证或网络认证。网络认证未查询到对应发票信息的，应进行扫描认证。

4.5.4 按税法规定进项税额不可抵扣的支出项目，如通过发票认证进入进项税额抵扣的，应作进项税转出处理。下列支出项目，属于不可抵扣项：

（1）用于简易计税方法计税项目、免征增值税项目、集体福利或者个人消费的购进货物、接受加工修理修配劳务或者应税服务。其中涉及的固定资产、无形资产、不动产，仅指专用于上述项目的固定资产、无形资产（不包括其他权益性无形资产）、不动产。

（2）非正常损失的购进货物及相关的加工修理修配劳务或者交通运输业服务（非正常损失，是指因管理不善造成被盗、丢失、霉烂变质的损失，以及被执法部门依法没收或者强令自行销毁的货物）。

（3）非正常损失的在产品、产成品所耗用的购进货物（不包括固定资产）、加工修理修配劳务或者交通运输业服务。

（4）非正常损失的不动产，以及该不动产所耗用的购进货物、设计服务和建筑服务。

（5）非正常损失的不动产在建工程所耗用的购进货物、设计服务和建筑服务。新建、改建、扩建、修缮、装饰不动产，均属于不动产在建工程。

（6）购进的旅客运输服务、贷款服务、餐饮服务、居民日常服务和娱乐服务。

（7）属于增值税一般纳税人的企业，初次购买增值税税控系统专用设备（包括分开票机）支付的费用，以及缴纳的技术维护费，在增值税应纳税额中全额抵减的，其进项税额不得从销项税额中抵扣。

4.5.5 企业增值税专用发票经认证有下列情形之一的，不得作为增值税进项税额的抵扣凭证：

（1）无法认证，是指专用发票所列密文或者明文不能辨认，无法产生认证结果。

（2）纳税人识别号认证不符，是指专用发票所列购买方纳税人识别号有误。

（3）专用发票代码、号码认证不符，是指专用发票所列密文解译后与明文的代码或者号码不一致。

4.5.6 企业增值税专用发票经认证有下列情形之一的，待税务机关处理之前，暂不得作为增值税进项税额的抵扣凭证：

（1）重复认证，是指已经认证相符的同一张专用发票再次认证。

（2）密文有误，是指专用发票所列密文无法解译。

（3）认证不符，是指纳税人识别号有误，或者专用发票所列密文解译后与明文不一致。

（4）列为失控专用发票，是指认证时的专用发票已被登记为失控专用发票。

4.5.7 一般纳税人企业收到海关进口增值税专用缴款书，应在15日内进行稽核比对。

4.5.8 一般纳税人企业由于客观原因造成增值税专用发票、海关进口增值税专用缴款书逾期（超过开具日期180天），应及时按《国家税务总局关于逾期增值税扣税凭证抵扣问题的公告》申请办理逾期抵扣手续。以下情况属于客观原因：

（1）因自然灾害、社会突发事件等不可抗力因素造成增值税扣税凭证逾期。

（2）增值税扣税凭证被盗、抢，或者因邮寄丢失、误递导致逾期。

（3）有关司法、行政机关在办理业务或者检查中，扣押增值税扣税凭证，纳税人不能正常履行申报义务，或者税务机关信息系统、网络故障，未能及时处理纳税人网上认证数据等导致增值税扣税凭证逾期。

（4）买卖双方因经济纠纷，未能及时传递增值税扣税凭证，或者纳税人变更纳税地点、注销旧户和重新办理税务登记的时间过长，导致增值税扣税凭证逾期。

（5）由于企业办税人员伤亡、突发危重疾病或者擅自离职，未能办理交接手续，导致增值税扣税凭证逾期。

（6）国家税务总局规定的其他情形。

4.5.9 一般纳税人企业如果遇到增值税抵扣凭证超过认证期限（开具日期起180天内），不能认证抵扣的，应经企业财务负责人审批以后，进项税金方可作为成本入账处理，并对相关责任人追责。

4.5.10 一般纳税人企业遇到增值税专用发票出现信息错误等无法认证情况，应当及时联系供应商，将发票退回，要求供应商重新开具增值税专用发票。

4.5.11 一般纳税人企业发生合同变更、质量不符合要求等需要退货或销售折让等情况，应当及时地联系供应商，沟通开票事宜。如发票未认证的，要求供应商重新开具增值税专用发票或按规定开具红字专用发票；如发票已认证的，联系供应商开具增值税红字专用发票，待对方确认后，由我方在增值税发票系统中填开并上传"开具红字增值税专用发票信息表"。

4.6 采购发票丢失

4.6.1 丢失增值税专用发票的发票联和抵扣联，丢失前已认证相符的，应联系开票方取得发票记账联复印件及对方主管税务机关出具的"丢失增值税专用发票已报税证明单"，作为增值税进项税的抵扣凭证。

4.6.2 丢失增值税专用发票的发票联和抵扣联，丢失前未认证的，应联系开票方取得发票记账联复印件进行认证，认证相符的凭记账联复印件及对方主管税务机关出具的"丢失增值税专用发票已报税证明单"，可作为增值税进项税额的抵扣凭证，记账联复印件和"丢失增值税专用发票已报税证明单"留存备查。

4.6.3 丢失增值税专用发票的抵扣联，如果丢失前已认证相符的，可使用专用发票联复印件留存备查；如果丢失前未认证的，可使用专用发票联认证，专用发票联复印件留存备查。

4.6.4 丢失增值税专用发票的发票联，可将专用发票的抵扣联替代作为记账凭证，并以专用发票的抵扣联复印件留存备查，并注明原件存放的档案号。

4.6.5 丢失其他发票，应取得发票记账联复印件，经原开具发票的单位注明"此件是我单位提供，与原件相符"，加盖公章后，由主管部门负责人批准，作为原始凭证。

4.7 采购发票保管

4.7.1 企业应每月将认证相符的增值税专用发票抵扣联、认证结果通知书和认证结果清单，装订成册妥善保管。

4.7.2 采用网络认证的企业，也应将按月收集的认证相符的增值税专用发票抵扣联装订成册妥善保管。

4.7.3 增值税进项抵扣联、认证结果通知书和认证结果清单作为会计凭证，保管期限为10年。

5. 发票邮寄管理

5.1 如企业通过邮寄交付或取得发票的，应办理邮寄登记手续，对每一张发票的流转和去向做到可追溯查询。

5.2 企业应选择信誉好、效率高的快递公司合作，保证增值税专用发票快速、安全传递。

5.3 业务经办人员办理增值税发票邮寄时，应注意如下事项：

（1）用塑封包装，防止发票在邮寄过程中污损。

（2）在快件单上"内件品名"栏中注明"增值税发票及份数"。

（3）在快递单备注栏注明"重要物品由收件人亲自签收"。

（4）发票寄出后应及时通知客户查收；要求客户收到发票以后，填写发票签收回执单，并将回执单扫描件发与公司或传真回公司。

（5）邮寄后，经办人员应登记单位自制的"增值税专用发票邮寄登记表"。

6. 检查与责任追究

6.1 企业应积极配合税务机关等监管机构对发票进行的检查，如实反映情况，提供有关资料，不得拒绝、隐瞒。

6.2 企业应建立健全发票管理监督检查机制，定期对本公司发票管理情况进行检查，确保发票管理合法合规。

6.3 企业应建立不合规发票的定期通报制度。在日常发票审核中，对不合规发票进行分类统计，定期通报发票审核情况，提高外来发票的合规性。

6.4 企业应建立供应商黑名单制度，将历史年度多次提供不合规发票的合作方，或当年提供不合规发票2次以上的合作方，列入供应商黑名单，并停止合作。

6.5 经办人员未及时传递扣税凭证（超过开具日期起180天），造成无法认证抵扣，或财务人员疏忽忘记认证抵扣给公司带来直接经济损失的，应对相关责任人处以不超过增值税票面金额（×××元以下）的罚款。

6.6 对于故意虚开发票、故意取得虚开发票，以及私自印制、伪造、变造发票，非法制造发票防伪专用品，伪造发票监制章的行为，一经发现，视情节轻重给予相关责任人警告、通报、记过，直至开除等纪律处分，给企业造成损失的，相关责任人要予以赔偿。

| 拟定 | | 审核 | | 审批 | |

第三节　税务管理表格

一、纳税自查报告

纳税自查报告

纳税人名称：　　　　　　　　　　　　　　　　　　　日期：

纳税人识别号		经营地址	
法人代表		联系电话	
办税人员		自查类型	

自查情况报告：
（一）企业基本情况：

（二）历年纳税情况：

（三）历年税务检查情况：

（四）自查发现的主要问题：
（分年度、分税种逐项说明）

	税种	征收品目	税款所属期起	税款所属期起止	应补缴税款
自查应补税情况	营业税				
	企业所得税				
	个人所得税				
	房产税				
	土地使用税				
	土地增值税				
	印花税				
	其他税费				
调账记录					

纳税人（公章）：　　　　　　法人代表签章：　　　　　　经办人：

231

二、企业税务风险安全自测及评估标准

企业税务风险安全自测及评估标准

序号	问题	评估标准	评估结果	问题剖析
1	企业的管理层对税务风险和控制是否重视	年度会议中应列明税务风险议题		
2	企业管理层是否具备税务风险管理意识	企业管理层具有税务风险意识并知道税务风险可能给企业带来的后果		
3	企业的办税人员流动性是否超过预期	一般应等于或低于企业核心人员流动率		
4	是否对企业涉税相关人员在招聘环节测试过税收知识,特别是对财务、税务工作岗位	企业招聘流程中应有相关税务知识的考核方法		
5	是否最近对公司税务财务从业人员进行过专业培训	企业员工培训政策应涵盖专业人员培训内容		
6	是否在新员工培训资料中放入与税务相关内容	企业新员工培训手册中应有涉税事项的培训资料		
7	是否对企业业务人员进行发票事项的培训	业务人员应该知道发票对企业的重要性及风险点		
8	企业的业务合同是否经过企业税务部门审核	企业税务人员应该知道合同中有关涉税事项并提供专业指导与建议		
9	企业最近有没有受到税务机关的调查	参照行业、地区同类企业来制定相关标准		
10	新颁布的有关企业的税务相关法律法规是否在30日内完整得到并得到税务部门的评估	企业管理层和税务人员应在30日内知道有关企业税务政策的相关内容,并且企业相关人员也应在合理的时间内(一般不超过45日)知道新的税务政策		
11	对外签订合同中的付款条件、方式等其他条款是否考虑过对纳税的影响	所有付款条件均应得到财务和税务部门的双重审核,保证企业利益不受损害		
12	企业最近有无超年度财务预算多缴纳的税收?是否对这些多缴纳的税收做过根本原因分析	企业纳税额应在预算的10%上下波动,同时企业可以分析差异的原因		
13	企业税务人员是否知道从事行业的税收优惠政策并能获取相关充分资料以取得该优惠	企业税务人员应该定期收集与企业相关的税收优惠政策并保证企业能享受到所有相关优惠政策		
14	新业务发生时是否咨询过企业财务或税务人员	所有新业务均应得到企业税务人员的审核并确保新业务没有或仅存在较少税务风险或企业具有降低该风险的能力		
15	企业是否为日常税务申报建立流程文件并且是否按时完成日常申报	企业应对日常涉税业务编制流程并形成书面文件,企业无延迟纳税申报记录		

续表

序号	问题	评估标准	评估结果	问题剖析
16	税法差异或者企业税务人员是否能有效监督会计事项的税务处理方法	企业会计人员是否了解会计与企业会计记录要真实反映涉税记录同时企业应编制适合自身业务情况的会计与税务调整说明书并保证执行		
17	企业税务人员是否与当地税务机关建立了良好关系，如有困难，企业是否能得到当地税务机关的支持或帮助	能够从直管税务机关获取与企业相关的税务信息，并且得到当地税务机关正面评价		
18	企业所处行业或生产产品及服务相关税务政策是否频繁变动	企业所处行业或生产产品及服务相关税务政策变动更新频率未超过平均水平，如果企业属于高税务政策变动行业应建立税务政策研究小组		
19	企业是否曾经有过被罚款、承担滞纳金的情况发生？是否就税务事项与税务机关进行过听证、行政复议或法律诉讼的行为	企业应无因纳税事项而被罚款、承担税收滞纳金的情况同时企业应对税收争议事项按法律程序进行听证、行政复议和进行法律诉讼		
20	企业是否为涉税资料建立起专门的档案或索引目录，并按保密责任和权限进行控制	企业应按分权分级控制方法和责任制度对涉税资料建立档案和索引目录		
21	是否有事项的内部流程控制？如果没有，是否在系统外形成相关内部控制	企业的ERP系统是否建立，使税务企业能够从ERP系统获取所需税务信息，并且ERP系统有关涉税业务的处理能够按内控原则进行		

三、月度涉税工作进度表

月度涉税工作进度表

涉税事项	事项描述	完成日期	事项负责人	实际完成日期	延期情况说明

四、企业涉税文件登记表

企业涉税文件登记表

文件名称	文件保管负责人	存放地点	文件日期	保管期限	销毁说明

五、年度税务日历

年度税务日历

月份	日期	涉税业务	责任人	监督人	备注

六、税务风险控制自检表

税务风险控制自检表

序号	重要风险控制关注点	控制方式	自检结果
重大决策和交易	（1）合并 （2）重组 （3）重大投资项目 （4）经营模式改变 （5）内部交易定价政策	（1）税务部门人员参与重大决策的具体方案制订 （2）重大决策制订前进行税务影响分析和规划、税务尽职调查和相关税务合规性复核 （3）税务人员和重大决策实施部门保持沟通，以完成实施过程中的相关税务合规工作	

续表

序号	重要风险控制关注点	控制方式	自检结果
经营链和经营要素	经营链 （1）研发（研发模式、费用的归集） （2）采购（存货及进项税发票的管理） （3）制造（成本涉税事项，如折旧） （4）销售（销售形式对销售收入确认时间和数额的影响） 经营要素：人、财、物、智	（1）对预期的风险事项与相关经营链和要素管理部门确定相关税务事项的风险常规管理责任和权利 （2）对非常规性税务事项确定事发沟通机制和第一责任方（问责方）	
税务会计	（1）税负的核算和计提 （2）递延税 （3）税务扣除限额 （4）费用项目的合理分类 （5）纳税调整 （6）将纳税事项在财务报告中进行合理披露（如税务优惠待遇及不确定税务事项的披露等）		
税务申报和缴纳	（1）防止错报、漏报、少报、迟报 （2）信息、台账管理 （3）税务凭证的申请和保管 （4）税务文件的制备和保管 （5）发票管理 （6）各地、各国申报计算规范制定与更新的程序和责任分工 （7）申报复核与签署规范的制定	（1）分层管理制度 （2）税务申报自动提醒和报告系统 （3）财务信息与税务申报自动连接转换和核对系统 （4）税务申报编制/复核/批准程序 （5）非常规性申报的第一问责制和沟通、支持制度 （6）文档管理制度	
税务争议和协商	（1）企业税务管理部门及时应对税务局的信息需求 （2）保存税务数据的纸质文档和电子文档 （3）确保税务争议处理结果是真实、完整和正确的 （4）税务管理部门充分监控和解决税务检查环境变化带来的影响	（1）税务争议事项的及时汇报 （2）税务争议的技术支持 （3）责任人制度	

七、发票开具申请单

发票开具申请单

客户名称		申请人：	
电话（重要）			
地址			

续表

开票详情					
货物名称	规格型号	单位	数量	单价	金额
合计				小写金额	
^				大写金额	

注：(1) 请注明合同号，如无合同号，请写明产品名称和合同签订时间
　　(2) 务必注明开票公司

经理签字：　　　　　　　　　　　　　　　　　　申请时间：

八、客户开发票申请表

客户开发票申请表

申请日期		联系人		联系电话	
服务卡号		客户地址		运单数量	
发货部门	发货公司全称		收货部门	收货公司全称	
	纳税人识别号			纳税人识别号	
货物名称	数量	运价	里程	总运费	备注 如客户要开具能抵扣的发票，则需填写所列栏目，且收、发货公司必须填写公司全称及纳税识别号
起运地			到达地		

申请人（盖章）：　　　　　＿＿＿＿年＿＿＿月＿＿＿日

表格使用说明：
　1. 此表格专为要求开具发票的客户制作，请客户细心填写表格中各项内容。
　2. 接到客户提出开票需求后，我公司于1个工作日内安排收件员上门收取客户的相应运单存根联及填写完整的"开发票需求表"，交由我公司财务部盖章确认后，按客户需求开具发票。
　3. 开具的发票将于4个工作日内连同原单送交客户。
　4. 为保障您的权益，请您记录好我公司收取底单收件员的工号及姓名，并保留单号。
　5. 表格填写注意事项：如有多票快件需同时提供发票，仅需填写客户卡号或其中的一票单号。
　6. 如您对以上说明有任何疑问，欢迎随时致电我公司客服热线咨询。

九、开具红字增值税专用发票申请单（销售方）

开具红字增值税专用发票申请单（销售方）

销售方	名称			购买方	名称		
	税务登记号码				税务登记号码		
开具红字专用发票内容	货物（劳务）名称	单价	数量		金额		税额
	合计	—			—		
说明	对应蓝字专用发票密码区内打印的代码： 号码： 开具红字普通发票理由：						

销售方经办人： 　　　销售方名称（印章）： 　　　_____年___月___日

申明：我部门提供的"申请单"内容真实，否则将承担相关法律责任。

注：本申请单一式两联，第一联，销售方留存；第二联，销售方主管税务机关留存。

十、开具红字增值税专用发票通知单（销售方）

开具红字增值税专用发票通知单（销售方）

填开日期：_____年___月___日　　　　　　　　　　　　编号：

销售方	名称			购买方	名称		
	税务登记号码				税务登记号码		
开具红字发票内容	货物（劳务）名称	单价	数量		金额		税额
	合计						
		—			—		
说明	对应蓝字专用发票密码区内打印的代码： 号码： 开具红字普通发票理由：						

经办人： 　　　负责人： 　　　主管税务机关名称（印章）：

注：1. 本通知单一式两联，第一联，销售方主管税务机关留存；第二联，销售方留存。
　　2. 通知单应与申请单一一对应。
　　3. 销售方应在开具红字专用发票后到主管税务机关进行核销。

十一、开具红字增值税普通发票证明单

开具红字增值税普通发票证明单

销售方单位名称				销售方税务登记号码		
购买方单位名称				购买方税务登记号码		
开具红字增值税普通发票内容	货物(劳务)名称	单价	数量		销售额	对应蓝字发票代码—号码
	合计	—	—			—
开具红字增值税普通发票理由						

经办人：主管税务机关
部门名称（印章）：　　　　　　　审核盖章
＿＿＿年＿＿月＿＿日　　　　　＿＿＿年＿＿月＿＿日
申明：我部门提供的"证明单"内容真实，否则将承担相关法律责任。
　注：本证明单一式三联，第一联，购买方税务机关留存；第二联，购买方送销售方留存；第三联，购买方留存。若证明单由销售方申请开具，第一联，销售方税务机关留存；第二、三联，销售方留存。

十二、增值税专用发票拒收证明

增值税专用发票拒收证明

××××有限公司：
　　贵公司于××××年××月××日给我公司开具增值税专用发票1份，发票代码为××××××××××，发票号码为××××××××，金额为×××元，税额为×××元，价税合计为××××元。
　　贵公司在给我公司开具此份增值税专用发票时，将货物（劳务）名称误填写为"×××"，正确的货物（劳务）名称应为"×××"。此份发票不符合我公司的开票要求，因此我公司拒收此发票。此份发票我公司未进行认证。
　　特此证明！

　　　　　　　　　　　　　　　　　　　　　　　　　　×× 有限公司
　　　　　　　　　　　　　　　　　　　　　　　　　　××××年×月×日

十三、发票使用登记表

发票使用登记表

日期	购货单位（用途）	发票金额	发票编号	使用人	同意人	备注
合计						

主管：　　　　　　　　　　财务：　　　　　　　　　　复核：

十四、____月份发票领用登记表

____月份发票领用登记表

序号	日期	客户名称	金额	发票号	领用人	备注

制表人：

第九章

财务内审管理

第一节 财务内审管理要领

企业在开展各项经济活动的过程中，自然离不开会计活动的参与，会计核算是否符合标准、会计制度是否违反了国家的相关法规和政策、会计信息是否存在失真问题，这些都是内部审计部门需要进行监督与控制的内容。内部审计与财务会计的终极目标都是保证会计信息的真实、完整。

一、财务内审的范围

一般来说，企业对财务进行内审时，应按照以下范围实施：
（1）年度财务收支的执行情况。
（2）重大经济事项的决策与执行情况。
（3）债权债务的增减情况。
（4）固定资产的管理情况。
（5）员工工资的发放和离退休人员费用支付情况。
（6）车辆费用、招待费用、业务费用的支出情况。
（7）上年度财务内审时提出的问题整改情况。
（8）本企业需要说明的其他事项。

二、财务内审的步骤

一般来说，企业对财务进行内审时，应按照以下步骤实施：

1. 财务内审准备

在财务内审前，企业首先需要准备的是：
（1）更新的当年营业执照、关联方清单、本年公司的架构表。
（2）各部门目科目余额表、财务报表、主要的销售合同、租赁合同、法院判决书、未决诉讼等。

2. 内审实施

（1）穿行测试。
审计师在预审时，一般会对公司的内部业务流程做大致的了解，主要用于测试内部控制的目的，如销售流程、采购流程、费用流程等，即称之为穿行测试。这中间涉及需要拿到流程中一些相关的文档作为支持。

（2）实质性测试阶段。

内控了解完毕后，审计师会对该内控进行有效性测试，常常抽查样本，检查是否每个样本都得到适当的控制。实质性测试阶段主要是针对财务报表科目而言的，主要是资产负债表和利润表。

（3）财务审核阶段。

审计师在进行财务审核时，主要进行抽查，看总账与明细账，结余与支出、收入是否一致等。

（4）实施审计阶段。

审计师在实施审计过程中，财务部还需要配合审计人员查找凭证，如催讨函证等（切记：主要客户和关联方的函证不回来是不能做替代测试的、不能出报告的，所以应该在审计进场前与他们做好必要的联系）。

3. 编制审计报告

内审报告一般由企业内部的会计师在内审完毕后编制，主要涉及以下内容：

（1）会计档案等会计工作是否符合会计制度。

（2）企业的内控制度是否健全等事项的报告。

（3）对财务收支、经营成果和经济活动全面审查后作出的客观评价。基本内容包括资产、负债、投资者权益、费用成本和收入成果等。

第二节　财务内审管理制度

一、财务内部稽核制度

标准文件		财务内部稽核制度	文件编号	
版次	A/0		页次	

1. 目的

为建立经常性防错纠弊的机制，及时地发现和处理财务管理、会计核算过程中出现的各种不良情况与问题，特制定本制度。

2. 适用范围

适用于集团公司及各成员企业。

3. 定义

财务内部稽核是在财务部门内部设置稽核岗位，依据国家财经法规和公司财务会计制度，系统地检查、复核各项财务收支的合法性、合理性和会计处理的正确性，并对稽核中发现的问题及时地进行处理的内部监督机制。包括对各项财务收支的事前、事中审查和对其他会计资料的事后复核。

4. 管理规定

4.1 原则

4.1.1 防范性原则。

及时地发现和纠正企业实施财务管理、会计核算过程中出现的各种偏差，防范企业财务管理风险，不断地提高企业财务管理水平和会计核算质量。

4.1.2 经常性原则。

财务内部稽核依据加强财务管理、防范财务管理风险、监控财务收支的内在要求，按照财务机构设置与相应的职责分工随时随地进行，并对稽核中所发现的问题及时地进行处理。

4.1.3 规范性原则。

进行财务内部稽核，必须以国家财务会计法律法规和企业财务会计制度为准绳，以事实为根据，客观评价企业财务收支的合法性、合理性和会计处理的正确性。

4.2 内部稽核人员的基本职责

4.2.1 财务部为内部稽核主管部门。稽核人员负责审查经总经理批准的财务收支计划、销售经营计划、投资计划、固定资产购置计划、资金筹集和使用计划、利润分配计划的执行情况，发现问题应及时地向公司领导反映，并提出改进设想、办法及措施，对计划指标的调整提出意见和建议。

4.2.2 稽核人员负责审查各项费用开支标准和是否按标准执行以及有无超标准、超范围开支，正确核算成本费用，严格划清成本界限。

4.2.3 稽核人员负责审查财务部各项规章制度的贯彻执行情况，对违反规定的现象和工作中的疏漏应及时地指出，并提出改正意见和建议。

4.2.4 稽核人员、总经理、财务部经理可随时地对报表、明细账进行调阅、检查，对数字的真实性、计算的准确性、内容的完整性提出质疑，会计人员应对自己负责的账目清楚明确，据实回答。

4.2.5 稽核人员、财务部经理负责审核账务处理是否符合会计制度的规定，是否符合公司经营管理的需要，是否能真实、全面反映公司实际情况。

4.2.6 稽核人员审核会计人员每月是否对自己负责的科目进行自查、分析；如有入账错误或异常变动，是否及时地查找原因，及时地调整更正。

4.3 稽核内容

4.3.1 会计凭证稽核。稽核人员审核会计人员制作的会计凭证是否由经管不同岗位的会计人员进行复核、签章。会计凭证稽核的主要内容如下：

（1）审核原始凭证。

原始凭证包括自制的入库单、出库单、调拨单、报销付款单据、回款单据、收入单据、销售小票，以及从外部门取得的发票或收据等。

① 自制的原始凭证格式是否符合公司会计核算制度的规定；所反映的经济业务是否合乎公司的财务规定；凭证填写日期与经济业务发生日期是否相符、单据是否齐全、数据是否准确、是否签批通过。

② 各种原始凭证内容是否完整、是否列明接受部门名称；凭证的经济内容是否真实，品名、数量、单价是否填写齐全，金额计算是否准确；如有更改，是否有原经手人签字证明。

③ 凡须填写大、小写金额的原始凭证，大、小写金额是否一致，购买实物的原始凭证是否有验收证明（即入库单）；支付款项的原始凭证是否有收款部门或收款人证明或签字；报销凭证的审批手续是否完备、是否经授权审批人签字同意。

④ 如果原始凭证遗失或未取得原始凭证，由原填制部门出具证明作为原始凭证或出具由两个以上经办人员签字证明的原始凭证，出具证明的内容是否合法，是否经查实无重复支付现象。

⑤ 自制的原始凭证是否有凭证名称、填制日期、收款人名称、付款人名称、部门经理或总经理及经手人签字，金额是否计算准确、大小写齐全并格式正确；对外开具的原始凭证是否盖有公章及经手人签章。

⑥ 对不合理、不合法或伪造、变造的原始凭证应严厉查处，按《公司规章制度》的规定进行处理。票据的填制按《票据管理制度》的规定进行规范。

（2）审核记账凭证。

① 记账凭证所附原始凭证是否齐全，内容是否与经济内容相符；对于需单独保管的重要原始凭证或文件，以及数量较多，不便附在记账凭证后面的原始凭证，是否在记账凭证上注明或留复印件等。

② 记账凭证的制作是否规范；会计科目使用是否准确；借贷方向是否正确。

③ 记账凭证与原始凭证日期是否超过 10 天；内容、金额是否一致；摘要是否言简意赅，文理通顺，符合要求。

④ 记账凭证的制单、复核，财务部经理是否签名盖章；收付款凭证是否有经手人及出纳签名盖章；附件张数是否如实填写。

⑤对调整账目的凭证，要审核调整依据是否充足、金额是否准确；摘要中简要说明调账原因，是否有相关附件。

4.3.2 总账及报表稽核。

稽核人员应核查会计人员是否每月核对报表、总账、明细账；发现不符或错漏，是否通知相关人员进行更正；是否能保证会计报表的真实、准确、完整、及时。

4.3.3 财产物资稽核。

（1）定期检查现金及银行存款日记账。

稽核人员应定期核查现金及银行存款日记账，采用实地盘点法，检查库存现金实存数与日记账余额是否相符，有无"白条抵库"、现金收付不入账等现象。银行存款日记账与银行对账单是否相符，如未达账项是否填制银行存款余额调节表，未达账项是否查明原因，有无违反银行结算规定的现象。

①财务部经理每天检查现金、银行账目余额与出纳员自报现金余额数必须一致。

②财务部经理每周至少抽查三次现金库存，并依抽查盘点情况如实填制"库存现金抽查盘点报告"。

③财务部经理每月5日前检查主管会计提供的上月"银行余额调节表"，对于未达账项查明原因，落实人员跟踪负责。

（2）参与财务物资清查盘点。

①稽核人员应每年至少参与两次财产物资清查盘点，监督财产清查过程，核对清查盘点表。

②检查各项财产物资的管理是否按规定执行，是否发现账账不符、账实不符现象，并了解原因。

③对发生的盘盈、盘亏、报废、毁损等情况，要查明原因，并按规定程序报批后，进行账务处理，规范标准参照《固定资产管理制度》的规定执行。

4.3.4 会计档案稽核。

（1）稽核人员应每月检查会计档案。

①检查会计凭证、账簿、报表及其他会计资料是否按规定定期整理，装订成册，立卷归档。

②检查会计档案是否专人管理，是否按分类顺序编号，建立目录。

③会计凭证、账簿、报表封面填写是否完整，有无档案调阅、移交、销毁登记，手续是否齐全。

（2）稽核人员应每月检查会计电算化工作。

①检查是否按规定备份保管，是否有严格的硬软件管理规定并认真执行，是否符合安全保密要求。

② 稽核项目标准参照《会计档案管理制度》中的相应规定执行。

4.3.5 资金筹集及运用稽核。

稽核人员应检查每一份资金贷款合同，对贷款银行、金额、利率、期限、贷款条件等进行审核，并审核资金的运用是否符合公司资金管理规定，每季度检查一次是否按期还贷等。

4.3.6 关于协助内部稽核人员工作的要求。

（1）各部门对稽核人员的审计工作应给予支持、协助。

（2）稽核人员在进行稽核工作时，可以根据需要，审阅有关文件，检查指定的会计资料，发现问题可向有关部门和个人进行调查，索取证明材料；对违反公司规章制度的部门和个人提出纠正、改进意见和措施；对严重失职，造成公司重大经济损失的部门和个人，可向公司领导提出处理意见或建议；对检查工作中发现的重大问题要及时地向领导反映，避免造成更大损失；对干扰、阻挠、拒绝、破坏稽核人员工作的部门和个人，可向财务部经理反映，由公司人力资源部依照《公司规章制度》中相应规定予以处置。

拟定		审核		审批	

二、内部审计管理办法

标准文件		内部审计管理办法	文件编号	
版次	A/0		页次	

1. 目的

为督促公司各部门在日常生产、经营管理过程中严格按制度办事、按规则办事，做到规范化管理，规避经营风险，增加公司价值，根据《中华人民共和国审计法》《审计署关于内部审计工作的规定》《中国内部审计准则》以及公司内部有关管理制度及管理规定，结合公司实际情况，特制定本办法。

2. 适用范围

适用于公司的内部审计管理。

3. 管理规定

3.1 审计机构和审计人员

3.1.1 内部审计人员的配备。

公司内部设立审计机构，配备专职内部审计人员，负责公司内部审计工作，依照国家法规、政策和公司规章制度，独立行使内部审计职权，并向董事会报告内部审计工作。

3.1.2 内部审计人员应当具备的执业能力。
（1）熟悉有关国家政策、法律、法规、规章制度和现代企业制度。
（2）具备审计专业方面必需的知识和技能，能熟练应用内部审计标准、程序和技术。
（3）熟悉本公司经营管理及生产、技术知识。
（4）具有较强的组织协调、综合分析、专业判断、文字表达能力。
（5）具有足够的有关防止舞弊的知识，并能够识别出可能已经发生的舞弊行为。

3.2 审计机构的职责与权限

公司内部审计机构应在公司董事会领导下，依照国家法律、法规和政策以及公司章程和有关规章制度，对公司及所属部门的财务收支、费用控制、经济效益以及经营活动进行内部审计，并对其出具的内部审计报告的客观性和真实性承担责任。

3.2.1 内部审计具体职责。
（1）对公司各部门的财务预算、财务收支、资产质量、经营业绩以及采购、销售、仓储、物流等合同签订与履行等有关经济活动进行审计监督和评价。
（2）对公司各部门、财务、采购、生产、销售、工程、质量、安全、环保等各项内部控制和风险防范系统的完整性、合理性和有效性及执行情况进行审查和评价，并督促其建立健全内部控制体系和风险防范体系。
（3）对公司各部门主要负责人进行任期内经济责任审计。
（4）对公司基建工程、重大技术改造和大修等立项、预算、决算、施工进度和施工质量等进行监督和审核。
（5）对公司工程招投标业务进行监督和工程材料报价的审核。
（6）完成领导安排的其他专项审计任务。

3.2.2 内部审计具体权限。

内部审计机构在审计期间，有权检查被审部门（部门）审计区间内所有有关经营管理的账务、资料，具体包括：
（1）会计账簿、凭证、报表。
（2）全部业务合同、协议、契约。
（3）全部开户银行的银行对账单。
（4）各项资产证明、投资的股权证明。
（5）各项债权债务的确认函。
（6）与客户往来的重要文件。
（7）重要投资经营决策过程记录。

（8）重要会议记录。
（9）其他相关资料。
必要时审计人员可根据审计实际情况就审计区间向前追溯和向后推迟，被审计部门不得拒绝。

3.2.3 其他权限。

内部审计机构还具有以下权限：

（1）就审计事项的有关问题向被审计部门或个人进行调查。

（2）盘点被审计部门全部实物资产及有价证券等。

（3）要求被审计部门负责人在审计工作底稿上签署意见，对有关审计事项写出书面说明材料。

（4）制止正在进行的严重违反国家规定或严重危害公司利益的活动，审计部经权力机构批准，有权对重大紧急事项立即采取封存账簿、资产等临时性措施或申请其他部门采取保全措施后报有关领导。

（5）建议公司对违反财经法纪和严重失职造成重大经济损失的部门和个人追究责任。

（6）对被审计部门提出改进管理的建议。

（7）责令被审计部门限期调整账务；追缴违法违规所得和被侵占的公司财产。

（8）建议通报批评违反财经纪律的严重事例和人员，表扬经营有方、成绩卓著和遵纪守法的部门和个人。

3.3 被审计部门的责任与义务

被审计部门的责任与义务有以下几个方面：

3.3.1 在开展各项审计时，被审计部门有责任与义务按"审计通知书"及现场要求如实地提供会计报表，有关文件、资料、凭证及其他相关资料，不得阻挠、拒绝、拖延、谎报。

3.3.2 被审计部门在审计期间不得转移、隐匿、篡改、毁损会计凭证、会计账簿、会计报表以及其他与财务收支有关的资料。

3.3.3 审计人员调查了解被审计部门有关问题时，被审计部门有责任和义务提供有关线索，同时被调查人员有责任和义务向审计人员提供真实的材料。

3.3.4 审计人员与被审计部门就审计报告进行交流时，被审计部门有责任和义务从实事求是的原则出发，与审计人员进行良好的沟通。对于报告中提出的问题，应虚心接受审计部门的建议，并在规定的时间内予以纠正，并反馈整改结果。

3.3.5 被审计部门必须提供合同原件及相关审查资料（包括合同备忘录、新供应商资质材料、询价单、核价表、比价表、付款方式说明、现场勘察实物、技术协议及其他相关审计资料）。

3.3.6 审计人员在进行工程决算审计时，被审计部门有责任和义务提供工程决算资料（包括施工图纸、鉴证、工作任务单、验收单，以及工程所用材料的规格型号、品牌、材料合格证、材料复验单、技术性能及其他相关审计资料）。

3.3.7 公司在进行工程技改项目时，工程管理人员须对工程质量、进度进行检查监督，防止出现劣质工程。

3.4 审计工作程序

3.4.1 拟订年度审计计划。公司内部审计机构根据公司安排和公司具体情况拟订年度审计计划，经公司批准后实施。

3.4.2 制订项目审计实施方案。根据被审计部门实际情况，制订项目审计实施方案，经本机构主管领导批准后正式实施。

3.4.3 实施工作计划内容。审计项目确定后，其实施工作计划应包括以下主要内容：

（1）审计项目名称。

（2）审计目的和范围。

（3）审计主要方式和步骤。

（4）审计人员组织。

（5）审计时间安排。

（6）其他应事先明确的内容。

3.4.4 下达审计通知书。审计机构应在实施正式审计前3天下达审计通知书，通知被审计部门。审计通知书应包括以下内容：

（1）被审计部门及项目名称。

（2）审计范围、内容和时间。

（3）对被审计部门配合审计工作的要求。

（4）审计机构的其他工作要求。

3.4.5 审计主要步骤。通过核对财务会计账簿、报表、凭证和查阅与审计相关的各类文件、资料和查核实物，并通过调查访问有关部门和人员等方法收集审计证据，编写审计工作底稿，在审计工作底稿上签署明确审计意见。

3.4.6 提交审计报告。在执行审计实施工作计划并完成审计主要步骤后，审计小组应及时向公司提交审计报告。审计小组提交审计报告前应当与被审计部门进行认真的交流和沟通，被审计部门应在审计报告指定期内提出书面意见。审计部应将审计报告附被审计部门书面意见一并报送公司领导。

3.4.7 作出评价和改进建议。审计部应依据审计报告，对具体的审计事项作出评价和改进建议，拟定并向被审计部门下达审计结论和审计意见书。

3.4.8 对审计结论和审计意见及时作出处理。审计结论和审计意见书送达被审计部门后，被审计部门必须对审计结论和审计意见及时作出处理，并在一定期限内将处理结果报告公司审计部。对审计意见书、审计决定如有异议，可以向公司总经理提出，裁决处理。

3.4.9 对重要的审计项目实行后续审计。审计部对重要的审计项目应实行后续审计，主要检查被审计部门按审计意见书改进工作和执行审计决定的情况。

3.5 审计档案管理

3.5.1 审计工作中形成的文件资料，审计部应有专人管理，年度终了移送公司档案管理部门。

3.5.2 审计档案的管理范围如下：

（1）审计通知书和审计方案。

（2）审计报告及其附件。

（3）审计记录、审计工作底稿和审计证据。

（4）反映被审部门和个人业务活动的书面文件。

（5）公司领导对审计事项或审计报告的指示、批复和意见。

（6）审计处理决定以及执行情况报告。

（7）申诉、申请复审报告。

（8）复审和后续审计的资料。

（9）其他应保存的资料。

3.6 保密制度

3.6.1 公司审计部负责对内部审计人员的保密培训指导工作，提高审计人员在审计活动中的责任感和保密意识。

3.6.2 审计人员应严格执行保密制度，严守审计机密，对未予公开的事项不得外传。

3.6.3 审计人员对在执行审计过程中所掌握的被审计部门的经营策略、商业秘密、经营信息、生产技术、供应信息、财务资料、财务信息等应严格保守秘密。对审计报告（含原始材料）、审计决定和领导指示，未经审计报告签发者同意不得向外透露。

3.6.4 对向内审部门揭发问题的人、群众来信，以及外部门转来的有关资料，不管本人是否提出为其保密的要求，审计人员都要为其保密。

3.6.5 印发审计文件材料应按规定划注密级，印发范围要严格按公司规定执行，不得随意扩大。未经对外公布的审计文件材料不得带至公共场所。审计文件材料未经本部门领导批准不得外借。

3.6.6 对在审计工作中故意或无意泄露保密内容给公司生产、经营活动造成重大损失的，应按公司有关制度规定追究其责任，情节严重的追究法律责任。

3.7 奖励和处罚

3.7.1 奖励。对执行本制度工作成绩显著的部门和个人，审计机构向董事会提出给予表扬和奖励的建议。

3.7.2 处罚。对违反本制度，有下列行为之一的被审公司（部门）和个人，由公司根据情节轻重给予行政处分、经济处罚，或提交有关部门进行处理。

（1）拒绝提供账簿、会计报表、资料和证明材料的。

（2）阻挠审计人员行使职权，抗拒、破坏审计检查的。

（3）弄虚作假、隐瞒事实真相的。

（4）拒不执行审计意见书或审计结论和决定的。

（5）打击报复审计工作人员的。

3.7.3 审计工作人员违反本制度规定，有下列行为之一，给予行政处分、经济处罚：

（1）利用职权牟取私利的。

（2）弄虚作假、徇私舞弊的。

（3）玩忽职守，给被审公司造成损失的。

（4）泄露被审公司商业机密的。

拟定		审核		审批	

三、会计稽核制度

标准文件		会计稽核制度	文件编号	
版次	A/O		页次	

1. 目的

为规范完善会计稽核制度，根据《中华人民共和国会计法》以及《会计基础工作规范》等有关规定，结合本公司实际，特制定本制度。

2. 适用范围

适用于公司对会记稽核进行管理的相关事宜。

3. 稽核工作的依据

3.1 财经法律、法规。

3.2《中华人民共和国会计法》和国家统一会计制度的具体实施办法或者补充规定。

3.3 本公司制定的内部财务管理制度。

4. 稽核的过程和要求

4.1 稽核人员除依照规定审核各单位所送凭证账表外，并应分赴各单位实地稽查，每年稽查次数视事实需要而定。

4.2 稽核人员前往稽核前，应先准备及收集有关资料，拟订计划及进度表。事前应将各部门已往审核及检查报告进行详细研究以作参考。

4.3 稽核人员有保守职务上所稽得秘密的责任，除呈报外，不得泄露或预先透露给检查部门。

4.4 稽核事务如涉及其他部门时，应会同各有关部门办理，并做会同报告。如遇有意见不一致时，须单独提出，与书面报告一并呈核。

4.5 稽核人员对各部门执行稽核事务时，如有疑问，可随时向有关部门详尽查询，并调阅账册、表格及有关档案，必要时需请其出具书面说明。

4.6 稽核人员执行工作时，部门除将稽核凭证（或公文）交由受稽核部门主管验明，应保持良好的工作态度。

4.7 稽核人员在稽核事务完妥后，应据实填写检查报告书呈核。稽核人员对于所审核的事项应负责任，必要时应在有关账册簿据上签章。

5. 稽核的具体内容

5.1 原始凭证稽核

5.1.1 原始凭证的名称；填制日期，填制单位名称或填制人姓名；接受方名称，经济业务的内容、数量。

5.1.2 签字或盖章稽核。

（1）从外部企业取得的原始凭证是否盖有填制企业公章。

（2）从个人取得的原始凭证是否有填制人员的签名或者盖章。

（3）自制原始凭证是否有企业领导人或指定人员签字或盖章。

（4）对外开出原始凭证是否已加盖本公司公章。

5.1.3 稽核原始凭证的大小写金额是否相符。

5.1.4 员工借款凭据是否已附在记账凭证之后；收回借款时，应当另开收据，不是退还原借款收据。

5.1.5 经上级有关部门批准的经济业务，是否将批准文件作为原始凭证附件。如果批准文件需要单独归档的，是否在凭证上注明批准部门名称、日期和文件字号；原始凭证不得涂改或者更正，更正处应加盖开出企业的公章。

5.1.6 由外部企业提供的原始凭证如丢失，应取得原企业盖有公章的证明，并注明原凭证号码、金额等内容，严禁外部企业提供白条凭证。

5.2 记账凭证稽核

5.2.1 记账凭证的填制日期、编号、业务摘要是否正确。

5.2.2 会计分录是否正确、转账是否合理、借贷方数字是否相符。

5.2.3 应加盖的戳记及编号等手续是否完备；有关人员的签名或盖章是否齐全。

5.2.4 现金或银行存款的记账凭证是否已由出纳员签名或盖章。

5.2.5 除结账或更正错误记账凭证可以不附原始凭证外，其他记账凭证所附有原始凭证是否齐全、合法。

5.3 记账凭证的审核或检查的注意事项

5.3.1 每一交易行为发生，是否按规定填制传票，如有积压或事后补制者，应查明其原因。

5.3.2 会计科目、子目、细目有无误用，摘要是否适当，有无遗漏、错误以及各项数字的计算是否正确。

5.3.3 转账是否合理、借贷方数字是否相符。

5.3.4 应加盖的戳记编号等手续是否完备，有关人员的签章是否齐全。

5.3.5 传票所附原始凭证是否合乎规定、齐全、确实及手续是否完备。

5.3.6 传票编号是否连贯，有无重编、缺号现象；装订是否完整。

5.3.7 传票的保存方法及放置地点是否妥善，是否已登录日记簿或日计表。

5.3.8 传票的调阅及拆阅是否依照规定手续办理。

5.4 账簿的稽核

5.4.1 各项账簿的记录内容是否与记账凭证相符；应复核者，是否已复核。

5.4.2 现金日记账收付总额是否与库存表当日收付金额相符；银行存款日记账账面余额是否定期与银行对账单相核对。

5.4.3 审核不同会计账簿之间的账簿记录是否相符，保证账账相符。

5.4.4 各项账簿记录错误的纠正划线、结转过页等手续是否依照规定办理，误漏的空白账页是否注销，并由记账人员签名或盖章。

5.4.5 各部门科目明细分类账各户或子目之和或未转销完的各笔科目余额之和是否与总分类账各部门科目余额相等、是否按日或定期核对；相关科目的余额是否相符。

5.4.6 原始凭证不得涂改，挖补。发现原始凭证有错误的，应当由开出单位重新开具。

5.4.7 账簿记录发生的错误，不准涂改、挖补、刮擦或者用药水消除字迹，不准重新抄写，应按规定办法更正。

5.4.8 是否按规定定期结账。

5.5 账簿检查时的注意事项

5.5.1 各种账簿的记载是否与传票相符，应复核者是否已复核，每日应记的账是否当日记载完毕。

5.5.2 现金收付日记账收付总额是否与库存表当日收付金额相符。

5.5.3 各部门科目明细分类账各户或子目之和或未销讫各笔之和是否与总分类账各科目之余额相等，是否按日或定期核对。相对科目之余额是否相符，有无漏转现象。

5.5.4 各种账簿记载错误的纠正划线、结转、过页等手续，是否依照规定办理，误漏的空白账页有否划"×"形红线注销，并由记账员及主办会计人员在"×"处盖章证明。

5.5.5 各种账簿启用、移交及编制明细账目等是否完备，并送稽征机关登记。

5.5.6 各种账簿有无经核准后而自行改订者。

5.5.7 活页账页的编号及保管是否依照规定手续办理，订本式账簿有无缺号。

5.5.8 旧账簿内未用空白账页，有无加划线或加盖"空白作废"戳记注销。

5.5.9 各种账簿的保存方法及放置地点是否妥善，已否登记备忘簿；账簿的毁销是否依照规定期限及手续办理。

5.6 会计报表的稽核

5.6.1 会计报表之间的对应关系数字。

（1）会计报表之间、会计报表各项目之间，所有相对应关系数字是否一致。

（2）本期会计报表与上期会计报表之间有关数字是否相互衔接。如果不同，会计年度会计报表中各项目内容和核算方法有变更的，是否在年度会计报表中加以注明。

5.6.2 会计报表的数字有无篡改、是否真实，计算是否准确。

5.6.3 报表的编号、装订是否完整；鉴章是否齐全、送报有无缺漏。

5.7 报表检查时的注意事项

5.7.1 各种报表是否按规定期限及份数编送，有无缺漏。

5.7.2 各种报表内容是否与账簿上的记载相符。

5.7.3 数字计算是否正确、签章是否齐全。

5.7.4 报表编号、装订是否完整及符合规定。

5.7.5 报表保存方法及放置地点是否妥善。

5.8 检查有价证券时的注意事项

5.8.1 购入及出售有无核准、手续是否完备。

5.8.2 证券种类、面值及号码是否与账簿记载相符。

5.8.3 债券附带的息票是否齐全，并与账册相符。

5.8.4 本息票有无到期或是否齐全，并与账册相符。

5.9 银行存款、现金的审核制度

5.9.1 支票印鉴由两人保管，财务监察员保管支票公章，财务主管保管段长私章，每日工作完后分别锁入各自的办公抽屉。

5.9.2 银行支票以及其他托收、承付、票汇等空白凭证及备用金，由出纳员负责保管。每日工作完毕后，由出纳员全部锁入保险柜内，并配给出纳员大保险柜一个。

5.9.3 财务部部长及工资核算员每月不定期检查两次库存现金，并做好记录。

5.9.4 出纳员每月做到现金日清月结，月底最后一天应将现金关账，现金日记账余额与实际库存余额核对相符。

5.9.5 每月经济业务终了，次月3日前，出纳员要编制银行调节表，并交财务主管审核。

5.10 库存检查时的注意事项

5.10.1 检查库存现金或随到随查。

（1）如在营业时间前，应根据前一日库存中所载今日库存数目查点。

（2）如在营业时间后，应根据现金簿中今日库存数目现款、银行存款查点。

（3）如在营业时间之内，应根据前一日现金簿中今日库存数目加减本日收支检点。

5.10.2 现金是否存放库内，如有另存他处者，应立即查明原因。

5.10.3 库存现金有无以单据抵充现象。

5.10.4 托收未到期票据等有关库存财物，应同时检查，并须核对有关账表、凭证单据。

5.10.5 检查库存除查点数目核对账簿外，还应注意其处理方法及放置区域是否妥善、币券种类是否分清。

5.10.6 金库锁匙暗锁、密码表的掌握部门及库门的启用与库内的安全，金库放置位置等是否适当、严密办理。

5.10.7 汇出汇款寄回的收据，是否妥为保存，有无汇出多日尚未解讫的汇款。

5.10.8 内部往来账是否按月填制未达账明细表；账单是否依序保管。

5.10.9 内部往来或外部往来账是否经常核对。

5.10.10 销售日报表的记载是否与银行存款相符。

5.10.11 检查公司各种周转金及准备金。

（1）应注意其限额是否适当。

（2）有无零星付款的记录。

（3）所存现款与未转账的单据合计数是否与周转金、准备金相符。

（4）有无不当的垫款或已付款，而久未交货的零星支付。

| 拟定 | | 审核 | | 审批 | |

四、财产清查制度

标准文件		财产清查制度	文件编号	
版次	A/0		页次	

1. 目的

为加强公司财产管理，通过对实物、现金的实地盘点，以及银行存款和往来款项的核对，确定企业资产实有数额，保证财产安全，特制定本制度。

2. 适用范围

适用于公司各项财产的清查管理工作。

3. 权责

本公司的财产清查工作具体由财务部负责，相关的财产使用部门配合清查。

4. 管理规定

4.1 财产清查的范围与期限

公司财产清查的范围包括所有的财产物资、债权、债务，具体如下：

4.1.1 固定资产。包含生产用、封存、出租、租入等。

4.1.2 材料。包含仓库保管料、在途料、账外料、废旧料、备用料等。

4.1.3 低值易耗品。包含在用及库存的家具备品、办公用品、清扫用具等。

4.1.4 库存现金、油价证券、银行存款。

4.1.5 应收、应付款项。包含应收账款、其他应收款、预付账款及应付账款、其他应付款、预收账款等。

4.2 财产清查的期限与组织

4.2.1 财产清查的期限。

（1）公司应定期或不定期地进行财产清查。每年至少进行一次全面的大清查工作。

（2）遇部门撤销、合并、分立、改制、改变隶属关系时，必须对财产物资、债权、债务进行盘点清查，并编制清查报表。

（3）人员调动时，必须对所保管的财产物资、经办的债权债务进行清查。

（4）部门／部门负责人更换时，必须对部门／部门的财产物资进行清查。

4.2.2 财产清查的组织。

（1）日常的财产清查工作由财务部根据需要灵活安排，由财务部直接与相关部门联系清查。

（2）全公司进行财产普查时，成立领导小组具体指导清查工作。由公司负责人和财务部、人力资源部、其他职能部门的有关人员组成，以便清查工作有组织有步骤地进行。

（3）在进行财产清查的过程中，各有关部门要主动配合，积极地做好各方面的准备工作。财产物资保管人员对已经发生的经济业务，应做到全部登记入账；对所保管的财产物资，应整理清楚，排列整齐，挂好标签，表明品种、规格和结存数量，以便盘点清查。财务部门应将有关账目登记齐全，核对清楚，做好记录，计算完整、准确，保证账账、账证相符。

4.3 财产清查的方法与程序

4.3.1 固定资产、材料、低值易耗品等实物的清查方法有实地盘点法和技术推算法两种。实地盘点法主要清查财产的数量；技术推算法主要清查财产的价值。

4.3.2 固定资产清查工作由财务部、人力资源部等相关职能部门和使用部门共同配合进行，具体程序如下：

（1）由财务部核对固定资产账册和卡片，做到报表与总分类账一致，总分类账余额与明细分类账余额一致，明细分类账余额与固定资产卡片金额之和一致。

（2）由财务部和使用部门核对固定资产台账（履历簿）和卡片，保证相互一致。

（3）由财务部负责组织使用部门进行固定资产盘点清查，以卡对物，以物对卡，保证相互一致，并对固定资产的使用状况、使用状态进行核实。对闲置、封存、使用率不高等情况分别注明并进行登记、统计。

对移动使用的固定资产要经常做到轮流盘点，重点抽查，确保卡物相符。

4.3.3 材料、低值易耗品清查由财务部、材料物资管理部门、使用部门共同进行，其方法和程序包括：

（1）清查要求达到"三清"：数量清即账卡物相符；质量清即查清成新率和变质、损坏物资的品种、规格、数量；入库日期清即查明超保管期限及积压呆滞物资的品种、规格、数量，并提出处理意见。

（2）使用部门应将账内、账外等所有材料用盘点单进行登记（一式三份），报材料物资管理部门汇总，并分别注明多余、积压等异常现状。材料物资部门对多余、积压物资进行调剂或及时回收。

（3）材料物资保管部门对由仓库保管的材料、低值易耗品用盘点单进行全面盘点登记，并注明多余、积压等异常现状。

（4）对在用低值易耗品应分部门建立备品手册管理。备品手册一般是两本，一本存材料物资管理部门，另一本由使用部门保管。使用部门应定期与材料物资管理部门进行核对，做到账物相符。材料物资部门每年要对在用低值易耗品进行清查并进行标记。

4.3.4 货币资金、有价证券的清查包括库存现金、银行存款、有价证券的清查。清查方法有实地盘点和开户银行对账两种，具体方法如下：

（1）库存现金、有价证券清查。

①一般采用实地盘点的方法来确定实存数，然后与现金日记账、有关会计账簿余额进行核实，以查明账实是否相符。

②库存现金清查时，出纳人员必须在场，不得允许以借条、收据等白条抵库。

③财务部分管人员每月抽查不少于2次。根据清查结果编制现金、有价证券清查结果报告表，并在现金日记账余额栏外盖章。

（2）银行存款清查。

①一般采用与开户银行对账方法，将企业记账的银行结算单据逐笔与开户银行对账单核对，以查明是否相符。

②对双方记账时间不一致产生的"未达账项"，造成双方余额有差异的应编制银行存款余额调节表进行调整。

③财务部经理每月抽查不少于2次，并在银行存款日记账余额栏外盖章。

4.3.5 债权、债务往来款项清查包括各种应收、应付款项。清查采用与债权债务部门或个人对账的方法，并要求双方进行书面确认。除了做到账账相符以外，还应查明双方有无发生争议的款项，以及可能无法收回的款项，以便及时采取措施，避免和减少坏账损失。特别是当经办人员调离时，应及时地处理。

4.4 财产清查结果的处理与考核

4.4.1 对财产清查过程中发现的资产盘盈、盘亏、毁损、报废等，应当分别情况进行处理和考核。

4.4.2 由财产清查小组核对盘盈、盘亏、报废等结果，查明原因，分清责任。分别填制"固定资产盘盈、盘亏理由书""固定资产报废申请单""材质鉴定书"等，并报上级有关部门批准列销。

4.4.3 由于事故责任造成的损失，应根据责任确认损失承担部门，由事故责任承担部门负责给予补偿。

4.4.4 由于人为因素造成的损失，应由保险公司赔偿或由其个人承担经济、行政或法律责任。

（1）低值易耗品在规定使用期限内，由于管理不善造成人为损坏、丢失，要先赔偿，后补发。已到使用年限，经鉴定小组认可同意报废更新的，必须以旧换新。

（2）因不负责任造成财产物资损坏、变质、丢失的,除按损失费用的5%～50%赔偿外，还应按经济责任制进行考核；将公家财产物资送人或占为己有的，除按价值全部赔偿外，还应视情节轻重追究经济、行政或法律责任；对工程余料、废旧料、账外料管理不善，造成流失、被盗的，按损失金额，由责任部门及个人全额赔偿，并按经济责任制进行考核。

（3）对各部门公用的工具、备品（含公私两用的财产物资），必须要有数量借用台账。部门内人员调动必须办理交接手续，如交接不清，由部门负责人负责赔偿。

4.4.5 对无法收回的款项，应对欠款部门或个人采取法律手段予以追收，并对经办人采取经济连带赔偿制度。

4.4.6 对积压物资、呆滞物资、多余物资应及时回收、调剂、变卖，同时分析原因，分清责任，对经办人进行经济责任制考核。

4.4.7 对闲置、未使用、封存的固定资产应及时调剂、变卖，并着重分析原因，提高资产使用效率。

拟定		审核		审批	

五、财务盘点制度

标准文件		财务盘点制度	文件编号	
版次	A/0		页次	

1. 目的

为确保财产盘点的正确性，加强管理人员的责任心，保护公司的财产安全完整，特制定本制度。

2. 适用范围

适用于公司的财务盘点。

3. 管理规定

3.1 财产盘点范围

3.1.1 存货盘点。包括原料、物料、在制品、制成品、零件保养材料、外协加工料品、下脚料等。

3.1.2 财务盘点。包括现金、票据、有价证券、租赁契约等。

3.1.3 其他财产盘点。包括固定资产、保管资产、保管品等。

（1）固定资产，包括土地、建筑物、机器设备、运输设备、生产器具等资本支出购置者。

（2）保管资产，属于固定资产性质，但是以费用报支的零星设备。

（3）保管品，以费用购置的物品。

3.2 盘点方式

3.2.1 年中、年终盘点。

（1）存货：由生产部门会同财务部门于年（中）终时，实施全面总清点一次。

（2）财务：由财务部自行盘点。

（3）其他财产：由经管部门会同财务部门于年（中）终时，实施全面总清点一次。

3.2.2 月末盘点。每月末，由生产部门会同财务部门对所有存货实施全面清点一次（品种较多的可以采取重点盘点）。

3.2.3 月中检查。由财务部门通知有关部门主管后，在月中会同经管部门做存货随机抽样盘点。

3.3 人员的指派与职责

3.3.1 总盘人：由总经理担任，负责盘点工作的总指挥，督导盘点工作的进行及异常事项的裁决。

3.3.2 主盘人：由各有关部门主管担任，负责实际盘点工作的组织协调。

3.3.3 监盘人：由总经理办公室视需要指派或由有关部门的主管负责盘点监督之责。

3.3.4 盘点人：由各有关部门主管指派或由财产保管人担任，负责点计数量。

3.3.5 会点人：由财务部门指派（人员不足时由间接部门支援），负责会点并记录，与盘点人分段核对、确认数据工作。

3.3.6 协点人：由各有关部门主管指派，负责盘点时料品的搬运及整理工作。

3.3.7 特定项目：按月盘点及不定期抽点的盘点工作，亦应设置盘点人、会点人，其职责亦同。

3.3.8 监点人：由总经理办公室派员担任。

3.4 盘点前的准备事项

3.4.1 经管部门将应行盘点的用具预先准备妥当，所需盘点表格，由财务部门准备。

3.4.2 存货的堆置应力求整齐、集中，做好分类，并设置标示牌。

3.4.3 现金、有价证券及租赁契约等，应按类别整理并列清单。

3.4.4 各项财产卡依编号顺序，事先准备妥当，以备盘点。

3.4.5 各项财务账册应于盘点前登记完毕，如因特殊原因无法完成时，应由财务部门将尚未入账的有关单据如缴库单、领料单、退料单、交运单、收料单等利用"结存调整表"一式两联，将账面数调整为正确的账面结存数后，第二联财务部门自存，第一联送经管部门。

3.4.6 盘点期间已收到料而未办妥入账手续的原、物料，应另行分别存放，并予以标示。

3.5 年终（年中）全面盘点

3.5.1 财务部门应在报经总经理批准后，签发盘点通知，并负责召集各有关部门的主管召开盘点协调会后拟订盘点计划，限期办理盘点工作。

3.5.2　盘点期间除紧急用料外，暂停收发料，对于各车间在盘点期间所需用料的领料，材料可不移动，但必须标示出来。

3.5.3　盘点物品时，会点人均应依据盘点人的实际盘点数，详实记录于"盘点统计表"上，并每小段应核对一次，无误者于"盘点统计表"上互相签名确认。若有出入者，必须重新盘点。盘点完毕，盘点人应将"盘点统计表"汇总编制"盘存表"，送财务部门审核。

3.6　不定期抽查盘点

3.6.1　盘点日期及项目，以不预先通知有关部门为原则。

3.6.2　盘点前应由财务部门利用"结存调整表"将账面数先行调整至盘点的确实账面结存数，再进行盘点。

3.6.3　不定期抽查盘点，应填列"盘存表"。

3.7　盘点报告

无论是哪种类型的盘点，财务部门均应根据审核后的"盘存表"编制"盘点盈亏报告表"，送经管部门填列差异原因及处理意见后，转报总经理审批。

3.8　盘点实施

3.8.1　现金、票据及有价证券盘点。

（1）现金、银行存款、零用金、票据、有价证券、租赁契约等项目，除年终（年中）由财务部门会同经管部门共同盘点外，作为财务部门的主管至少每月抽查一次。

（2）盘点前应先将现金、零用金、票据存放处封锁，并于核对账册后开启，由会点人员与经管人员共同盘点。

（3）有价证券及各项所有权凭证等应确实核对认定，会点人依实际盘点数详实填列"有价证券盘点报告表"，经双方签字确认报送财务部门主管，如有出入，应立即报告总经理处理。

3.8.2　存货盘点。

（1）存货的盘点，以当月结账最末一日举行为原则。

（2）存货原则上采用全面盘点。实施全面盘点有困难者，应报总经理批准后方可改变盘点方式。

3.8.3　其他项目盘点。

（1）委外加工料品：由各委外加工料品经办人员会同财务人员，共同赴外盘点，并经受托加工方签字确认。

（2）销货退回的成品，应于盘点前办妥退货手续。

（3）经管部门将新增加土地、房屋的所有权的影印本，送财务部门核查。

3.8.4 注意事项。

（1）所有参加盘点工作的盘点人员，对于本身的工作职责及应进行准备的事项，必须深入了解。

（2）盘点人员盘点当日一律停止休假，并须依照规定时间提早到达指定的工作地点向主盘人报到，接受工作安排。如有特殊情况而找好代理人应经事先报备核准，否则以旷工论处。

（3）所有盘点财务都以静态盘点为原则，因此盘点开始后应停止财物的进出及移动。

（4）盘点使用的单据、报表内所有栏位若遇修改处，均须经盘点人员签认始能生效，否则应追究其责任。

（5）所有盘点数据必须以实际清点、磅秤或换算的确实资料为据，不得以猜想数据、伪造数据来记录。

（6）盘点开始至终了期间，各组盘点人员均受主盘人指挥监督。

3.9 盘点工作奖惩

3.9.1 奖励：参加盘点工作的人员必须遵守本制度，表现优异者，经由主盘人申报，给予适当的奖励。

3.9.2 惩罚：工作玩忽职守、不负责任的，除责令重新盘点外，处以××～××元以下的罚款。

3.9.3 账载错误处理。

（1）保管台账账载数量如有漏账、记错、算错、未结账或账面记载不清者，对有关责任人处以××元以下的罚款。

（2）保管台账账载数字如有涂改而未盖章、签章、签证等无凭证可查，或凭证未整理难以查核或有虚构数字者，一律处以××元以上××元以下罚款。

3.9.4 赔偿处理。

财产、物料管理人员和保管人有下列情况者，除赔偿相同的金额，情节严重的予以开除处分，直至依法追究刑事责任：

（1）对所保管财物有盗卖、调换或化公为私等营私舞弊者。

（2）对所保管财物未经报准而擅自移转、拨借或损坏不报告者。

（3）未尽保管责任或由于过失致使财物遭受被窃、损失或盘亏者。

拟定	审核	审批

第三节 财务内审管理表格

一、审计通知单

审计通知单

□定期　□不定期　　　　　　　　　　　　　　　　　日期：

审计部门	
审计日期	
审计内容	
配合事项	

总经理：　　　　　　　　　制单：

二、审计表

审计表

编号：　　　　　　　　　　　　　　　　　　　　　　日期：

审计事项				
审计部门				
审计记录	单据	金额	正确性	说明
评语				

三、审计报告表

审计报告表

审计人员：

审计项目	审计类别	审计日期	抽样比率	审计结果	备 注

批示	

董事长：　　　　　总经理：　　　　　总审计：　　　　　制表：

四、稽核工作计划表

稽核工作计划表

稽核类别			稽核项目	估计数量	抽样数量	稽核时间		稽核人员	会同人员	备注
日常	定期	不定期				起	讫			

五、稽核报告表

稽核报告表

稽核人员：

稽核项目	稽核类别	稽核日期	抽样比率	稽核结果	备 注

董事长：　　　　　总经理：　　　　　总稽核：　　　　　制表：

六、财物抽点通知单

财物抽点通知单

抽点日期		抽点人员	
抽点项目		经管部门	
备　注			
总经理：			

七、实物盘存清单

实物盘存清单

部门名称：　　　　编号：　　　　盘点时间：　　　　财产类别：　　　　存放地点：

编号	名称	计量单位	数量	单价	金额	备注

盘点人签章：　　　　　　　　　　实物保管人签章：

八、账存实存对比表

账存实存对比表

部门名称：　　　　　　　　　　　　　　　　　　　　　　　　日期：

编号	名称与规格	计量单位	单价	账存		实存		盘盈		盘亏		备注
				数量	金额	数量	金额	数量	金额	数量	金额	

会计主管：　　　　　　　　会计人员：　　　　　　　　制表：

九、现金盘点报告

现金盘点报告

部门名称：   盘点日期：

现金清点情况			账目核对		
面额	张数	金额	项目	金额	说明
100元			盘点日账户余额		
50元			加：收入未入账		
20元			加：		
10元			加：未填凭证收款单据		
5元			加：		
1元			加：		
5角			减：付出凭证未入账		
1角			减：未填凭证付款单据		
1分			减：		
			减：		
			调整后现金余额		
			实点现金		
			长款		
合计			短款		

盘点人：   监盘人：   复核：

十、银行存款余额调节表

银行存款余额调节表

_____年___月   编制日期：

户名			账户类型	
开户银行			账号	
单位余额			银行余额	

银行未达						单位未达					
银行已收、单位未收			银行已付、单位未付			单位已收、银行未收			单位已付、银行未付		
序号	日期	金额	序号	日期	金额	序号	日期	金额	序号	日期	金额
1			1			1			1		
2			2			2			2		

267

续表

银行未达					单位未达						
银行已收、单位未收			银行已付、单位未付			单位已收、银行未收			单位已付、银行未付		
序号	日期	金额	序号	日期	金额	序号	日期	金额	序号	日期	金额
3			3			3			3		
4			4			4			4		
5			5			5			5		
小计	—		小计	—		小计	—		小计	—	
调节后余额			—			调节后余额			—		

十一、银行存款清查明细表

银行存款清查明细表

部门名称：　　　　　　清查基准日期：　　　　　　　　　　　　　　单位：元

账户名称	开户银行	账号	基准日账面金额 1	基准日银行函证余额 2	清查变动数		清查数 5=1+3−4	损益原因 6	备注 7
					盘盈 3	盘亏 4			
合计									

经办人：　　　　　　　　　　　　　　　清查日期：

十二、有价证券盘点报告表

有价证券盘点报告表

经管部门：　　　　　　　　　　　　　　　　　　　　　　盘点日期：

名称	发行年度期别	到期日	每张面值	账面张数	盘点张数	盘点金额	备注
公司负责人		部门负责人		保管人		盘点人	

十三、有价证券清查明细表

有价证券清查明细表

部门名称：　　　　　清查基准日期：　　　　　　　　　　单位：元

项目	发行日期	投资日期	到期日	票面利率	盘点日盘点数		盘点倒扎数		倒扎后基准日金额9=6-7+8	基准日账面金额10	清查变动数		清查数13=10+11-12	损益原因14	备注15
					面额4	张数5	盘点日盘点金额6=4×5	基准日至盘点日有价证券收入总额7	基准日至盘点日现金支出总额8			盘盈11	盘亏12			

清查日期：

十四、无形资产清查明细表

无形资产清查明细表

部门名称：　　　　　清查基准日期：　　　　　　　　　　单位：元

类别/项目	初始金额1	已摊销金额2	基准日账面金额3=1-2	核对（盘点）金额4	清查变动数		清查数7=3+5-6	损益原因8	备注9
					盘盈5	盘亏6			

财务负责人：　　　　　　　　经办人：　　　　　　　　清查日期：

十五、债权债务清查报告表

债权债务清查报告表

_____年___月___日

总分类账户		明细分类账户		清查结果		核对不符单位及原因						近日到期票据	
名称	金额	名称	金额	核对相符金额	核对不符金额	核对不符单位	未达账项金额	争执款项金额	无法收回	无法支付	应收票据	应付票据

清查人员签章：　　　　　　　　　　记账员签章：